智能制造的本质

走向智能丛书

宁振波 —— 著

UNDERSTANDING INTELLIGENT MANUFACTURING

机械工业出版社
CHINA MACHINE PRESS

本书对智能制造的定义进行了分级解读。制造业是工业体系，隶属于自然科学领域；智能是人类的特有属性，隶属于社会科学领域。理解智能制造的本质，首先要解剖这四个字。"造"仅仅是生产的概念；"制"则含有系统的思想，也是制度、标准、规范、方法；制造不同于生产。制造包含了产品策划、概念设计、方案设计、产品设计、试制、试验、批生产、交付及交付后的运营、维护维修，以及管理和决策的方方面面，制造包含生产。人工智能是把人类已经拥有的、常年积累的算法、方法和知识，转变成软件和模型，由计算机执行的过程。人类通过工业革命积累了大量有关产品研制的设计知识、工艺知识、生产知识、设备维修知识、管理和决策知识等，而且这些知识经过反复验证被证明是成熟的。人类把这些知识转变成工业软件和数字化的产品模型，这些软件和模型在计算机上执行，实现了对数字产品和物理产品更好的控制，对制造资源更优化的配置，形成了全新的产业形态，这就是智能制造的本质。

图书在版编目（CIP）数据

智能制造的本质 / 宁振波著 . — 北京：机械工业出版社，2021.9（2025.1 重印）
　　ISBN 978-7-111-69036-8

Ⅰ. ①智… Ⅱ. ①宁… Ⅲ. ①智能制造系统 – 制造工业 – 研究 – 中国　Ⅳ. ①F426.4

中国版本图书馆CIP数据核字（2021）第178059号

机械工业出版社（北京市百万庄大街22号　邮政编码100037）
策划编辑：坚喜斌　　责任编辑：坚喜斌　刘林澍
责任校对：张　力　　责任印制：李　昂
北京联兴盛业印刷股份有限公司印刷

2025年1月第1版第8次印刷
170mm×230mm · 19印张 · 1插页 · 237千字
标准书号：ISBN 978-7-111-69036-8
定价：99.00元

电话服务　　　　　　　网络服务
客服电话：010-88361066　　机　工　官　网：www.cmpbook.com
　　　　　010-88379833　　机　工　官　博：weibo.com/cmp1952
　　　　　010-68326294　　金　书　网：www.golden-book.com
封底无防伪标均为盗版　　机工教育服务网：www.cmpedu.com

推荐语

宁振波先生在数字化、智能化设计与制造领域有很深的理论素养，且有丰富的实践经验。更难得的是，他在诸多问题上有自己的独到见解。《智能制造的本质》一书，总结了他学习智能制造的心得，也凝结了他在实践中的感悟。这本书值得广大从事智能制造相关工作的人士学习参考。

——华中科技大学原校长、中国工程院院士，李培根

数字化转型的显著特征，正给各行各业带来前所未有的变化。数字化技术和制造业的深度融合是进入智能制造大门的金钥匙。宁振波老师在本书中结合自身的深入研究思考和前瞻洞见，对智能制造的本质展开了一系列深入系统的论述，对广大制造企业的数字化转型和智能制造的进步有很强的指导性，值得一读。

——中国科学院院士、生物物理研究所研究员，陈润生

《智能制造的本质》一书是作者基于长期从事飞机设计制造的实践所积累的丰富、深刻认识，对智能制造的定义、内涵、本质、来源、演变、发展及落地实施进行了系统、精辟的论述，书末还附有作者对飞机设计技术发展的系统总结。该书对于当前数字经济发展、数字中国建设具有特别重要的意

义，非常值得阅读、学习。

——中国工程院院士、中国航天科工集团科技委高级顾问，刘永才

智能制造的本质一书解读了智能制造的内涵，对隶属于人文社会科学领域的智能和自然科学领域的工业和制造做了详细的解剖。从飞机这个复杂产品入手，从产品策划、概念设计、方案设计、产品设计、试制、试验、批生产、交付以及交付后的运营、维护维修，以及各类管理和决策等方面，系统性地分析了智能制造，是一本有自己独立思考和创新思想的好书，对当今中国工业和制造业的数字化转型有着深刻的意义，特此推荐。

——中国船舶集团有限公司总经理，杨金成

《智能制造的本质》一书，从工业革命历程开始，重点放在复杂产品研制流程的解析上，并把先进的数字化技术广泛应用于制造业，提升制造业的产品质量，提高企业效益，最后完成传统制造业的升级改造。这也是国家推动的数字化转型的内涵。因此，现阶段把智能制造的本质、实质和内涵定义为数字化是准确的。特别推荐给从事工业和制造业的工程师、技术人员和管理人员学习。

——中国工程院制造业研究室主任、国家制造强国战略咨询委员会委员，屈贤明

智能制造通过引入数字技术，打破物理与数字空间边界，从而实现贯穿产品设计、制造和运行（维护）的产品全生命周期重定义，从设计态到运行态实现全要素的连接和实时反馈，加速围绕快速变化的用户需求和提升用户体验所做的创新，是制造业数字化转型的核心关键。本书结合作者在航空工业多年的实践经验，从源头到本质，从方法到实践，对智能制造进行了清晰和卓见的阐述。推荐此书给开展企业数字化转型的同仁们。

——华为公司董事、首席信息官，陶景文

推荐语

什么是智能制造？这个问题从国内引入智能制造这个概念开始，一直是业内讨论的热点。作者长期从事航空工业的智能制造实践，有丰富的实战经验。现在将自己的切身体会上升到理论的高度，对智能制造的本质做了深入浅出的表述，必将对学术界和企业界起到很好的指导作用。

——中国工程院咨询中心特聘专家、国家智能制造标准化专家组副组长，董景辰

本书从作者几十年飞机研制的实践出发，尤其围绕20多年前中国第一架全数字样机的研制工作，是攻坚克难后积累的经验和知识点的深刻总结。从飞机研制的设计、工艺、制造、试验、保障全过程的角度，对智能制造的定义、内涵、本质、架构、技术、未来等进行了系统、深入的论述。本书对于当前产业数字化转型、数字中国建设具有特别重要的意义，特别推荐给从事工业和制造业、智能制造、工业互联网、数字化转型、工业软件开发的企业、研究机构、政府科技与产业管理部门以及理工科大学的相关老师和同学们研究学习。

——清华大学软件学院院长、教授，王建民

本书从飞机研制入手，深刻解读了智能制造一词的本质，是我看到的第一本从工程实践总结提升到如此理论高度的著作。中国工程院发布的中国智能制造的发展路径是"机械化－电气化－自动化－数字化－智能化"五部曲，本书深入浅出地阐述了为何必须打好企业数字化转型这一仗：企业数字化程度越高，就离智能制造越近。然而，智能制造的基础是工业软件的系统化应用，高端工业软件是国家间竞争的重要领域，作者的前一本书《铸魂：软件定义制造》对此有全面的论述。本书面向理工科大学的研究生和制造业企业技术人员，能够开阔视野、增长知识、提高能力，是一本难得的好书。

——哈尔滨工程大学党委副书记、教授，夏桂华

宁振波老师在本书中瞄准智能制造的起源、发展和未来，结合自身在飞机设计制造行业的实践经验和对智能制造的深刻思考，对"数智转型"这一时代热点课题进行了精彩独到的回应，对智能制造的本质、核心、关键均做了系统阐述。在新一轮科技革命背景下，对于各企业转型转什么、如何转等都有很强的指导和借鉴意义，是一本既有理论高度又有实践深度的好书，会给处于数字变革不同阶段的各企业提供很多新思路，十分推荐。

——一汽解放集团股份有限公司董事长，胡汉杰

以智能制造为主线的工业体系转型升级是全球大势。如何准确、全面、深入地理解智能制造？作者结合自身几十年来从事飞机研制的经历、长期思考与实践，给出了一个合理的答案；20世纪80年代以后，波音公司引领的飞机数字化研发体系的建设就是一个很好的案例，智能制造的本质就是数字化，就是工业软件的大规模应用与推动。因此推荐本书给从事制造业的管理者、工程师以及理工科大学教师和学生学习。

——中国航空研究院科技委主任，孙侠生

智能制造是一个超越时代的热点话题。它在为工厂现场提供答案的同时，也抛出了很多棘手的问题。凭借多年的飞机制造经验与广泛调研的知识沉淀，宁老师以非凡的勇气和宽广的视角，伸手接住并回答了这样的困惑，从而让工厂的实践变得更加丰满。立体剖析，丝丝入扣，值得一阅。

——北京联讯动力咨询公司总经理，林雪萍

自 序

工业革命是人类永远的话题。作为一个飞机设计工程师，我对工业和制造业有着常人难以想象的关心和热爱。近几年我发现了一本好书，这本书就是2017年上海社会科学院出版社出版的《拼实业：美国是怎样赢得二战的》，作者是美国的阿瑟·赫尔曼。这本书的内容让我极受感动，因此我也推荐给了很多关心工业和制造业的好朋友，得到了一致的好评。这里我把这本书前言中的部分内容和大家共享："这本书是有关第二次世界大战中那些被遗忘的美国英雄们的故事，在战争之中，这些英雄们并没有身穿军装，他们身上穿戴的是职业正装，是粗布工作服和法兰绒上衣，是眼镜和阔边高顶毡帽，是小礼帽和安全帽，是白大褂，是电焊皮手套，是带有图案的头巾。"

"他们是美国的工业界人士、工程师、生产经理和产业工人，这些平凡的男男女女，装备了有史以来最令人敬畏的战争机器。这样一支产业联军武装了同盟国的军队，击败了轴心国的大军。生产了8.6万辆坦克、250万辆卡车和50万辆吉普车、28.6万架军用飞机、8.8万艘海军舰艇、5600条商船、4.34亿吨钢铁、260万挺机枪和410亿枚各式炮弹子弹；当然还包含了原子弹。"

"许多人为此付出了极为沉重的代价。在涉及战争方面的产业就业的美国工人伤亡很大,其数字是同时期美国军方人士伤亡数字的20倍。为保证美国赢得战争的最后胜利,仅通用汽车公司一家企业就有189名高管在战争期间以身殉职。"

工业和制造业是国家命脉,"工业强则国家强"是人类的共识。

第一次工业革命发生在18世纪的英国,英国发明了蒸汽机,经过不断的改进完善,加上珍妮纺纱机,奠定了第一次工业革命的机器基础,以此带动西欧国家进入了工业革命时代。随着欧洲大量人口移民北美,美洲大陆的开发拓展以及欧洲和北美的交通需求促成了第二次工业革命。这一次工业革命发生在美国,是以电力革命为代表的。第三次工业革命也发生在美国,是以计算机为代表的一系列的技术如航空、航天、核工业、生物医学、激光等技术进步为标志的。这些多学科的学术、多门类的技术进步,引领并持续带动人类踏入了新一代的工业革命的大门。第二次世界大战后,随着日本、韩国工业和制造业崛起,中国自1978年改革开放、2001年加入世贸组织后,2010年工业增加值超越美国,成为世界第一制造大国。随着中国的崛起,继西欧、北美之后,东亚成为世界工业化和制造业大发展的第三极。

中国工业和制造业的快速发展,逐步形成了全球的三大工业区:西欧、北美、东亚。有意思的是这三大工业区都处于地球上的北温带。近十多年的数据表明,工业化国家也面临着极大的挑战:工业国家人口持续的老龄化;制造业持续的创新和技术进步,带来了难以消化的产能过剩;加速融合的全球化也促进了竞争加剧;各工业化国家普遍面临经济增长乏力的困境。这一切都亟待新一代创新和技术革命加以解决。

自序

不约而同地，全球都把眼光盯在了数字化转型这个大方向上来，德国于 2013 年在汉诺威工业博览会上发布的"工业 4.0"、美国的"工业互联网"、中国于 2015 年提出的"中国制造 2025"等国家级工业体系转型升级规划都是为了解决以上难题提出的解决方案，这就是数字化转型的"为什么"。

数字化转型"是什么"？2016 年 9 月出版的《三体智能革命》一书中，作者群体在世界上第一次明确提出了"物理实体、意识人体、数字虚体"的概念以及内涵解读，2017 年中国工程院《智能制造发展战略研究》中提出"从智能制造的二元论 CPS 走向智能制造三元论 HCPS"，也把人类创造的"数字虚体"作为重要的研究对象。我们认为：数字化转型不是简单地把电子计算机技术和工业软件应用到传统的工业管理模式和产品研发体系中，严格地说它应该是一场彻头彻尾的革命。

为了说清楚这个问题，我们以网约车打车为例：过去我们出行，站在路边等候出租汽车，一直等到有空车驶过我们身边才可以上车，然后告诉出租车司机目的地的地址。现在整个游戏规则变了，打车者要在自己的手机上进入打车 App，确定上车地点、到达地点，发出呼叫，附近的空车得到指令，司机师傅就会赶到叫车的地点接指定的客人。如果别人在路上拦这辆车，是不可能成功的。实际上这就是数字化转型的典型案例。以前，出租车公司也会用计算机和软件来实现人事管理、财务管理、车辆管理、维修管理等各项事务性工作，但那些仅仅是计算机技术的简单应用而已。

作为数字化转型的体现，网约车打车实际上是我们人类重新构建的一个基于计算机和通信技术、软件技术、AI 技术的虚拟数字空间，所有车辆、司机、顾客都在这个数字空间的控制下运行。从这个案例我们可以看到：系统性的数字虚拟空间建设才是数字化转型的核心。

回到我们制造业，数字化转型"转什么"？我们就是要构建一个虚拟的数字空间，具体来说对离散制造业就是构造完整的数字样机（DMU），以此来指导我们的产品设计、工艺设计、生产制造、试验测试、质量检测、维护维修等复杂过程，支撑企业管理和决策，以此提升我们的产品质量、降低研制成本、缩短产品研制周期。这已经为众多的成功案例所证明。

对制造业来说，数字化转型该"怎么转"？笔者认为：要针对企业的主价值链下手，从产品策划、产品研发、工艺、生产制造、产品交付、市场销售、客户服务等做起，当然这也是最难的，有了企业的主价值链上的准确的数据、完整的数据、实时的数据，管理和决策就容易了。很多企业往往感到非常困难，喜欢绕道走，先做数字化管理和决策支持等，这就会进入误区，很多失败案例已经证明，这里不做细节描述。

工业和制造业企业数字化程度越高，工业软件集成度越高（当然应用的工业软件数量越大、用的面越广），这家企业离智能化就越近。实现了数字化转型的企业，实现智能制造就是临门一脚的事情。因此，本书起名为《智能制造的本质》，其核心就是产品本身的智能化、产品系统结构定义的数字化、产品研制生产过程的数字化，以及庞大的零部件供应链的网络化。因此，《智能制造的本质》就是高水平数字化技术的大规模应用。

我们中华民族在世界人类历史上和工业革命从来没有如此之近，并深深参与且融入全球第四次工业革命中，这是我们中华儿女近几十年拼搏和努力的结果。

笔者一生从事离散复杂产品设计制造工作，对流程行业了解不多，因此本书只对离散行业进行了重点阐述，而没有对流程行业进行描述。当然，制造业领域博大精深，即便是离散制造业，限于知识与阅历，笔者对离散制造业的认识也并不全面，不当之处，请各位读者多多指导。

是以为序。

中国航空工业集团信息技术中心原首席顾问

中国船舶独立董事

宁振波

2021 年 6 月 1 日

目 录

推荐语
自 序

第一章　制造技术的发展、演化、进步和变革　　001

- 第一节　秦始皇一统天下的秘密　　005
- 第二节　蒸汽机：第一次工业革命的基础　　009
- 第三节　电力和流水线：第二次工业革命的进步　　014
- 第四节　计算机与核能：第三次工业革命的起飞　　019
- 第五节　走向智能：第四次工业革命的曙光　　023

第二章　智能制造的本质　　029

- 第一节　什么是智能制造　　030
- 第二节　智能制造的体系和架构　　036
- 第三节　软件化的工业技术　　050
- 第四节　软件定义的生产体系　　060
- 第五节　生产关系的优化和重构　　067

第三章　智能制造溯源之路　　077

- 第一节　深入认识 BOM 和 BOP　　078
- 第二节　从数字化产品定义（DPD）开始　　094
- 第三节　嵌入式软件是产品构成　　103
- 第四节　复杂产品的解耦与重构　　123
- 第五节　企业流程与持续优化　　132

第四章	**打好基础，落地生根**	**141**
04	第一节　PLM：产品全寿命周期概览	142
	第二节　数字化：从工程研制阶段开始	149
	第三节　上甘岭：从数字样机到MBD	154
	第四节　提性能：用数字仿真指导试验	161
	第五节　制产品：企业的MBD战略转型	175
	第六节　保运行：从MBD到IETM再到MRO	184

第五章	**理清概念，轻装前行**	**199**
05	第一节　模型及其演变过程	200
	第二节　从CPS（赛博物理系统）到HCPS	209
	第三节　数字孪生的过去与未来	219
	第四节　数字化主线串起制造产品的整个流程	229
	第五节　"两化融合""工业互联网"和"智能制造"	237

附　录	**飞机设计技术的发展和展望**	**251**
06	飞机研发全寿命周期简述	252
	飞机设计的发展历程	252
	先进飞机设计技术的发展	255
	结束语	276

专业术语表	277
后记	283
参考文献	286

第一章

制造技术的发展、演化、进步和变革

Chapter One

早在远古时期，为了维持生命，人类不断利用自己掌握的技术对自己所使用的工具进行改造以用于生产、生活，逐步形成了早期制造生产的雏形。

伴随着人类智慧的不断进步，人类社会也在不断发展与更迭。

最初的渔猎社会，人类靠天吃饭，通过捕鱼、狩猎、采集大自然的现有果实来勉强生存，直到发现使用雷击产生的火焰可以进一步加工食物，人类的体质才有所提升，生存才得到进一步的保障。火的使用，加快了人类社会的发展与更迭。

在不断的采集过程中，人类发现了可以人工培育的植物，从此进入了农耕社会。人类借助在渔猎社会时期积累下的丰富经验，掌握了农耕和畜牧，生活质量大幅度上升，并且可以很熟练地通过人工操作取火，在熟练掌握了火的使用后，陶器也在这一时期诞生。要知道火焰的外焰一般约为500℃，但最简易的陶器也需要在700℃的高温下才可以烧制而成。陶器的烧制经验，为农耕社会后期冶铁业的发展打下了坚实的基础。铜的熔点是1083℃，相对铁较低，这也是铜成为人类最早使用的金属的原因。农耕社会末期，随着冶铁技术的不断发展，各类金属工具层出不穷，手工作业的方式已经无法满足人类的生产生活需求。

2021年3月7日晚，中央电视台第一套节目，播出"典籍里的中国——

第一章
制造技术的发展、演化、进步和变革

有'典'意思之《天工开物》"。《天工开物》这部著作的名字来源于两部典籍：第一部是《尚书》，另外一部是《易经》。"天工，人其代之"出自《尚书》，"天工"，现在我们可以理解为自然的物质和能量；"开物"是《易经》里的一句话，"开物成务"，是指开创万物、开发万物、成就万物。所以"天工开物"，就是人要利用自然，用人们的思想，用聪明才智，用技术，用努力奋斗，开发万事万物，使万物升值。"天工开物"这四个字里面，人与自然相协调，人力与自然力相配合，充分利用了三要素（自然界的物质、能源，以及大脑里的信息）来生成产品。

《天工开物》了不起在哪里？它由明代著名科学家宋应星于1637年（明崇祯十年丁丑）所作，距今有384年，共三卷十八篇，全书收录了农业和手工业生产技术，如机械、砖瓦、陶瓷、硫黄、烛、纸、兵器、火药、纺织、染色、制盐、采煤、榨油等。共八万余字，配了123幅手工绘图，细节画得非常清楚，以至于我们现在看见那些栩栩如生的图案，就能真的明白17世纪明朝的工艺达到了什么样的水准。《天工开物》图文并茂，是中国第一部关于农业和

图1-1 天工开物

手工业生产工艺的科学技术典籍，也是我们后世公认的中国17世纪工艺百科全书。这本"实学之书"造福后世，正应了书中的一句话"此书于功名进取毫不相关也"。

"古有天工开物，今日继往开来"，《天工开物》物自天生，工开于人，梳理了一百三十多种生产技术和工具，在对古代各项生产技术的系统总结中，构建了一个完整的技术体系。作为中国第一部关于农业和手工业生产技术的

百科全书,其中不论是百姓汲水舂米的日常工具,还是制取海盐、炼铁、纺织等精巧技术,字里行间都流淌着"格物致知,经世致用"的科学态度,迸发着熠熠生辉的智慧光芒。第一篇《乃粒》说的是如何种植粮食,第十八篇《珠玉》讲的是如何生产玉石珠宝;《乃粒》在最前,《珠玉》在最后,取"贵五谷而贱金玉"之意。

《陶埏》中写道:若夫中华四裔,驰名猎取者,皆饶郡浮梁景德镇之产也。就是说,这远近闻名、人人争购的瓷器都是江西景德镇出产的,瓷器是我国手工业商品的翘楚,早已销往东洋、西洋各国。匠从八方来,器成天下走。后来在英文当中"瓷器"和"中国"是同一个词语,是"china"。

图 1-2 生产流程

18 世纪中后期,瓦特完成对蒸汽机的改良,人类开始进入工业社会。改良后的蒸汽机极大地改变了人类的生产生活方式,以蒸汽机为动力的各类机械工具大量涌现,生产和运输效率大幅提升,人类得以从繁重的劳作中解脱出来,将更多精力投入到科学技术发展上。

19 世纪 60 年代后期,以电气化为标志的第二次工业革命孕育了诸如发电机、电动机等新技术、新发明，极大地改变了当时的能源结构，进而推动钢铁、内燃机等相关领域科学技术的大踏步前进，汽车、船舶等一系列新兴制造行业继而迅速兴起。在这一时期，生产流水线的出现，使得劳动分工日益明确，工厂也一改往常以经验为主的管理方式，开始运用科学管理理论。

进入 20 世纪，电子技术、核技术、信息技术、航空航天技术、生物医学技术等新兴技术喷涌而出，并迅速转化为规模生产力，进一步催生了集成电路、电子计算机、电视机、移动通信、互联网、机器人、航空航天等产品，并由此形成了高新技术产业，使人类社会的生产生活方式、企业与社会的组织结构、经营管理模式乃至人们的思维方式相对于传统文化产生了深刻变化，也使现代制造系统实现了制造设备的数控化、制造系统的计算机集成化，并进一步向以先进生产模式为特色的全球化制造方向发展，人类迈入了信息化社会。

当今社会，人们的生存、生活、工作无一不与制造密切相关。在人类不断进步的漫长征途中，每一次制造技术的变革都给社会创造了巨大的财富，并且极大地促进了社会的发展、人类的进步。制造业作为一个国家经济的原动力，左右着一个国家经济发展的命脉和人民的生活水平，同时造就并推动了人类文明的蓬勃发展。我们当前所处的信息化社会仍处于起步阶段，必将走过数字化、网络化、智能化。

第一节　秦始皇一统天下的秘密

秦始皇统一中国离不开历朝历代所打下的坚实基础。

从秦孝公时期开始，秦国就通过招贤令吸引来一大批能人智士。招贤令的颁布，一改秦国之前因地处西北边陲无谋士可用的境地，公孙鞅等在秦国一统天下的过程中起到关键作用的人物，均是在招贤令的"召集"下来到秦国，使秦国发生了翻天覆地的变化。

公孙鞅来到秦国后，在秦孝公的支持下，大力推行"商鞅变法"，使"法"这一概念第一次深深嵌入秦国人的内心。在"法"的约束下，秦国逐渐成为战国七雄中的富强国家，"行之十年，秦民大悦，道不拾遗，山无盗贼，家给人足。民勇于公战，怯于私斗，乡邑大治"，描绘的就是这一富庶、安逸的生活图景。由于经济富庶、生活安逸，天下济世之才多聚于此，秦国也由此形成了一套完善的使用外国人才的"客卿"制度，在秦武王、秦昭王时

图1-3 商鞅变法

期，先后为相者十三人，只有一人出自秦。与此同时，在商鞅变法推崇战功的激励下，秦国军队战斗力大增，成为一支战无不胜的"铁军"。军队的强大，除了需要战无不胜的将领、所向披靡的战法，无坚不摧的武器也是必不可少的因素之一。

秦兵马俑出土了大量兵器：通过结构恢复的秦军弓弩，射程可达300米，有效杀伤距离150米，而秦军弓弩的普及率竟高达60%；与弓弩配合使用的箭矢，箭头呈三棱状，这在前朝不曾出现，三棱状的箭头使箭矢在飞行过程中更加稳定，更易击中目标，同时它的杀伤力与穿透力都较之前的两翼箭头有了极大的提升；秦军使用的剑长约81至93厘米，与前朝相比有所加长，同时其穿刺力与韧性也大大增强；除武器外，秦军还装配了铠甲、盾牌、头盔，即便是战马也配有战马甲。不仅如此，通过金相对比发现，从秦兵马俑出土的4万个三棱箭头，金属配比近乎一致，经过详细测量的100个箭头底

边宽度误差仅有 0.83 毫米！当然这不是个例，出土的弓弩各个部件间配合误差也仅在 1.9192 毫米至 1.7608 毫米之间，其中某些零部件甚至可以做到互换；经过金相检测后还发现，秦军所使用的青铜剑虽然成分以铜、锡等为主，但其加入了少量的镍、镁、铝、硅等，使其变得极其坚硬，相当于如今中碳钢调质后的硬度。由此可见秦国制造业水平之高，甚至已经实现科学化、规范化、系列化。

图 1-4　秦军弓弩

图 1-5　秦军箭矢

除了武器方面的制造，从兵马俑中出土的秦铜车马更是集秦朝冶金、铸造、装配等各类精湛工艺于一身。

铜车马整车可分解为上百个组件，多数组件又是由众多的零部件组装而成，全车共计三千五百多个零件。体型较大、结构较复杂的单体器件多采用分步铸造的方法完成，这也是铜车马铸造工艺中的一个创新。这就要求每个零件拥有相当高的加工精度，并且整体装配工艺都十分精准。

铜车马的主要制作材料是锡青铜，一般来说锡的含量为 6% 至 13%，铅的含量在 1% 左右。铜车马根据铸件使用的不同性能要求采用了不同的合金比例：承力较大的构件如马腿、车撑等，要求机械硬度高，其含锡量就比较高；要求有一定韧性的构件如辔绳等，其含锡量就比较低。

秦铜车马作为中国考古史上出土的体型最大、结构最复杂、系驾关系最完整的古代车马,被誉为"青铜之冠"。它的出土,可谓是对秦朝先进制造技术和高端制成品的完美再现。

图 1-6　秦铜车马

一个国家的制造业发展水平必定影响着国家的发展。可以想象,如果没有强大的制造业做支撑,即便秦国变法再彻底,没有好的金属农具,人民何以饱腹?没有好的金属工具,生活何以安居?所以说,秦始皇统一中国离不开秦国历朝历代所打下的坚实基础,更离不开秦国历朝历代在制造业上所做的不懈努力。

秦统一中国后所实行的"车同轨、书同文、行同伦",实则是对制造业进行的进一步发展和巩固。

"车同轨",有了统一的道路及车辆尺寸标准,车马可以畅行无阻地将物资输送到全国各地。交通运输效率得到提升,鼓励了地区贸易,增强了边疆建设,促进了全国经济、文化的交流和发展,各地物资得以快速流通,有了经济、物资的保障,制造业才有条件实现更好的发展。同时在"车同轨"的保障下,秦军的战车可以在全国驰骋,军队的快速调动和后勤给养的迅速补充既保证了地区的平安,也保障了国家的发展。

"行同伦"，制定了统一的行为准则，保证了全国各地的所有匠人都使用同样的而且是最正确的方式对同一种产品进行加工，从而保证工件无论出自谁手，都可以拥有相同的性能，保证每一个零件都可以无差别地被使用，产品进而可以得到良好的品质把控。

"书同文"，这是最重要也是最伟大的一条。有了统一的语言文字，生产、生活的各类流程有了可以参考的文字基准，各地匠人可以按照统一的标准进行生产，六国的文化知识可以更好地融合，制造业集各国之精华，得到了再一次升华。

秦国以上这一系列重大改革的实施，在发展了制造业的同时，对国家的政治、经济、军事、文化、民族、民生的发展也起到了持续的稳固作用，改变了各国分裂割据所形成的不同标准，从小处来看，为我国大一统国家工业和制造业的发展奠定了良好的基础；从大处来看，在"四大文明古国"中只有中华文明延续至今，不能不说秦始皇"功不可没"。

第二节　蒸汽机：第一次工业革命的基础

第一次工业革命是 18 世纪 60 年代由英国发起的，作为技术发展史上的一次革命，开创了以机器代替手工劳动的时代。这不仅是一次技术革命，更是一场深刻的社会变革。

第一次工业革命之前的农耕文明，是典型的自给自足的生存形态，春耕秋收，靠天吃饭。大范围的小农经济没有分工，从耕作到粮食的收割运送及食品的制作加工，都由家庭或家族内的成员完成。直到 1765 年，哈格里夫斯通过将飞梭与传统纺织机巧妙地结合起来，制造出第一台珍妮纺织机，使得面纱产量大幅提升,从此拉开了第一次工业革命的序幕,手工业随即向机械化的方向转变。随着机械化程度的提高,原本使用的风力、水力和畜力不再能够满足人们的需求。1785年,瓦特完成了对蒸汽机的改良,使其能够更加高效地为各类机械提供动力,再一次推动了社会的机械化发展。人类社会由此进入"蒸汽时代"。

图1-7 瓦特改良的蒸汽机

随着机器的大量使用,传统的手工工场已无法适应机器生产的需求。为了更好地进行生产管理、提高效率,资本家开始建造厂房来放置机器,雇佣工人集中生产,一种新型的生产组织形式——工厂出现了。工厂的出现加速了资本主义的发展,但封建经济仍在阻碍资本主义的进一步壮大。时代迫切需要一套新的经济学说。《国富论》就在这一大背景下诞生了。

亚当·斯密的劳动分工

亚当·斯密在《国富论》一书中第一次提出了劳动分工的观点,系统地

第一章
制造技术的发展、演化、进步和变革

阐述了劳动分工对提高劳动生产率和增进国民财富的巨大作用。劳动分工是指将复杂工作分解成为一连串具备单一性与可操作性的环节，分别投入劳动力专门进行各个环节经济效益的创造。正是劳动分工的出现，创造了"1+1>2"的结果，促进了工厂的劳动效率提升，也逐渐成为工厂管理的主要模式。

亚当·斯密说："扣针虽然极其微小，但制造它的分工却可以引起人们的注意。如果一个工人没有接受过这一职业（扣针的制造会成为一种专门的职业，就是分工的结果）的相应训练，也不知道怎么使用这一职业所需要的机械（这种机械之所以有可能发明出来，恐怕也是因为分工的出现），那么就算他一整天都竭力工作，也有可能连一枚扣针都制造不出来，更不用说二十枚了。分工出现之后，就有了现在的经营方法。分工不但使这种作业全部成为专门的职业，还把这一职业分成了若干个部门。这些若干个部门中的大多数，也同样成了专门的职业。整个工序分为抽铁丝、拉直、切截、削尖铁丝的一端、打磨铁丝的另一端（以方便装针头），分别由不同的人负责完成。仅仅是制作针头这一道工序，就需要通过两三个操作来完成。装针头、把针头涂白、包装，都成了专门的职业。这样细分起来，扣针的制造就分成了十八道工序。在有些工厂里，这十八道工序分别由十八个专门的工人负责完成。当然，也有些工厂会让一个工人完成两三道工序。我见过一个类似的小工厂，里面只有十个工人，因此有几个工人就需要负责完成两三道工序。这样的小工厂虽然资源匮乏得连必要的机械设备也很简陋，但是只要工人们勤勉地工作，一天也能生产出十二磅针。按照每一磅重的针有四千枚来计算，这个工厂每天总共可以生产四万八千枚针，即每人每天可以制造出四千八百枚针。如果工人们不是分别专习于一种特殊的业务，而是各自独立工作，那么任何人都不可能在一天之内制造出二十枚针，甚至一枚也制造不出来。如果不是因为适当的分工合作，那么他们不但不能完成今日成针数量的二百四十分之一，恐怕连四千八百分之一都完成不了。"

劳动分工的出现，使劳动者提高了对专项工作的熟练程度，节省了因改变工作环境而产生的时间成本，使得调动自己最大的积极性推动新技术和新发明的应用成为可能。进一步推进了资本主义的发展。1840年前后，英国的资本主义工厂基本取代了传统手工工场，工业革命基本完成。英国成为世界上第一个工业国家。

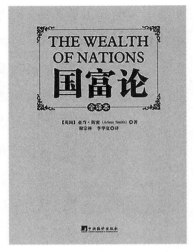

图 1-8　亚当·斯密的《国富论》

那么为什么第一次工业革命会发生在英国呢？从政治经济的角度来说：17世纪，英国"光荣革命"使其率先走上了资本主义道路，君主立宪制以及两党制壮大了资产阶级的实力，减少了政治冲突以及封建阻碍，为资本主义进一步发展创造了前提。同时，英国殖民者积极发展海外贸易，进行殖民掠夺，积累了丰厚的资本，为后来的第一次工业革命提供了充足的资金保障；劳动力方面：英国统治阶级在14至15世纪农奴制解体过程中为了自身的利益，立法公开支持圈地，18世纪，英国统治阶级更是通过了《公有地围圈法》，用暴力把农民的公有土地强行夺走并把强占的土地圈占起来，变成私有的大牧场、大农场。失去土地的农民们只能来到城市当工人，这就为后来的工业革命提供了充足的劳动力；从文化领域来看：文艺复兴，宗教改革，启蒙运动作为近代欧洲三大思想运动，解放了人类思想，将人类从封建神学的束缚中解脱出来，敢于追求科学真理，从而推动了欧洲自然科学的蓬勃发展，为第一次工业革命以蒸汽机为动力的蒸汽时代的到来提供了理论基础和技术支持。

第一章
制造技术的发展、演化、进步和变革

蒸汽机的发明和应用

蒸汽机作为第一次工业革命的重要标志，对第一次工业革命具体产生了多大的影响？第一台珍妮纺纱机被发明出来后，虽然使得生产效率上得到了很大的提升，但并没有从根本上改变手工式的生产方式。直到改良后的蒸汽机出现，工人的双手才算得上是真正意义上被解放了。但传统的木制工具与金属的蒸汽机很难有效地结合在一起，强行使之结合的结果就是传统工具的快速损坏。因此，英国要想普及蒸汽机就不得不将自己的冶金业同步发展起来，冶金过程也需要蒸汽机的使用来加快金属制品的生产，二者相辅相成、互相促进，冶金业的迅速发展也为英国后续的制造业发展开启了康庄大道。蒸汽机以及冶金业的迅速发展使英国各个工业部门不断向机械化发展，以蒸汽为动力的各种工具应运而生。比如，1807年，美国人富尔顿以蒸汽为动力成功研制汽船并试航成功，揭开了水上交通运输的新篇章；1825年9月史蒂芬孙亲自在英国建成的第一条铁路上驾驶"旅行者号"机车拖动三十多节共计载有450名乘客和90吨货物的车厢正式试车，并以每小时24千米的速度运行了40千米的路程。从此人类在交通运输领域进入了以蒸汽为动力的时代。不仅运输业，制造业也有不小的进步，蒸汽作为动力之后，各类机加工车床的加工效率和加工精度也有了显著的提升。这一系列的发展进一步加速了第一次工业革命的发展，扩大了第一次工业革命的影响范围。

第一次工业革命极大地促进了生产力发展，加强了世界各国之间的联系，拓展了世界市场，改变了生产组织形式和社会面貌。确立了资产阶级对世界的统治，率先完成工业革命的英国很快成为世界霸主。同时，第一次工业革命也在客观上传播了先进的生产技术和生产经验，对第二次工业革命起到了积极的推动作用。

第三节　电力和流水线：第二次工业革命的进步

科技作为第一生产力，在第二次工业革命中起到了不可磨灭的作用。科技与技术是两个完全不同的概念，它们之间存在着高度的关联性。科技的本质是发现或发明事物之间的特殊联系，探究事物的本质，各种物质通过这种特殊的联系组成特定的系统来实现一些特定的功能；技术是在制造一种产品的过程中所使用到的系统的知识、特定的工艺。中国自古以来只有技术传统，而忽视了科技传统。

技术发明靠的是经验的积累，而科技规则却需要建立在系统研究和专业训练的基础上。这里可能有人会讲，中国的四大发明难道不是科技吗？事实上，四大发明属于技术范畴，它们不是在科学理论的指导下实现的技术创新和突破。比如四大发明之一的指南针，古人只知道有了它可以不再迷路，而没有去深入研究磁场、磁感线，不会得知闭合回路切割磁感线时会产生电流，更不可能推导出麦克斯韦方程；又如火药，我们的祖先只满足于它能爆炸的事实，只知道"一硫二硝三木炭"，而没有去深入探究它的物理和化学机理，所以才止步于黑色火药，没能研发出黄色炸药。只知其然而不知其所以然，不求甚解，这样的状态，会严重影响我们今天的技术发展和进步。如果离开科学的指引，技术的发展注定不会长远。反观第二次工业革命，在自然科学的指引下，利用积累的先进科学技术知识，创造了众多新发明，推动了生产力的进一步提高。

第二次工业革命开始于19世纪，在第一次工业革命的推动下，资产阶级迅速完成了资本积累，自然科学研究取得了巨大进展，工业生产领域的各种新技术、新发明层出不穷，进一步促进了经济的发展。第二次工业革命较第一次工业革命相比，有以下几个特点：首先，在第一次工业革命时期，许多技术发明都源于实践经验，反映的是当时工艺上最出色的成就。因此，第一次工业革命在近代自然科学和工业实践之间，并没有建立起密切的联系。而第二次工业革命完全是在近代自然科学理论的指导下兴起和发展起来的，科技通过先进的技术直接转化为强大的生产力。其次，第一次工业革命首先发生在英国，其他国家工业革命的发展进程相对缓慢，其代表性的成果是蒸汽机。而第二次工业革命的代表性成果是发电机、电动机、内燃机、流水生产线等，而且同时发生在几个实力雄厚的资本主义国家，规模更加庞大，发展更为迅速。当然，对于一部分国家而言，两次工业革命是既同步、又交叉地进行的，典型的例子就是日本，日本一方面尽可能吸收消化第一次工业革命的成熟经验，另一方面又直接利用了新技术的成果加速发展。

电的发明与应用

19世纪中后期，很多科学研究成果都被应用于生产，各种新发明、新技术层出不穷。1831年，英国物理学家法拉第发现了电磁感应现象，这为发电机和电动机的诞生及一切有线电器设备的创新奠定了科学基础。1866年，德国人西门子研制发电机成功。到了1870年，实际可用的发电机问世，从此电力开始成为影响人们生产和生活的一种新能源。1888年德国物理学家赫兹发现电磁波，为无线通信奠定了科学基础。19世纪七八十年代，电力开始用于驱动机器，成为补充乃至取代以蒸汽为动力的新能源。随后以煤气、汽油、柴油为燃料的内燃机相继问世，它们的工作效率远远高于蒸汽机，解决了交通工具的动力问题，并推动了石油开采和石油化工工业的发展。1870年全世界共计生产约80万吨石油，而1900年的产量猛增到了2000万吨。同时，科学技术的进步也带动了电讯事业的发展。19世纪70年代，美国人贝尔发明了电话，19世纪90年代意大利人马可尼试验无线电报并取得了成功，都为迅速传递信息提供了方便,世界各国经济、政治和文化层面的联系进一步加强。显然,以电力的广泛应用和内燃机的创新使用为核心的电气革命,推动了生产效率和人民生活水平的飞速提升。

第二次工业革命是以电的广泛应用为标志的。电力的来源及优劣如表1-1。

表1-1 电力的主要来源及优劣

电力来源	优势	弊端
火力	燃料易获取、热机效率高、调峰易实现、建设成本低	烟气污染、粉尘污染、消耗资源
水力	无污染、易调峰、可再生、运营成本低,有航运、水利等边际效应	淹没土地、破坏生态环境、资源有限、易受季节影响
风力	无污染、可再生、运营成本低、节能环保	噪声大、视觉污染、占地面积大、对植被破坏严重、不稳定、成本高
太阳能	无污染、可再生、设备小型化、适合非集中供电	设备成本高、能量密度低、受气象环境影响大
核电	空气污染小、能量密度高、燃料体积小、运输与储存方便	产生放射性废料、热效率较低、投资成本高

电力是以电能作为动力的能源,电力的应用掀起了第二次工业革命的高潮。20世纪的大规模电力系统是人类工程科学史上最重要的成就之一,是由发电、输电、变电、配电和用电等环节组成的电力生产与消费系统。电动机是在发电机的基础上衍生出来的:在1873年的奥地利维也纳世界博览会上,比利时人格拉姆送展了环状电枢自激直流发电机。在布展中,他偶然接错了线,把其他发电机的电流输出端接到了自己的发电机的电流输出端上。这时,他惊奇地发现,第一台发电机发出的电流进入第二台发电机的电枢线圈,使这台发电机迅速转动起来,发电机变成了电动机。在场的工程师、发明家们都欣喜若狂。这一事件直接加速了实用电机——马达的问世,更预示着一个崭新的电气化时代即将拉开序幕。

输配电作为电力使用中的重要环节，主要包括输电、变电、配电。其中输电是指电能的传输，通过输电，把相距甚远的发电厂和负荷中心联系起来，使电能的开发和利用不再受地域的限制。变电是指利用一定的设备实现升压或降压。配电则是将电力分配至用户的手段，直接为用户服务。

电原本是作为动力使用的。在发展过程中，由于它易于控制，逐渐分离出了强电和弱电。在弱电领域诞生了一门独立的学科——电子学。随着电子学的发展，人类发明了模拟电路和数字电路。数字电路的发展最终催生了计算机科学，计算机科学的发展又分离出了软件工程。因此，从某种意义上来讲，我们所面对的第三次工业革命，甚至第四次工业革命都是以电的发明为基础的。

蒸汽机、内燃机、电动机性能比较见表1-2。

表1-2 蒸汽机、内燃机、电动机性能对比

性能	蒸汽机	内燃机	电动机
能量转化	化学能→机械能	化学能→机械能	电能→机械能
能量利用率	很低	较低	高
体积	非常庞大	相对较小	微型化
复杂性	简易	较复杂	很复杂

流水线生产方式

在第二次工业革命期间出现了新的生产组织形式——流水线。流水线指在一定的线路上连续输送货物、搬运机械。流水线输送能力大、运距长，还可以在输送过程中同时完成若干工艺操作，所以应用十分广泛。

以当时福特公司汽车流水线生产组织

图1-9 改变汽车生产方式的流水线——10秒一辆福特T型车

方式为例。亨利·福特于1903年创立了福特汽车公司，1908年生产出世界上第一辆T型车，1913年该公司又开发了世界上第一条流水线，缔造了T型车共计下线1500万辆这一辉煌历史。流水线出现前，汽车工业完全是手工作坊型的。据统计，每装配一辆汽车要728个人工小时，当时汽车的年产量约为12辆，生产速度远不能满足巨大的消费市场的需求，这使得汽车成为富人的象征。然而，福特的梦想是让汽车成为大众化的交通工具。1913年福特将创新理念和反向思维逻辑运用到汽车组装中：汽车底盘在传送带上以一定速度从一端向另一端行进，行进中，逐步装上发动机、操控系统、车厢、方向盘、仪表、车灯、玻璃、车轮，当传送带行进完毕，一辆完整的汽车也随之组装完成。流水线把一个重复的过程分为若干个子过程，每个子过程可以和其他子过程并行运作。第一条流水线的出现，使每辆T型汽车的组装时间由原来的12小时缩短至90分钟。福特仅把汽车放在流水线上组装，也花费了大量精力研究如何提高劳动生产率：把装配汽车的零件装在敞口的配件箱里，再放到运输带上运送到工人面前，节省了往返取零件的时间；装配底盘时，让工人拖着底盘通过预先排列好的一系列零件，负责装配的工人只需要安装，这样装配速度自然加快了。福特公司在一年之内生产了几十万辆汽车，这套新的生产组织方式既有效又经济，使汽车成为了大众产品。

19世纪70年代以后，第二次工业革命极大地推动了生产力的发展，使社会面貌发生了翻天覆地的变化，对人类社会的经济、政治、文化、军事、科技等方面产生了深远的影响。在第二次工业革命期间出现的新兴工业如电力工业、化学工业、石油工业和汽车工业等，都要求实行大规模集中化生产，垄断组织应运而生，使企业的规模进一步扩大，劳动生产率进一步提高。

第一章
制造技术的发展、演化、进步和变革

第四节　计算机与核能：第三次工业革命的起飞

第三次工业革命也被称为第三次科技革命，是人类历史上继蒸汽时代（第一次工业革命）和电气时代（第二次工业革命）之后的又一次重大飞跃，引领我们迈入数字化时代，故也有人称其为数字化革命。它以电子计算机技术、原子能、空间技术和生物工程的发明和应用为主要标志，涉及信息技术、新能源技术、新材料技术、生物技术、空间技术和海洋技术等诸多新兴领域，影响范围之广是前两次工业革命所无法企及的。

一般认为第三次工业革命始于20世纪四五十年代，那时第二次世界大战刚刚结束，诸多军事技术及军用设备投入民用，其中的代表就是电子计算机技术。1946年2月14日，世界上第一台电子计算机"埃尼阿克"（ENIAC）诞生于宾夕法尼亚大学，重达30余吨，占地170多平方米，由18000只电子管组成，是个名副其实的大家伙，它的诞生最初是为了解决当时人工计算导弹弹道速度慢、错误率高的问题。

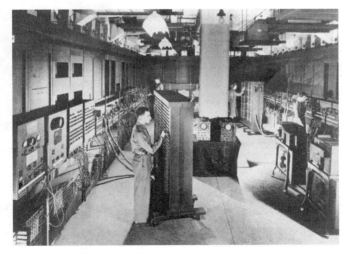

图 1-10　世界上第一台电子计算机"埃尼阿克"（ENIAC）

电子计算机的诞生为我们打开了数字化的大门,将人类的计算能力提升了不止一个档次,更是为后期原子能、空间技术和生物工程的发展打下了坚实的基础。1959年,出现了晶体管计算机,其计算能力提升至每秒100万次以上;20世纪60年代中期,出现了集成电路,再次将计算能力提升至每秒上千万次,使得在计算机上完成常规数据处理和工业控制成为可能。1978年,计算机的计算能力再次提升,每秒可运算一亿五千万次……英特尔创始人之一的戈登·摩尔根据经验总结出一条结论:集成电路上可以容纳的晶体管数目大约每过24个月便会增加一倍。换言之,处理器的性能每隔两年提高一倍。这一结论被称为"摩尔定律",至今仍然适用。

二战结束后,以美苏两国为首的两大军事集团随即开始冷战。这一时期,两大阵营的科学技术再一次得到了飞速发展,尤以空间技术、原子能技术的发展最为显著。

1957年,苏联抢先一步发射了世界上第一颗人造卫星,这一举动意味着人类的活动范围从陆地、海洋、大气层进一步扩展到宇宙空间,将人类带入了一个全新的领域,人类得以用全新的视角了解地球这个我们赖以生存的家园。人造卫星、宇宙飞船、空间站等各类航天器以及气象卫星、资源卫星、通信卫星、导航

图1-11 戈登·摩尔

卫星等各类卫星的逐一出现,一步步改变着我们的生活方式以及我们对地球的认知。有了空间站,人类可以免受宇宙射线、极度低温、真空环境的伤害,长时间在宇宙中生存。同时得益于宇宙中真空、低温、失重、无尘等绝佳的科研条件,人们在药物研究、生物培育等方面都取得了不小的进展。

第一章
制造技术的发展、演化、进步和变革

1942年6月,美国为了取得战争的主导权,启动了利用核裂变反应来研制原子弹的曼哈顿计划,同年12月,芝加哥大学建成人类第一台(可控)核反应堆"芝加哥一号堆"(Chicago Pile-1)。该反应堆采用铀裂变链式反应,开启了人类的原子能时代。"芝加哥一号堆"的成功建立不仅促进了原子弹的研制,更是为战后原子能的发展奠定了基础。1951年12月20日,美国率先使用核裂变反应堆点亮了四个灯泡,用实践证明了原子能发电的可行性,人类和平利用原子能的帷幕就此拉开。随后在1954年6月,苏联建成世界上第一座原子能发电站奥布宁斯克核电站,可为有6000名居民的小镇供电,揭开了人类和平利用原子能的新纪元。紧随其后,1956年10月,英国的考尔德·哈尔核电站投产运营,发电功率9万千瓦,装机容量比奥布宁斯克核电站大将近十倍。随着原子能的不断发展,原子能的应用已不单单局限于发电,活化分析、放射性侦察、零部件探伤等都在潜移默化地影响着我们的生活。

图1-12 核电站

新材料技术的发展再一次推动了第三次工业革命的进程。借助新材料技术和计算机辅助分析,科学家可以根据使用要求以及科研方向,创造出能满足各项性能指标的新型材料。新材料可以根据使用情况进行多种划分，按属性可分为金属材料、无机非金属材料、有机高分子材料、先进复合材料；按使用性能又可分为结构材料和功能材料。在新材料的加持下，航空发动机、原子能、电子计算机技术有了质的飞跃：隔热、耐冻材料的出现大大提高了航天器进出大气层以及在太空中长时间运行的安全性；超纯硅、砷化镓的成功研制，使计算机的运算速度提高到了每秒百亿次以上；磁性材料的研制，使核聚变在某些苛刻的条件下可控。

第三次工业革命相较于前两次工业革命，更大程度地推动了生产力的发展，加快了科技转化为生产力的速度，同时科学与技术紧密结合、相互促进。随着技术的不断发展，各学科的研究不断深入，内容愈发综合，门类愈发庞大，成果愈发丰硕。

在技术的不断积累和创新下，电子计算机获得快速发展，运算能力强大的计算机在各行各业逐渐占据了不可或缺的地位。如今，航空、航天器的设计已离不开计算机，动辄上百万种零件的设计、制造、装配，不再是仅凭人力就可以完成的工程，有了计算机的辅助，不仅在设计阶段可以大大节省时间，提前发现设计上的失误，而且制造和装配精度也得到了提升；生物技术的发展同样离不开计算机，有了计算机强大的计算分析能力，生物学家得以掌握关于生物核酸、蛋白质的序列和结构的更加详细的信息；新材料科技的发展同样也离不开计算机强大的运算能力和数据处理能力，科研人员可以运用计算机对新材料的各项性能指标进行直观对比，在节约成本的同时大大降低了实验中可能产生的风险。

第三次工业革命改变了我们的生活方式，也改变了社会的运行机制，既带来了机遇，也带来了挑战。

在第三次工业革命期间，电子计算机技术得到了迅速发展，凭借强大的计算能力和不断缩小的体积，已经成为我们日常生活中不可或缺的一部分。当然，电子计算机技术的快速发展，离不开计算机软件的支持。

早在1935年，阿兰·图灵在计算机还没有诞生时就提出了第一个软件相关的理论概念——"可计算的应用程序"。1958年，我们现在所熟知的"软件"这一概念正式由贝尔实验室的约翰·图克提出。

在电子计算机技术、计算机软件技术的不断推动下，云计算、大数据、移动互联网、物联网、人工智能等新兴技术应运而生，促进了整个时代的进步。我们的社会悄然进入智能时代。

第五节　走向智能：第四次工业革命的曙光

新兴技术简述

1980年著名未来学家托夫勒在其所著《第三次浪潮》(*The Third Wave*)一书中第一次提到"大数据"一词，书中热情地称之为"第三次浪潮的华彩乐章"，而"第三次浪潮"正是对第三次工业革命后的数字化时代的特指。具体来说，大数据的出现离不开计算机技术的发展，大数据是指计算机生成或采集的数字化的数据，具有数据体量巨大、数据类型多样、生成速度快、价值密度低这四个基本特征，通过对这些有关或无关的低价值密度数据进行收集、储存、管理、分析，可获取数据中蕴涵的高价值信息并加以利用。2011年麦肯锡在《海量数据：创新、竞争和提高生成力的下一个新领域》一文中指出，数据已经渗透到每一个行业和业务职能领域，逐渐成为重要的生产要素；而人们对于海量数据的运用预示着新一波生产率增长和消费者盈余的到来。经过近40年的理论积淀、技术创新和应用尝试，大数据克服了数据来源、处理技术、应用条件、法律环境等制约因素，随着政府和产业界投入的日益增长，大数据技术与实体产业的融合将不断加速，全球以大数据为核心支撑的数字经济产业在未来十年将进入蓬勃发展的黄金时期。

云计算作为分布式计算技术的一种，其最基本的概念，是通过互联网将庞大的数据计算处理程序自动分拆成无数个较小的子程序，再交由通过互联网连接的多部服务器所组成的庞大系统，经搜寻、计算分析后将处理结果回传给用户。有了这项技术，网络服务提供者可以在数秒内处理海量信息。"云计算"这一概念最早可以追溯到1988年，SUN公司联合创始人约翰·盖奇提出"网络就是计算机"（The Network is the Computer）的重要猜想，用于描绘分布式计算技术创造的新世界。但当时这一概念并没有引起人们的注意。直到2006年，Google首席执行官埃里克·施密特在搜索引擎大会上正式提出"云计算"这一概念，才被人们广泛熟知，云计算随即进入飞速发展阶段。

移动互联网，这是一个相对于传统互联网而言的新兴概念，就好比我们生活中的移动电话和固定电话。2003年FreeWAP的出现揭开了移动互联网使用的序幕。通俗地讲，移动互联网是移动通信终端与互联网技术相结合的产物。从技术层面上来说是以宽带为技术支持，将用户所需的信息安全地传输到用户所使用的形式各异的移动设备终端的网络服务。从移动设备终端的角度上来看，就是用户使用各种不同的设备终端来获取自身所需要的移动通信服务。相较于以往的PC互联网而言，移动互联网受场所等因素的限制明显减小，更加方便快捷的同时，在信息服务的精准程度、隐私安全性等方面也有了较大的发展，给大众的生活带来了新的体验。移动互联网作为科学技术发展的重要产物，与如今人们的工作、生活以及学习等方方面面都有密切的关系，在改变了人们许多生活习惯与行为方式的同时，也潜移默化地影响着人们的思维习惯与思考方式。

第一章
制造技术的发展、演化、进步和变革

物联网包括传感器技术、RFID技术、嵌入式系统技术、通信技术等，通过实时采集特定物体的各类信息，实现物与物、物与人之间的识别、管理和控制。物联网的成功运用，最早可以追溯到1990年施乐公司推出的网络可乐售卖机，当时他们为可乐售卖机接上网络，并通过软件监控可乐售卖机内所剩瓶装可乐的具体数量。之后的1995年，比尔·盖茨在《未来之路》一书中再次提及物联网这一概念，但由于当时射频识别技术和传感器技术尚不发达，物联网并未受到重视。直到2008年，在金融危机的影响下，各国政府开始促进科技发展，寻找新的经济增长点，将目光不约而同地锁定在了物联网技术上。

人工智能这一概念，在1956年达特茅斯会议上被正式提出。经过六十余年的不断发展，正逐步转变成为一个在理论和实践上独立存在的分支学科。人工智能作为计算机软件层面的技术，其目的是让计算机运用深度学习和神经网络算法等各类技术，帮助人类以人类的方式完成某项工作。早在1950年，在注意到"智能"这一概念难以准确定义后，阿兰·图灵提出了著名的图灵测试：如果一台机器能够与人类展开对话（通过电传设备）而不被辨别出其机器身份，就可称这台机器具有智能。如今，人工智能依旧处于"弱人工智能"阶段，这一阶段，计算机不会拥有通用智能，更不会有自主的意识，只是在处理问题的方式上"像人"，还无法完全离开人而独自工作。同时，人类也正进一步加强对类人的、可以像人一样思考和推理的，或非类人的、拥有和人完全不一样的知觉和意识、使用和人完全不一样的推理方式的"强人工智能"的研究。

随着云计算、大数据、移动互联网、物联网、人工智能的快速发展，智能制造这一概念再次回到人们的视野中。智能制造的目的是通过集成知识工程、制造软件系统、机器人视觉和机器控制对技术工人的技能和专家知识进行建模，使智能机器人可在没有人工干预的情况下进行小批量生产。

2020 年，新冠肺炎疫情席卷全球。全球各行各业都陷入了停滞状态，失去了基础制造业支撑的国家几乎丧失了基础防疫物资的生产能力。这为人们敲响了警钟。

汉诺威工业博览会和智能制造

在 2013 年的汉诺威工业博览会上，孔翰宁先生宣布了德国"工业 4.0"战略，意在提高德国工业的竞争力并在新一轮工业革命中取得先机。受国务院委托，中国工程院和工信部开始论证制造强国战略，研究相关工作，2014 年，李克强总理访问德国，与默克尔签订了中德合作行动纲要，并于 2015 年发布了《中国制造 2025》，借鉴了德国工业 4.0 的体系。

讲到德国工业 4.0，不得不讲汉诺威工业博览会。汉诺威工业博览会（HANNOVER MESSE）始创于 1947 年 8 月，每年一次，经过七十多年的不断发展与完善，已成为当今规模最大的国际工业盛会，也是世界工业和制造业发展的晴雨表，被公认为联系全世界技术领域和商业领域的重要国际活动。诸多的亚洲、美洲及非洲企业不远万里前来洽谈。

2019 年，以"融合的工业——工业智能"为主题的汉诺威工业博览会于 4 月 1 日至 5 日成功举办。各国参展商齐聚汉诺威，集中展示了全球工业数字化转型的最新技术成果。据统计该次汉诺威工业博览会净展出场馆 47 个，有来自中国、美国、加拿大、俄罗斯、英国、法国、意大利、瑞士、日本、韩国、印度、巴基斯坦、土耳其、马来西亚等 75 个国家和地区的 6500 家厂商参展，接待观众达 40 万人次，其中专业观众的比例达到 96%。中国企业成为一支生力军，共有一千多家积极参展。

汉诺威工业博览会连续七年聚焦"融合的工业"，反映出新一轮工业革

第一章
制造技术的发展、演化、进步和变革

命多技术融合创新的特点,特别是工业生产与信息技术融合加深,不断演进。从主办方德意志会展公司归纳的关键词来看,"工业4.0"、人工智能、5G、人机协作机器人、轻量化、物流4.0、前瞻性维修、数字孪生等是各方在汉诺威工业博览会上关注的热点。

2019年4月2日下午,工信部国际合作司与德国经济部相关部门组织了"中德携手——共塑制造业数字生态系统"交流会议,参会人员约300人,工业4.0平台全球代表兼顾问、德国国家工程院理事会主席、德国国家科学与工程院前任院长孔翰宁教授参加了会议,作了《自治系统——潜力与挑战》的报告。同年11月,孔翰宁教授被聘为中国工程院外籍院士。

图1-13 汉诺威工业博览会合影("能"字后中排:随团导师中国工程院董景辰教授,前排左二:随团导师宁振波教授,前排左三:翔正国际创始人王翔飞)

汉诺威工业博览会门类众多,这里简单列举几个重要的分项展:1)动力传动与控制技术展;2)工业零部件与分承包技术展;3)能源展;4)环保技术和设备展;5)风能技术展;6)空压与真空技术展;7)电厂技术展;

8）表面处理技术展；9）新能源汽车技术展；10）研究与技术展，等等。

另外，非常值得重点推荐的还有工业自动化展和数字化工业展：

工业自动化展：这一分项展呈现出了一个全方位的综合工业自动化平台。同时这里也是企业发布新产品、展示新技术的最佳场所。对应过程自动化、工厂自动化和工业建筑自动化这三个相关主题，该分项展在博览会中占据了三个展馆。

数字化工业展：长久以来，以展示一流的工业软件而闻名于世，占有6到9号

图1-14 作者2019年4月2日与孔翰宁教授合影

四个展馆。在这个分项展上可以看到旨在完善产品开发、生产和合成处理技术的流程的多种解决方案。多个展会共同举行的集聚效应也能使大家受益匪浅。产品开发（PLM/CAD/CAE/CAPP/CAM）、生产和过程计划（ERP、PPC）、视觉呈现/仿真技术、机械工程/自动化（MES）、过程合成、订单处理和技术化销售/服务（CRM）、IETM/MRO/PHM等都是和数字化技术紧密相关的创新技术。

展会同期，众多高等院校、研究院所和参展企业以极其丰富的技术讲座和特别展示提供给大家非常多的机会去了解智能制造的行业核心技术和发展趋势。

第二章

智能制造的本质

Chapter Two

第一节　什么是智能制造

智能制造是国际公认的实现工业体系转型升级的新一代工业技术，能够从根本上提升我国复杂产品的创新能力和研制水平，因此正确理解、全面认识智能制造，对我国制造业乃至国民经济的发展具有极其重大的现实意义和历史意义。

现代工业体系可以分为 39 个工业大类、191 个中类、525 个小类。中国是世界上唯一全部工业门类齐全的国家。但是，由于中国与第一次、第二次以及第三次工业革命的黄金时期失之交臂，使许多高端技术都掌握在西方国家手里，中国制造"大而不强"。第四次工业革命给了我们绝佳的机会，中国第一次可以和发达国家几乎在同一条起跑线上起跑。我国制造强国的国策就是以两化深度融合为主线，以智能制造为突破口。但是我国智能制造所存在的问题，简单来说就是"缺芯少魂"：集成电路芯片是"芯"，工业软件是"魂"。不能掌握核心技术，没有自己的集成电路和工业软件，我国的智能制造是难以实现的。

在过去很长一段时间里，许多人错误地认为智能制造就是自动化的生产方式。认为机器人换人、无人工厂、黑灯工厂就是智能制造的"代表"。实际上，这是对智能制造非常片面的认知：机器人换人，解决的是生产现场的手工劳动问题；无人工厂、黑灯工厂解决的是生产线的人工控制问题。类似的，无人仓储、无人物流也不能代表智能制造。

自动化设备在得到手动或自动输入的控制指令后，通过系统闭环，根据传感器所获取的反馈信号，就可以依照人的意愿自动执行一系列任务。在整个自动化系统中，最重要的依旧是控制端。它离不开人的控制，什么时候开始、什么时候结束，都需要由人来决定。自动化系统可以替代人完成繁重的体力劳动，甚至辅助人完成一些简单的脑力劳动，但终究无法替代人做出最终的决策。也就是说，无论是机器人换人、黑灯工厂还是无人仓储，都是在工作现场实现了无人化，并不是真正地实现了智能制造。

要说清楚智能制造是什么，我们就必须从源头讲起。

什么是制造

要正确理解智能制造，首先必须理解什么是"制造"。制造，包含了"制"与"造"两层含义。"造"相对比较简单，就是生产。但制造不仅是生产，首先"制"在英文中有"系统"的含义，在中文释义中，也包含有制度、方法、标准和规范等意思。由于"制"的含义非常广泛，宏观的"制造"包括产品策划、方案设计、产品设计、工艺设计、生产过程、生产交付、运行、维护维修、管理、决策等重要环节和复杂管理体系。

改革开放初期，我国浙江、江苏、福建和广东沿海涌现出大量的"三来"加工，它们使用国外的设备、国外的原材料、国外的图纸和工艺进行产品加工，最后再销往国外。这里所说的"三来"加工，就是代生产，或者叫转包生产。在"三来"加工过程中，从原材料的采购、入库、出库、运输，到工人根据图纸和工艺手册操作相关的设备，把原材料加工成满足需求的各类产品，这个完整的过程都根据国外已经规定好的相关标准进行，所以只能称之为"造"，并不是严格意义上的"制造"。

制造并不等同于生产，两者不能混为一谈。生产仅仅解决产品生产过程中的具体问题，而制造涉及产品研发、产品设计、工艺设计以及生产过程，同时还涉及产品生产过程中的管理、产品的交付，以及交付之后的维护、维修和运行。除了产品的研发、生产、交付及服务，企业的运行也必须符合整个制造体系。企业非常复杂，一个工业企业包括产品供销、财务管理、质量管理、生产管理等一系列流程。我国制造业大而不强，根本问题就出在研发能力不足上。而研发能力归根结底就是创新能力。

"智能"是什么

《三体智能革命》和《机·智》这两本书描述了人类智能、机器智能、人工智能。智能制造就是为传统的制造赋予智能，这里的"智能"就是指"人工智能"。传统的人工智能，通俗地讲就是将专家学者的知识、经验、方法等验证无误的内容编译成软件，由计算机执行的过程，也就是说人工智能是把人的知识转化为计算机的知识。计算机支持软件运行，生成模型，完成工业产品的研制、生产、运行、综合管理等复杂过程。

研发是产品创新的源泉，制造业过去是基于实物制造，也就是爱迪生的试错法，而今后的制造，实际上是在千百年来人类大量知识积累的基础上，进行的"智能制造"。如果没有实物产品制造的知识，就没有产品知识、工业知识、设计知识、工艺知识、生产制造知识、设备维护维修知识、管理知识和销售服务知识等，我们把人类经反复验证后成熟的知识编制成工业软件，由计算机来执行，这就是智能制造。

探讨知识管理和知识工程，我们需要学习西方提出的DIKW（D即数据

Data；I 即信息 Information；K 即知识 Knowledge；W 即智慧 Wisdom 或智能 Intelligence）模型（图 2-1），我的解读就是：把数据采集出来、提炼形成信息，信息关联起来形成知识，再优化迭代成了知识体系，知识升华就会产生智慧和智能（图 2-2）。

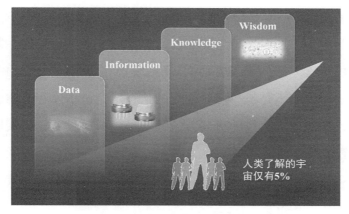

图 2-1　西方文化中的 DIKW 模型

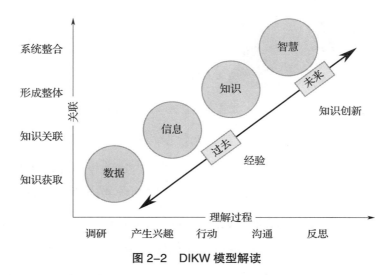

图 2-2　DIKW 模型解读

在智能制造体系建立过程中，工业软件是必不可少的一部分，是工业知识的结晶。《铸魂：软件定义制造》（机械工业出版社，2020年）就是从工业体系着手认识工业和工业软件的一本书。

所有的产品创新，首先是研发，然后才是生产，这是一个复合性的过程。生产能力必须要提高，才能够按照产品研发的思路，制造出符合研发过程所制定的质量标准的产品。这样才能形成一个完善的工业体系。

如图2-3所示，按照管理学的理论：企业可分为三层架构，第一层是决策层，第二层是管理层，第三层是执行层。一个工业企业，它的智能体现在决策层和管理层，而不是执行层。企业的执行层，包括库存、物流配送以及生产线在内，即便使用大量的机器人、数据采集分析设备，仍然属于自动化范畴，而非智能化范畴。

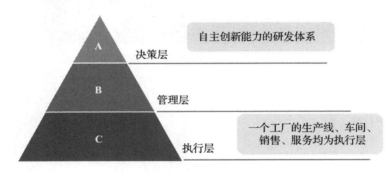

图2-3　工业企业管理学三层架构

术语的解读非常重要，云计算、大数据、移动互联网、物联网和人工智能的基础都是集成电路和软件。首先我们要有大量的传感器来做状态感知的工作，采集的天量工业大数据通过工业互联网和物联网传递到云平台上做实时分析，实时分析的数据结果再通过由人的大脑和计算机相结合产生的人工智能做出决策，然后反馈到一线的执行层以实现精准执行。2016年5月17号，中国工程院周济院长亲自主持了《三体智能革命》的院士和专家技术研讨会，其核心就是 2016 年我们撰写的《三体智能革命》中提到的智能制造的 16 字箴言："状态感知、实时分析、自主决策、精准执行"（见图 2-4）。

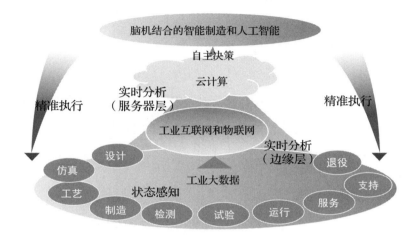

图 2-4　云计算、大数据、移动互联网、物联网、人工智能

智能制造是什么

智能制造是将人类长年累月积累的制造经验编制为软件，将原来由人执行的任务转为由计算机来执行。因此，智能制造就包含了产品研发、产品设计、工艺设计、生产过程管理、批生产交付、运行维护、大修维修等，当然它还涉及复杂的管理体系。所以说，即便是在全自动化车间、无人工厂、黑灯工厂中，生产线、物流配送全由机器人负责，甚至库房也实现了全自动化，依旧不能算智能制造。

智能制造是一套复杂的技术和管理体系，仅仅讲生产过程的智能化是不够的。因此机器人换人不是智能制造，黑灯工厂不是智能制造，自动化的工厂不是智能制造，当然无人工厂也不是智能制造。

明确了智能制造的内涵，我们就会明白智能制造是今后几十年都要干的事情,不可能一蹴而就。必须认识到两点:第一,智能制造是马拉松长跑,不是六十米短跑比赛;第二,从全国范围来看,我国尚未全面实现工业化,因此我们和西方相比差距巨大,换句话说:如果把智能制造比喻为一次马拉松赛跑的话,中国制造作为其中一名运动员,正在热身,尚未上场。

智能制造的本质,简单来说可以归纳为三句话,第一,软件化的工业技术;第二,软件定义的生产关系;第三,生产关系的优化和重构。简而言之:用软件控制数据的自动流动,解决复杂产品的不确定性,这就是智能制造。

下面我们分节详细论述。

第二节 智能制造的体系和架构

讲到智能制造的体系和架构,不得不讲德国工业4.0。德国工业4.0是德国根据国家的现有工业基础条件,制定的一项旨在推动国家工业体系实现数字化转型的战略发展规划,是要通过长期的努力达成的一项目标。它由工业管理体系和数字化转型体系构成,包含了成千上万项具体技术。国内外已经有非常丰富的解读和分析报告,这里不加详述。

德国工业4.0和智能制造

德国工业4.0战略发展规划,如果简单描述,其战略要点就是"一二三八"。

"一",建设一个系统:信息物理系统(Cyber-Physical System,CPS)。对此,在工业和信息化部指导,中国电子标准化研究院编写的《信息物理系统(CPS)白皮书2017》《信息物理系统建设指南(2020)》以及"走向智能"系列丛书中都有详尽的描述。

第二章 智能制造的本质

"二",研究两大主题:智能工厂和智能生产,这也是本书的重点内容。智能工厂包括企业决策、综合管理等,牵涉工厂的人、财、物、产、供、销等方方面面;智能生产就是整个产品的复杂生产组织和生产制造过程,包含人、机、料、法、环、测等复杂生产要素。

"三",实现三项集成:通过价值链及网络实现企业间横向集成、贯穿整个价值链的端到端工程数字化集成,以及企业内部灵活且可重新组合的纵向集成和网络化制造系统。

"八",实施八项计划:标准架构、系统模型、基础设施、安全保障、工作组织、持续培训、监管框架、资源利用。可以清晰地看到,这八项计划绝不是某一家企业就能够做到的,一定要依靠国家的能力。

首先我们来看图 2-5,这张图在 20 世纪末出自一家美国咨询公司,在这个模型里就提出了设备联网、多领域数据统筹分析等概念。

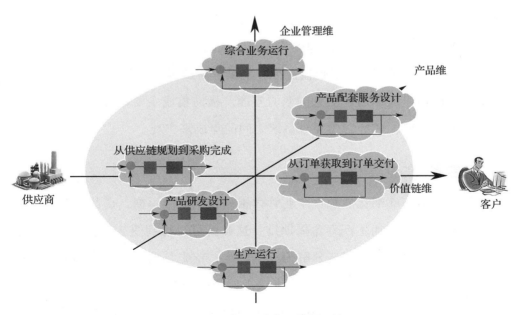

图 2-5 集团业务参考模型架构

智能制造的本质

可以看出这个模型和德国工业 4.0 白皮书中所提到的企业 IT 集成平台的三项集成（纵向集成、端到端集成和横向集成）高度相似。

纵向集成，可看作模型中的企业管理维，是指企业及其所处行业的价值链中，从综合业务运行落地到生产运行的管理。细化之后包含决策、计划、组织、执行、控制、反馈之间的层层穿透和双向交互，具体由决策支持系统、ERP、DCS、MES、MDC/DNC（对流程制造业而言，则是决策支持系统、ERP、DCS、MES、SCADA、PLC）等系统的集成来实现。

端到端集成，即模型中的产品维，指的是源于市场并终于市场的产品研发和制造服务体系。端到端集成是在从市场需求研究、产品策划和定义、产品设计、工艺设计、产品试制、试验验证、产品制造、批产交付、客户支持、运营维护到退役、报废和回收的整个产品链和资产链中，与产品和资产有关的信息的双向传递，以确保在正确的时间、正确的地点、把正确的物料和正确的信息交给正确的人。端到端的集成主要通过 PLM、BOM、ERP、MES、CRM、ALM、MRO 等系统之间的集成来实现。

横向集成，是模型中的价值链维，从供应商到客户，指的是企业与上游、下游等之间，供应和需求信息的双向互通。横向集成主要通过数字化营销渠道、CRM、ERP、SCM、SRM 等系统之间的集成来实现。

智能制造的分层和分级

我们将图 2-5 细化展开：企业管理维和价值链维不变，产品维改为产品寿命周期维，再增加生产寿命周期维，这样就可以得到图 2-6。经过这样的细化展开就可以把智能制造分解为三个层次，首先是狭义的智能制造，其次是广义的智能制造，最后就是宏观意义上的智能制造。

狭义的智能制造，是指 2013 年到 2015 年大部分人所认识的智能制造，也是"三来一补"等代工类企业的生产方式：只考虑了生产现场的智能制造，其中包含制造运行管理、生产现场监控、现场设备的管理等，涉及的软件系统有车间现场 MES、MDC/DNC 等；这一级智能制造实施起来相对容易一些，具体实施可参见朱铎先、赵敏著的《机·智：从数字化车间走向智能制造》。

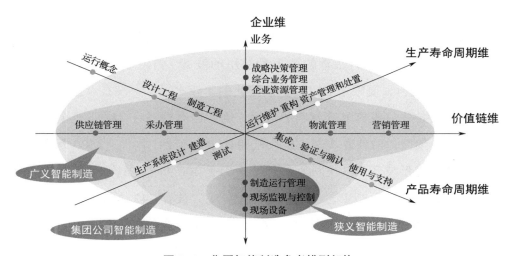

图 2-6　集团智能制造参考模型架构

广义的智能制造在狭义的智能制造的基础上，在产品寿命周期维增加了设计工程、制造工程、集成、验证与确认，在企业维增加了企业资源管理，在价值链维增加了采办管理、物流管理，在生产寿命周期维增加了生产系统设计、建造、测试、运行维护、重构、资产管理和处置等内容。这样一来，广义的智能制造复杂度大大增加，牵涉的技术和管理更为复杂。实际上，这也是本书重点讨论的内容，同时广义的智能制造面对的是产品自成体系的企业、大型集团类企业和复杂产品大规模协同的企业。

宏观意义上的智能制造又在广义的智能制造基础上，在产品寿命周期维增加了产品运行概念和产品交付后的使用与支持，在企业维增加了战略决策管理、综合业务管理，在价值链维增加了供应链管理和营销管理等内容。宏观意义上的智能制造需要调动社会资源的方方面面，牵涉到整个国家制造业的资源配置能力和水平，是一个复杂的巨型系统。

为降低问题的复杂性，本书考虑范畴为广义级的智能制造及以下范围。

智能制造的五级架构

航空航天器、航母、核电站等大型复杂产品，其包含的零部件和元器件均超过百万件。以我们熟悉的被大量使用的波音747飞机为例，这款机型1970年开始交付，受限于20世纪60年代的工业水平，一没有大型机加件的整体加工设备，二没有复合材料的应用，因此当时的波音747飞机全是金属零件。第一架交付的波音747飞机大概拥有850万个结构件，3500万个标准件；后期改进型波音747飞机零部件减少到了400万个左右。值得一提的是波音公司的零部件生产工艺流程和专业化分工，波音747全机零部件由分布在65个国家的1500家大企业和15000多家中小企业共同协作生产，是飞机全球协同制造的典范。

截至目前，我国研制的最大的飞机是运20军用运输机，全国约1000家大企业和3500多家中小企业参加协作生产。

这么复杂的管理与协作，如何合理分层分级？如何定义复杂产品的智能制造总架构？实际上，如果我们把最复杂的产品的智能制造架构层次分析清楚了，通过降维落地，就有可能把所有智能制造的技术问题全部解决。

我们要在工业企业实现智能制造，就需要按照大型企业的管理体系从底层向上进行梳理。企业最底层肯定是智能设备和智能装备层。当这些设备和装备实现了数字化、数控化，并有可以连接的通信总线和通信协议之后，我们就可以使用计算机通过网络对其发送指令，并接收这些设备和装备在当前工作情况下的工作状态数据，计算机将分析所接收的数据，并在发现异常数据后发出报警。生产加工过程涉及多道工序，这些设备和装备在企业生产过程中往往不是单独运行的，也需要联网，这样就形成了车间层，也就是控制执行层。再往上，多个车间和分厂的运行和管理就构成了生产管理层。继续向上就是企业管理层了。对大型复杂产品，企业往往无法独自完成，需要成千上万家企业共同合作，这样就形成了企业联盟层。我们根据这些分析，可以画出智能制造总架构图（图2-7）：

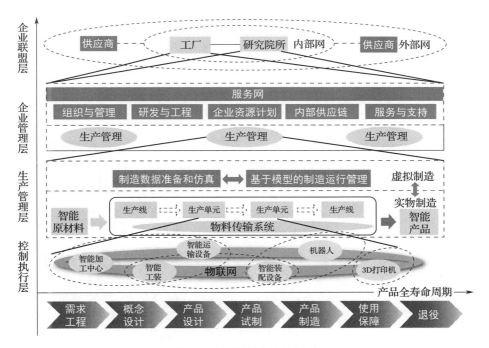

图2-7 智能制造总架构图

有了这张图，我们就可以对智能制造自顶层向下进行分层解析。这里我们继续用《三体智能革命》一书中提到的智能制造的16字箴言"状态感知、实时分析、自主决策、精准执行"来分析。

最顶层，企业联盟层（图2-8）。在成千上万家企业一起研制生产极其复杂的产品的过程中,首要的是"状态感知",也就是要感知各家供应商的供货状态、供应链中存在的问题,以及会对最终产品交付造成的影响。其次是"实时分析",根据供应商过去多年的供货状态,以及给其他企业配套供应的情况进行大数据的统计分析,进行供应商评价。然后就是根据评价情况和结果,预测可能出现的问题和解决办法,提出辅助决策意见,供"自主决策"使用。最后是"精准执行",按照自主决策的结果,完成对供应链管理和控制的执行。企业联盟层的构建基础是下面四层的构建,没有下面层次的完整构建,感知的数据就是假、大、空,肯定不能做出正确的决策。

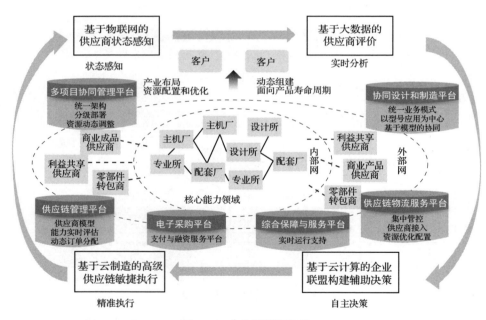

图 2-8　企业联盟层架构

企业联盟层的下一层是企业管理层(图 2-9),在这一层,"状态感知"感知的是产品状态、资源状态、车间状态、企业运行整体状态以及"人、财、物、产、供、销"的管理状态。通过感知的状态数据对企业财务、效益、产品成本、生产周期、产品质量等进行"实时分析",经过状态感知与数据分析后就需要进行"自主决策",对分析出来的数据做出绩效考评、优化安排资源计划、调整生产计划排产、做出新的工艺决策。最后就是实时调度生产、完成资源配送和调整、解决出现的问题和故障、生成新的工艺路线,以实现"精准执行"。

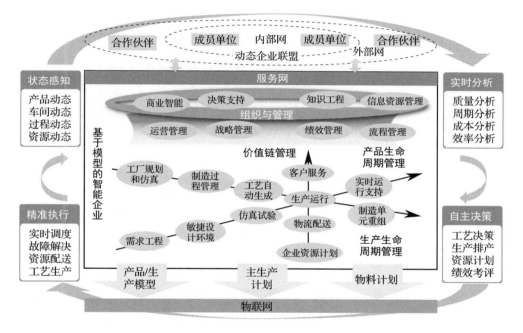

图 2-9　企业管理层架构

生产管理层(图 2-10)所管理的内容基本上都已被 ERP 软件涵盖,从企业的生产管理到总厂、分厂、车间,层层落地。"状态感知"感知物料状态、产品状态、设备设施运行状态、故障状态等。"实时分析"计算物料需求、工件质量、任务统计分配、故障分析分类等。"自主决策"完成作业动态调整、物料配送、作业单元定义、质量问题处理;"精准执行"通过数据调用、发送物料指令、运行指令实现任务执行等。

智能制造的本质

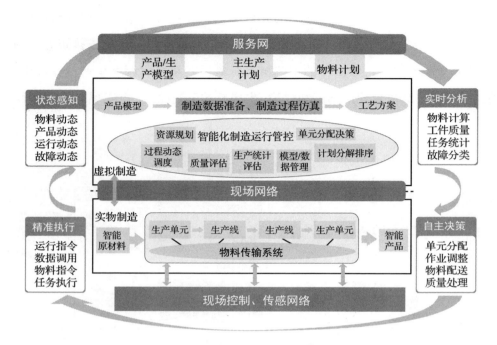

图 2-10　生产管理层架构

控制执行层（图 2-11）紧密结合生产现场和现场设备，这一层的"状态感知"是在感知各类应该管理和监测的数据，包括工件状态、设备状态、位置状态和监测数据。数据需传递到后台进行"实时分析"，分析工件的几何误差、设备运动误差，并对问题状态进行分类。"自主决策"完成误差补偿、规则匹配，生成现场指令，完成作业数据生成。最后"精准执行"实现控制设备运行、物料配送、作业执行、异常情况警示和显示。

最底层就是智能设备层了（图 2-12）。讲到这里，可能很多人感到奇怪，我们的设备不是直接买来用就可以了吗？实际上，设备在购买之前有两个问题必须考虑。第一，大量传统的机加设备都是单机运行，无法联网，而且很多机加设备可以使用三十年以上，因此，对传统设备的数字化改造升级就是制造业面临的最大问题。如何低成本地完成设备和装备的改造升级，进入智能制造系统？这是个我们必须要考虑的问题。第二，有些"高、精、尖"设备，我们花钱也买不到，只能自主研制。实际上，从新中国成立后到现在，我国自研装备和设备无论种类还是数量都非常庞大。在考虑过这两个问题之后，装备和设备如何实现智能化，才是在这一层要考虑和讨论的。"状态感知"接收设备运动状态、受力状态、工件状态、I/O（输入/输出）状态、耗能状态；"实时分析"处理设备的异常情况、加工位置的偏差、振动和噪声状态、I/O是否异常、工件偏差等。"自主决策"完成位置补偿、参数调整、程序调整、异常分析；最后"精准执行"更新设备的状态设置，实施位置调整、运动控制、进给控制，加工执行。

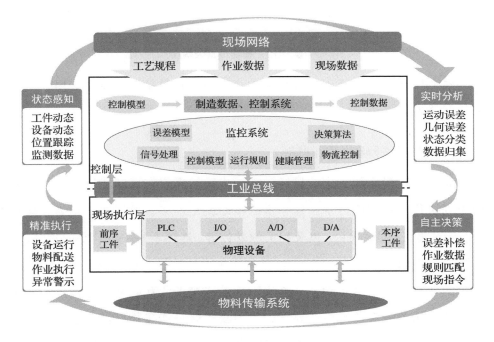

图 2-11 控制执行层架构

智能制造的本质

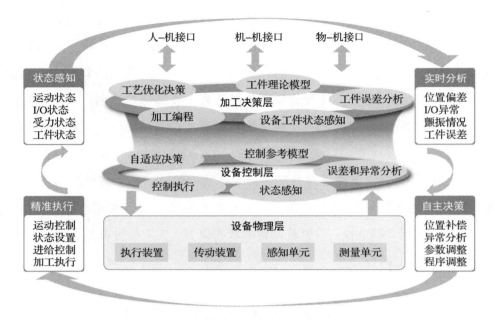

图 2-12 智能设备架构层

综上可知,智能制造的架构体系非常庞大且复杂,不可能一蹴而就,需要长期努力。

从工业互联网到智能制造

为了实现智能制造这一目标,第一步我们需要布置智能制造架构体系中的控制执行层和智能设备,这一步的核心就是连接,要连接一切需要连接的设备、设施、人员、物料,以及相关的软件等。连接不是一件容易的事情。"连人"是运用国际互联网,传统方法是利用个人计算机、智能手机、移动终端等,未来的连接还有脑机互联;"连机"就是连接工业互联网,连接各类与生产环节紧密相关的设备等生产要素;"连物"就是连接物联网,这个最简单,这里不加赘述。软件的连接关键是定义数据接口标准,实现单一产品中数据的共享共用。其中,最困难的是连接机器设备。

首先从最困难的连接说起,工业遵循机械化－电气化－自动化－数字化－智能化的发展路径。实际上,电力行业在20世纪50年代就开始了自动化联机控制的应用研究,但那不属于数字化,仍属于自动化的范畴。截至目前,随着从自动化到数字化的不断进步,各国发展的道路和方法各不相同,而复杂的工业现场和多样的工业设备成了工业互联网平台建设中的一大阻碍。据初步了解,全世界三大工业体系(欧洲,美国、日本)共有超过100种工业总线,各类终端设备的通信协议大概4000到5000种左右,此外还有5000余种驱动(用于工业数据的采集、解析和转换),包括PLC、变频器、板卡、智能模块、智能仪表、标准协议、机器人、机床等。现已开发出的40多种现场总线中,符合IEC61158国际标准规定的仅有8种总线:1)德国西门子公司支持的Profibus;2)基金会现场总线FF;3)德国Phoenix Contact公司支持的Interbus;4)美国Rockwell公司支持的Controlnet;5)法国Alstom公司支持的Worldfip;6)Fisheer-Rosemount公司支持的FF HSE;7)美国波音公司支持的Swift Net;8)丹麦的Process。

还有几种在工业控制领域广泛应用的总线,如1)德国Bosch公司为汽车应用而开发的CANBUS;2)美国Echelon公司开发的Lon Works总线等。

二十几种仪表通信协议中常用的有:Modbus通信协议、RS-232通信协议、RS-485通信协议、HART通信协议、MPI通信协议、串口通信协议、Profibus通信协议、工业以太网协议、ASI通信协议、PPI通信协议、远程无线通信协议、TCP协议、UDP协议、S7协议、profinet协议、MPI协议、PPI协议、Profibus-DP协议、Devicenet协议、Ethernet协议、FF-H1协议等。

可想而知,这么复杂的总线和通信协议,连接的复杂性有多高。在中国工程院的领导下，我国正在开展的研究工作，就是通过OPC-UA标准解决不同系统之间互联互通的问题，开发在各种现场能够满足设备之间具有高实时性要求的信息交互的总线标准，解决设备层与控制层、管理层以及决策层之间的信息流通问题。OPC-UA国际标准正逐步转化为中国国家标准，目前国际标准是IEC 62541，中国国家标准是GB/T 33863，在此标准研究的过程中，我们制定了《基于OPC-UA的数字化车间互联网络架构》标准研究内容，提出了"基于OPC-UA的网络基本架构"的设想。为工业互联网设备设施的连接提供了重要的手段和方法。

当各类传感器实时采集的设备运行数据、产品加工过程数据通过现场总线和通信协议传递到工业互联网平台上之后，我们就可以建立设备运行状态模型和在制品的产品过程模型，通过分析、计算采集的工业大数据生成的各类数字化的模型，可以解决生产中的大量问题。如：设备运行状态模型可以和设备理想状态模型比对分析，从中发现设备运行问题；在制品的产品过程模型可以和设计过程生成的理论模型比对，找出生产过程中的缺陷和问题，进而优化设计过程、工艺过程、生产组织和生产制造过程，提高产品质量和企业效益。

为了得到设计的理论模型，必须解决"为什么"的问题。这就需要采用数字化的设计方法和体系；从源头解决"KNOW—HOW"，需要在国家层面完善知识产权保护问题。

因此，要实现中国制造业的数字化转型升级，如图2-13所示，第一步要做的就是"连接"，而连接的核心是工业互联网平台；第二步是"连续"，是产品研发的数字化，在这一步，知识产权保护是核心；第三步是"测量"，也就是生产现场采集的数字模型和理论上的数字模型的比对；第四步是"优化"，即根据比对结果，优化生产流程和设计方法。以上四个步骤持续迭代，不断优化循环。以此提升中国制造业企业的"创新驱动"和"提质增效"能力。经过几十年的努力后，中国的制造业数字化转型一定能够走到世界前列。因此，工业互联网平台建设是助力制造业数字化转型的必由之路。

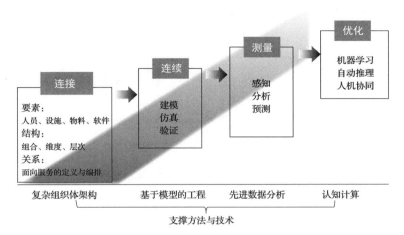

图 2-13 走向智能的演进路径

智能制造的理想技术发展模型

如图 2-14，智能制造的核心是图中的虚框流程——赛博（CYBER）流程。工业软件的大规模使用，使得从设计、工艺、生产、制造、装配到试验，均可在赛博空间中进行：产品可数字化，研制过程亦可数字化。产品在网络上高速流转，并在这个过程中反复快速迭代，从中发现问题、修改模型、消灭问题，然后依据这些过程数据来指导实物生产与实物试验这两个流程。赛博流程、实物生产线与实物试验是智能制造的核心体系，其中赛博流程是大脑：设计、生产、工艺、装配，试验等都要借助软件来实现，数字化的产品在赛博空间中经过不断迭代后定型，使用软件和生成的数据指导实物的生产活动，这就是智能制造。

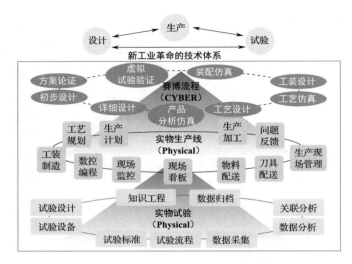

图 2-14 智能制造的理想技术发展模型

智能制造包含产品研发、管理和决策。因此智能制造系统是一场马拉松长跑。我们要完整、全面、深入地理解智能制造。

智能制造的难点在建模,焦点在仿真。没有大规模、成体系的工业软件的使用,智能制造就只能停留在口头上。智能制造的本质是软件化的工业技术,软件定义的生产体系,带来的一定是生产关系的重构。生产关系的重构不是小打小闹,更不是几个、几十个工业软件的应用,也不是点上的革新和小的变革,而是整个工业体系的升级换代。但是智能制造也没有那么难,我们需要一步步稳步前行,就像登山一样,只要我们坚定信心,不懈努力,一个一个台阶地坚持攀登,最终一定能够到达光辉的顶点。

第三节 软件化的工业技术

2016 年,"工业技术软件化"这一符合国情的命题正式提出。紧随其后,2017 年,由工信部指导,工信部第五研究所、北京索为系统技术有限公司牵头，工业技术软件化产业联盟（又名工业 App 联盟）在北京正式成立。我国快步加入工业技术软件化行列。

工业技术

工业技术是为达到一定目的，利用自然规律所采取的一系列合理的手段。技术与科学相辅相成。但科学偏重抽象的理论，技术却具体而实用。纯科学的理论和概念不被认为是技术，技术是达到特定目的合理手段，可以用文字记载而传授给他人，他人也可根据文字记载而反复实施。工业技术不仅应用于工业，而且应用于农业、渔业、林业、运输业、贸易等社会经济的各个领域。

工业技术亦称生产技术，是在工业生产中实际应用的技术。就是说人们将科学知识或技术发展的成果应用于工业生产过程，以达到改造自然的预定目的。

近几十年来，随着科学与技术的综合发展，工业技术的概念、手段和方法已渗透到现代科学技术和社会生活的各个方面，出现了生物遗传工程、医学工程、教育工程、管理工程、军事工程、系统工程，等等。工业技术已经突破了工业生产技术的范围，而展现出它的广阔前景。

由于人类改造自然界所采用的手段、方法以及所追求的目的不同，形成了工业技术的各种形态，如研究矿床开采的工具设备和方法的采矿工程，研究金属冶炼设备和工艺的冶金工程，研究电厂和电力网的设备及运行的电力工程，研究材料的组成、结构、功能的材料工程等。

工业技术是系统化的工业知识和规则体系。本质上，工业技术既可以是一种无形的、非物质化的知识（如某些附属于人脑或附属于软件的经验、技能、诀窍等），也可以是一种有形的、物质化的知识（形式化的图文、资料、书籍，较好地表达了设计原理的实物、模型等）。工业技术包括一整套系统知识，涵盖功能需求、机理模型、概念设计、详细设计、生产制造、工艺工装、检测实验、设备操作、现场安装、维护维修、运营服务、仓储物流、企业管理、市场销售、回收报废以及标准规范等产品／工厂生命周期的各个环节。

工业技术往往是发明的结晶，是实践的结晶，它可以被人为地记录下来供他人学习参考，也可以被他人翻阅以处理问题。企业无论是否意识到了，都必须承认，脱离了工业技术的支撑，企业就无法生存。因此，工业技术的转化与传承就显得尤为重要。工业技术的载体可以是碳基介质（如人脑、纸质书籍资料等），也可以是硅基介质（如硬盘、光盘等）。因此，拥有工业技术，就需要拥有承载了工业知识的人或物。工业技术／知识被写入软件，并存储到赛博空间，就是工业技术的软件化。

工业技术软件化

工业技术软件化的重点在于将工业知识／技术等要素从非软件形态转化为软件形态的同时，还要用软件去定义、改变它们的形态或性质。软件化是几十年来工业技术发展的重要趋势。要做到工业技术软件化不得不提到知识的传承。

人类知识的传播路径大致如图 2-15 所示。

图 2-15 人类知识传播路径

在数字化的储存方式出现之前，知识都储存在人脑中，或记录在其他介质上。在记录、使用、传播等方面都受到诸多限制，同时知识的更新非常困难。传统的载体记录和传播知识的方式已经很难跟上今天快速发展与不断升级的新工业革命的步伐。

2017年12月15日工业技术软件化产业联盟（又名工业App联盟）在北京正式成立，工信部原副部长杨学山教授这样理解工业技术软件化：为什么要工业技术软件化？1）从劳动生产率看，这是必要的；2）从制造发展过程看，这是必需的；3）从智能制造发展过程看，这是必然的；4）从制造业发展未来看，这是最关键的。

我们必须将工业技术软件化放在整个工业化进程的大视角下来理解：它是工业技术/知识的显性化、模型化、数字化、系统化和泛在化，是一个综合的、不断提高人/机使用知识的效率的发展过程。人和机器既是知识的创造者、使用者，也是受益者。可以认为，工业技术软件化是传统的知识管理在以智能化为标志的全新历史时期的解构与重构，是工业技术与数字化技术结合后的又一次转型和发扬光大。

做好工业技术软件化，需要长期的技术积累和知识沉淀，需要企业有足够的耐心和足够的实践。企业可将所有来自实践一线的工业技术、经验、知识都沉淀下来，经过模型化、软件化再封装，构成互不相关、高度适应外部需求变化的微服务，然后再根据具体的工业场景，将它们组建成特定的工业App。

根据发达国家的实践经验，繁荣的工业软件和工业领域的生态体系是通过将工业技术知识与最佳工程实践转化为工业应用软件的过程实现的。图2-16揭示了工业发展与信息化进程中工业软件与工业App生态的发展。以美国NASA（美国国家航空航天局）、波音公司、洛克希德·马丁公司等复杂装备制造企业和航空航天部门为代表，他们深知工业软件的价值，积极探索和应用新的信息化体系，同时大规模开发和使用工业App，并在长期应用过程中获得了大量收益。

工业技术软件化旨在研究人类使用知识和机器使用知识的技术泛在化过程，建设自主的工业技术软件化平台，并以此作为一个技术突破口来打破国际软件巨头对工业软件的垄断，其过程必将是长期而艰难的。实际上这个过程很早就已经开始了。

工业技术软件化的进程量多面广：将某些专用知识嵌入商用软件、将特定的经验与技巧写成自用小软件、开发专用自主可控电力软件、开发自主可控的嵌入式工控软件、开发工业物联网的设备驱动软件、开发服装柔性生产MES软件等均属于工业技术软件化范畴。工业技术软件化可以从企业的任何一个工作环节入手，选择任何一种工业技术/知识，面向任何尺度的软件交付物。

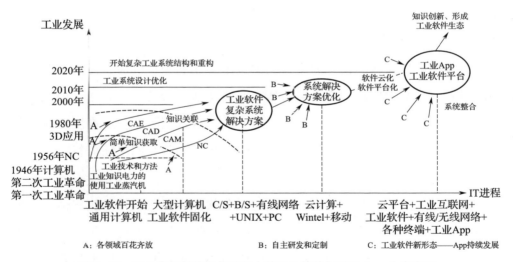

图 2-16　工业发展与信息化进程中的工业软件与工业 App 生态发展

作为软件化的工业技术，工业软件通过数字化储存的方式，将知识/技术记录下来。数字化储存方式带来了巨大的好处，首先是无损复制，不再因反复使用而产生图文失真或磨损；其次是使用便捷，数字化图文在编辑上更加方便自如；最关键一点是数字化存储可以打破时间、空间界限，基于网络无损传输，在任意许可范围内，以非常低的成本实现无限共享，最大限度地满足全网范围内分布式传播与获取的需求。

此外，数字化设备所需要的物理介质空间，与传统介质所占用的空间相比几乎可以忽略不计。1994年比尔·盖茨曾亲自示范：一张外径120毫米的光盘所记录的可打印文件，能够打印成几十米高，约有33万张纸的"打印纸柱"。

知识管理与工业软件

通常，技术/知识大致需要通过以下步骤实现传承：1）在前辈的指导中通过观察、模仿和亲身实践，共享前辈头脑中的隐性知识；2）利用类比、隐喻将前辈头脑中的隐性知识清楚地转化为自己头脑中的显性知识；3）将头脑中显性知识碎片，系统化整理为组织知识；4）将系统化的显性知识用到工作中，并创造出新的隐性知识。

对于一般技术/知识而言，经过几年的积累，上述传承方式可能勉强够用。但企业内的核心知识——研发经验，由于其多属于隐性知识、离散知识甚至是碎片化知识，实际传承情况堪忧。尤其是复杂产品的研发，没有几十年的积累，很难形成系统性的知识。

《知识工程与创新》一书列举了工业技术/知识所面临的各种问题：1）研发项目进行过程中，没有及时发现和按时记录问题与如何解决问题的知识；2）项目完成或质量问题归零以后没有及时归结和提炼其中产生的知识；3）总结和提炼后的知识（项目总结文件）没有很好地管理，用的时候找不到，致使有用的文件在文件柜或情报室里"睡大觉"；4）现存的知识没有认真提炼、挖掘（显性化）与梳理（公有化）；5）挖掘出来的知识缺乏良好的知识表达和知识组织（结构化）；6）知识多以传统的纸介质记录，难查难记，更难融会贯通；7）知识零散分布，高度碎片化，没有关联形成整体知识，无法集中使用与分享；8）只能依靠个人的聪明，人脑的"记忆"与"悟性"来使用，理解和消化周期长；9）只能依靠部分专家、学术带头人的"高见"来解决问题；10）知识依附于人脑，任何人员的变动（如调动、跳槽、出国、退休、意外等）都可能危及企业知识的完整性和有效性，甚至造成企业智力资产不可挽回的损毁；11）提炼出来的知识没有在整个企业得到应用，A科室已经解决过的问题，可能又要在B科室重新解决一遍，甚至A科室在几年后又要重复解决一次，造成人力、物力和投资的浪费。作为大型集团公司，不同企业重复做事、解决早已经解决过的问题造成的浪费现象更为严重；12）企业研发人员习惯于使用常识和本专业知识来解决问题，不习惯使用或根本无从了解其他专业或学科的知识。

即使是部分企业已经做了一部分知识管理工作，也只是不同程度地对工业技术/知识进行了积累和管理，但积累和管理的水平差异较大，非常难于推广：1）建立了若干"应知应会"手册，以纸介质进行知识管理——做到了知识的显性化和组织化；2）不仅有较多纸质图文资料，还建立了知识管理制度——做到了制度化；3）对纸质图文资料进行了数字化处理，形成了可以检索的数字化知识库——做到了知识的数字化和系统化；4）制度规定，某些研发流程环节必须检索有关知识库和相关标准——做到了对知识的强化与规范应用。

工业软件的出现可以很好地解决以上种种问题。首先，软件让知识的载体和思考的载体发生了变化——软件成了知识的最佳载体和容器。其次，软件中所有语句、函数、算法、数据输入以及时间和地点的选择，其实都是人脑思维过程中经常使用到的各种知识的显性表达。严格地说，软件本身就是人类知识数字化的结果。人们为了让计算机能够像人一样思考，对知识做了形式化、程序化处理，以便让计算机能够正常工作。

软件化后的工业技术，对工业技术进行了全方位重构，这种重构后的新形态知识，可以借由互联网进行跨越时空的传播使用。"工业技术软件化的结果就是波音公司的员工携带一个皮包就能装下的软件，无论走到哪里都可以设计出一架新飞机，而不用在乎哪位关键工程师是否离职。"也只有将工业技术/知识最大限度地软件化，才能让工程师脱离厚重的设计手册，才可以不限时空地调用工业技术/知识，才能把工业技术/知识的作用发挥到极致。

今天，伴随着计算机在社会各界的全面普及，软件所涉及的领域也越来越广，其"体量"或大或小，从几十行代码到几亿行代码不等。在那些看得见或看不见的角落里，软件都在发挥我们想得到或想不到的作用。"软件无处不在"已经成为工业、制造业、日常生活的常态。

网景通讯公司创始人、硅谷著名投资者马克·安德森在《软件正在吞噬整个世界》一书中指出：软件的扩散和蔓延，已经是全球、全社会、全行业性质的，水银泻地般无孔不入，"软件化"已经是一场我们看不见但是可以切身感受到的"运动"。

软件大致可以分为系统软件、应用软件和中间件这三类。作为这些软件中的重要组成部分，工业软件包含了所有承载工业要素、用于工业过程的软件。工业软件作为一种载体和工具在工业领域中建立数据自动流动规则体系，对业务活动赋能，延伸人类知识与智能。工业的范畴有多大，工业软件应用的范畴就有多大。无论是采掘业、重工业、轻工业还是化学工业，都离不开工业软件。

工业软件从哪里来

一个软件的质量,如其性能、功能、可维护性、可靠性、安全性、互操作性等质量指标,依赖软件中的知识、算法、控制逻辑来实现。特别是工业软件,如果没有特定的算法与知识支撑,几乎毫无用处。工业软件首先姓"工",其次才姓"软",其难点在于"工业"而不在"软件"。没有工业技术的长期发展与积累,就没有工业软件的应用与成长,而软件从另一方面再次提升了工业发展的速度与质量,很多工业品没有软件的支撑是根本开发不出来的。工业与软件是相辅相成、相互促进的。

常见的商用工业软件,其数量只占工业软件总量的10%至15%(估算值)。大量的工业软件是企业针对相关项目开发的,并不会商业化。例如波音787的整个研制过程用到8000多种软件,其中只有不到1000种是常见的商业化软件,其余的7000多种软件都是波音公司经过多年经验积累自行开发的私有(自用)软件。

按照国际惯例,企业自己开发的软件往往被称作"in house"(自用)软件。相对于商用工业软件,自用软件具有更高的特定意义。这类软件是专门在特定场合使用的,只有某家企业的某道工序需要,在别处没用。但是这道工序离开了这个自用软件就做不好。因此,大量的自用软件实际上已经成为企业核心竞争力不可或缺的一部分。

理论上,工业软件的研发主体应该是多样化的:有的由工业巨头按需开发,有的由专业商用公司开发,也有的由企业员工根据自己的需求开发,还有的由自由个体凭兴趣开发,再或者由高校组织教师/学生进行开发、由研究院所组织团队开发,还有的由企业自己成立专门的部门或独立的公司来开发。但是，真正把工业软件开发成功，且运用到产品生命周期管理过程中去并产生收益，再将收益不断持续投入新版本的软件开发，形成良性滚动发展的，目前看来只有工业巨头。

工业软件的开发，顶层系统架构搭建难度大，英文程序使用门槛高，硬件设备建立开销大，编程高手培养难度高，产权知识不易保护，后期维护相当烦琐。20世纪70年代到90年代的冷战时期，工业软件的开发进行得如火如荼，但也只有财大气粗的军火商、汽车制造商才有条件独立开发或依托某厂商开发早期的CAD软件。例如：

CADAM——由美国洛克希德·马丁公司支持的商用软件；

CALMA——由美国通用电气公司开发的商用软件；

CV——由美国波音公司支持的商用软件；

IDEAS——由美国NASA支持的商用软件；

UG——由美国麦道公司开发的商用软件；

CATIA——由法国达索公司开发的商用软件；

SURF——由德国大众汽车公司开发的自用软件；

PDGS——由美国福特汽车公司开发的自用软件；

EUCLID——由法国雷诺公司开发的自用软件，后成为商用软件；

……

企业自主开发工业软件是当下的一种趋势，其成果往往以一种自用软件或"工业App"的形式存在。这样的自用软件算法未必最先进，菜单界面未必简洁大方，但是必定拥有独门绝技，能够根据企业自身需求针对性地解决问题。

第四节　软件定义的生产体系

生产体系

生产体系又称工业体系：指一定地域范围内工业经济活动的有机联系以及由此形成的空间流的整体，即工业系统。除工业生产单位外，工业体系还包括：1）具有决策和行政功能的管理单位和附属的发展研究单位；2）从事原材料采掘、加工或产品修配的厂矿；3）为生产厂矿服务的物资调运、产品销售服务等辅助单位。工业系统可分为全国、大区、省和地区四级。因为问题极其复杂，我们这里仅仅考虑工业生产单位。工业企业生产体系内部分类大致如下：1）生产管理岗位设计与工作事项；2）生产计划与控制细化执行与模板；3）产品研发管理细化执行与模板；4）生产技术管理细化执行与模板；5）生产工艺与过程管理细化执行与模板；6）物料管理细化执行与模板；7）生产设备管理细化执行与模板；8）生产质量管理细化执行与模板；9）生产安全管理计划执行与模板；10）车间管理细化执行与模板。

以上内容如何用软件定义？关键之一就是工业软件的开发。现代制造业对工业软件的依赖愈发严重：产品的初期设计、生产制造、正常运行、后期维护，都离不开工业软件的支撑。先进工业软件是工业乃至社会发展水平的重要标志，是未来智能工业的重要基础，是不能受制于人的关键核心技术。工业软件称得上是现代工业的灵魂。切实加强我国工业技术软件化能力，自主研发关键领域工业软件，加快我国工业App发展，具有重要的战略意义。

软件——工业之魂

软件（Software）是一系列按照特定顺序组织的计算机数据和指令的集合。然而对于今天的工业软件而言，该定义已不再适用：工业软件是以工业知识为核心、以 CPS 形式运行、为工业品带来高附加值的、用于工业过程的所有软件的总称。

近几年国外也出现了对于工业软件（techopedia）的定义："工业软件是可以帮助人们在工业规模收集、操作和管理信息的应用程序、过程、方法和功能的集合。工业软件的使用者包括运营、制造、设计、建筑、采矿、纺织厂、化工、食品加工等行业的用户及其服务提供商。"

我国正处在从工业大国向工业强国转型的阶段，这一过程中工业软件是重中之重，而一款成熟的工业软件，需要融入大量的工业知识与长期积累的制造经验。不是只学过计算机软件的工程师将工业书籍融入软件就可以研发成功的。CPS 条件下的智能制造正在快步向我们走来，工业软件已经成为制造业发展的核心要素之一，没有软件，再先进的加工中心、仪器、设备都只是废铁；产品的研发、生产、管理，设备的运行、维护都将混乱不堪，先进的工业体系也将不复存在。没有软件的辅助，世界上最先进的第五代战斗机根本无法起飞；没有计算机辅助工程（Computer Aided Engineering，CAE）软件，诸如卫星、高铁、高端芯片等复杂产品根本无从开发。

现今各类产品由于其结构复杂、技术复杂、产品更迭速度快，如果没有各类工业软件的辅助，其研发仅仅依靠人力是不可能成功的。依靠工业软件的研发手段，就是改模拟传递为数字传递、改串行研发为并行研发。这样的好处就是在缩短产品研制周期的同时提高产品质量，降低产品研制成本，缩短产品研制周期，最终为客户呈现精品。

波音 777 飞机的开发、研制、制造就采用了数字化技术和并行工程。波音公司依靠其充分的技术储备和组织管理经验，零部件全部三维数字化定义、数字化预装配，以精益制造思想为指导，共建立了 238 个设计建造团队，实施并行工程。用数字化预装配代替实物样机。过程中，修正了 2500 处设计干涉问题，使设计更改和返工率减少了 50% 以上，装配时出现的问题减少了 50% 至 80%，研制周期由常规的超过 10 年缩短为 4.5 年。最终造出的第一架波音 777 质量要比已经制造了 24 年的第 400 架波音 747 还好！这就是工业软件的强大之处。

未来，诸如飞机等复杂产品的研制，将会迈入"以综合模型为基础，以数字孪生为驱动"的新型研发模式。

工业中用到的软件是一个十分庞大的体系，其中就包括设计研发软件、生产制造软件、工业管理软件、工控软件等。制造执行系统 (Manufacturing Execution System，MES)，现在称为制造运营管理系统 (Manufacturing Operation Management，MOM)，是企业资源计划 (Enterprise Resource Planning，ERP) 等上游系统与分布式数控 (Distributed Numerical Control，DNC)/制造数据采集管理系统 (Manufacturing Data Collection & Status Management，MDC) 等下游系统之间的桥梁，MES 强调控制、协调和执行，使企业信息化系统拥有良好计划的同时还能使生产计划落到实处。功能完善的 MES 软件应该包含高级计划与排程 (Advanced Planning and Scheduling，APS)，只有通过 APS 才能使 MES 中的计划更精确、科学，才能使 MES 流畅地运行起来。没有由车间的 MES/APS 软件所定义的设备能力、最优生产计划和生产质量管理等内容，所有的机床、生产线等制造设备都无法按照给定的计划进行有序、高效的生产，甚至会陷入混乱和瘫痪。

工控软件包含数据采集、人机界面、软件应用、过程控制、数据库、数据通信等内容，其特点是与硬件绑定，相对封闭和专用。现代工业设备的正常运转和精准工作，都是依靠工控软件来实现的。对于现代工业生产线来说，工控软件上任何的一个参数失调，都可能造成大批废品甚至导致设备停机。

工业App是工业软件化的重要成果

工业App是基于工业互联网、承载工业知识和经验、满足特定需求的工业应用软件，是工业技术软件化的重要成果。世界主要发达国家正在加快布局工业互联网平台，大力部署工业App，通过激活工业数据和知识资源，赋能工业提质增效和转型升级。

对工业界来说，无论是国家战略政策的制定，还是企业创新竞争力的提升，都需要仔仔细细地掂量现有的工业根基，从自己最擅长的地方，找出合适的角度，切入到转型升级的轨道。要解决我国制造业"大而不强"的问题，既要解决集成电路问题，更要解决工业软件问题，紧紧抓住这样一次百年不遇的大好良机，突破工业软件的瓶颈，形成工业软件的新生态，推动工业App向工业互联网平台汇集，最终形成建平台和用平台双向迭代、互促共进的制造业新生态。

工业软件未来发展的新形态，是需要长期培育和开发的。新时代的工业转型升级离不开新动能，信息时代的工业发展离不开工业软件。

相对于传统工业软件，工业App具有轻量化、定制化、专用化、灵活可复用的特点。用户复用工业App可被快速赋能，机器复用工业App可快速优化，工业企业复用工业App可实现对制造资源的优化配置，从而创造和保持竞争优势。

工业App作为一种新型的工业应用程序，一般具有以下6个典型特征。

1）完整地表达一个或多个特定功能，解决特定问题：每一个工业App都是可以完整搭载一个或多个特定功能、解决特定具体问题的工业应用程序。

2）特定工业技术的载体：工业App中封装了解决特定问题的流程、逻辑、数据与数据流、经验、算法、知识等工业技术，每一个工业App都是一些特定工业技术的集合与载体。3）小轻灵，可组合，可复用：工业App目标单一，只解决特定的问题，不需要考虑功能普适性，相互之间耦合度低。因此，工业App一般小巧灵活，不同的工业App可以通过一定的逻辑与交互进行组合，解决更复杂的问题。工业App集合与固化了解决特定问题的工业技术，因此，工业App可以重复应用于不同的场景，解决不同的问题。4）结构化和形式化：工业App是对流程与方法、数据与信息、经验与知识等工业技术进行结构化整理和抽象提炼后的一种显性表达，一般以图形化方式定义这些工业技术及其相互之间的关系，并提供图形化人机交付界面，以及可视的输入输出。5）轻代码化：工业App的开发主体是具备各类工业知识的开发人员。工业App具备轻代码化的特征，以便于开发人员快速、简单、方便地沉淀与积累工业技术。6）平台化可移植：工业App集合与固化了解决特定问题的工业技术，因此，工业App可以在工业互联网平台上不依赖特定的环境运行。

软件定义的生产体系

近年来，西方各国对诸如中兴、华为等中国行业领军企业实施了各种维度的封锁，既有芯片类的硬件断供，也有工业软件的断供。芯片断供会导致企业停产，软件断供则会扼杀企业的芯片设计和实验试制能力。没有芯片，我们可以自主研发设备进行制造，但失去了设计与实验试制能力则无异于坠入无底深渊。所以开发出我国自主知识产权的工业软件刻不容缓。

进入21世纪以来，各行各业都实施了多种形式和主题的"数字化/信息化"，软件的价值和作用得到了一定程度的体现和发挥，诸如物联网、大数据、云计算、区块链等技术和概念层出不穷。在这些新概念背后起支撑作用的都是一项非常核心的关键技术，那就是工业软件。

但是各方面对工业软件的重视程度明显不够,将工业软件和普通IT软件混为一谈,软件的"使能作用""灵魂作用"都没有发挥出来。同时,软件因为不可见,往往不为人所知,从政府资源的投向来看,近年来国家推出的若干重大工程,都集中在集成电路、大数据、智能制造等领域,在工业软件这个核心的"工业灵魂"问题上一直没有大的动作,几乎没有以"软件"为名的重大工程,更不用说专业化程度极高的工业软件了。对于不少行业主管部门来讲,工业软件往往处于"说起来重要、落实起来次要、干起来不要"的尴尬境地。

由于认识上的缺失,我国已经错过了20世纪70到80年代的软件兴起期以及20世纪90年代末的互联网软件开发高潮期。但如今,智能技术重新洗牌,工业革命再次迎来新一轮"窗口期"。在这一时期,软件,特别是工业软件将成为新工业革命的关键要素。

工业软件一直面临着复杂的分类问题。目前国内外大都沿袭传统通用软件的分类和命名方式。如CAD、PDM、MES等。这样的划分也客观上造成工业软件种类庞杂、数量巨大和功能冗余。另一方面,我们在包括工业软件在内的诸多技术领域一直跟随国外的命名习惯。但如此多的商用、自用工业软件门类如果缺乏科学的分类和简明的命名,是非常不容易学习、理解和掌握的,更不用说自主研发了。故我们第一次提出:建议按照联合国的工业门类来分类工业软件,而不是采用信息化视角。我国拥有39个工业大类、191个工业中类、525个工业小类,形成了独立完整的现代工业体系,是全世界唯一拥有联合国产业分类当中全部工业门类的国家。没有完成工业化的国家,不可能出现工业软件,而完成了工业化的国家,也不一定能够出现好的工业软件。2020年国家出台了很多利好政策,支持软件产业发展,因此我认为2020年是中国工业软件元年;我国有完整的工业体系,在各类桥梁、复杂隧道、高层建筑、高铁、高速公路、金属结构、工程机械等工程建设方面,形成了领先而强大的方法、算法、经验、知识,在此基础上,我们可以在这些领域努力,逐步形成工业软件优势,并进一步推广经验,争取到中华人民共和国建国100周年时,在工业软件领域占据一席之地,即在世界格局不变的前提下,三十年后,我国工业软件全球份额"三分天下居其一"(美国三分之一、欧洲三分之一)。为达到这一目标,《铸魂:软件定义制造》特别提出一个新的工业软件体系结构图,尝试重新划分和命名一些常见的工业软件,如图2-17所示。重新分类的每种软件的简要说明见表2-1。

图 2-17　工业软件新分类

表 2-1　工业软件分类及内涵解读

软件类别	软件功能或作用
工研软件	以广义仿真为主导的CAE,包含CAD、CAT等软件
工制软件	面向制造的加工、工艺、工装等软件,如CAM/CAPP/MES/3D打印等
工管软件	主要用于企业管理的工业管理软件,如PLM、ERP、WMS、QMS等
工维软件	维护、修理、大修、故障与健康管理等软件,如MRO/PHM等
工量软件	工业计量、测量或探测等软件
工试软件	工业试验、实验或测试用软件
工标软件	工业标准与规范软件
工控软件	工业过程控制软件、组态软件、设备嵌入式软件等
工链软件	企业供应链、工业物流、生产物流软件,如SCM等

（续）

软件类别	软件功能或作用
工互软件	工业云、工业物联网、工业互联网、工业互联网平台软件
工应软件	工业自用软件
工采软件	矿床、油田开采（勘探、采矿、采伐、筛矿）类软件
工材软件	工业材料类软件
工能软件	工业能源、能力、能耗管理软件等
工安软件	工业信息安全软件（杀毒、拒黑客、阻后门、密钥等）
工数软件	工业数据分析软件、工业大数据软件等
工智软件	工业智能软件、工业用 AI 软件等
工建软件	工业建筑、桥梁、隧道、机场建设、高速公路铁路建设软件

有句老话说："名不正则言不顺，言不顺则事不成。"中国以"工 X 软件"定义和命名，简明扼要，易懂易记，专属明确。一旦加以推广使用，必能在业界传播开来并得到广泛认可。也只有在工业软件分类方式上加以改变，才能重新开辟一条新的赛道，世界工业软件的竞争格局才会发生变化，这样我们才能在命名基础和技术空间上，在新的赛道上取得领先地位。

工业软件作为工业之魂，必将在一个制造强国崛起的过程中伴随左右。软件是智能化的基础和载体，中国工业转型升级，道在软件！

第五节　生产关系的优化和重构

人类发展从渔猎社会、农耕社会，到工业社会，再到如今的信息化社会，生产关系不断地调整，生产力不断地发展。尤其进入工业社会以后，从第一次工业革命到今天如火如荼的第四次工业革命，由于新生产技术越来越多地涌现，生产力经常领先于生产关系，人类被迫持续地调整和优化生产关系，以适应生产力的发展。这是人类文明发展的哲学，也是马列主义生产力与生产关系理论的核心。生产关系是人们在物质生产过程中形成的不以人的意志为转移的经济关系，包括生产、分配、交换和消费关系，它是一个体系，生产关系的变革会反过来促进生产力的发展。人类在前几次工业革命以及向第四次工业革命发展的过程中，一直严格遵循了上述规律。

生产关系

生产关系是指人们在物质资料的生产过程中形成的社会关系，是生产方式的社会形式，包括生产资料所有制的形式、人们在生产中的地位和相互关系、产品分配的形式等。其中，生产资料所有制的形式是最基本的、起决定作用的。物质资料的生产方式是社会存在和发展的基础。

在日常生活中，劳动者在物质文明和精神文明产品生产创造过程中，会形成一系列劳动互助、合作等关系，具体表现为国家的法律、政策、制度等。生产工具标志着生产力水平，生产力决定生产关系，经济基础决定上层建筑（见图2-18）。广义的生产关系是指人们在再生产的过程中结成的相互关系，包括生产、分配、交换和消费等诸多关系在内。

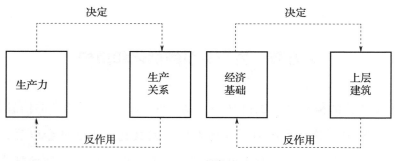

图2-18 生产关系

数字化转型将重新定义生产关系

早在1996年，尼古拉·尼葛洛庞帝（Nicholas Negroponte）就在被誉为"20世纪信息技术及理念发展圣经"的《数字化生存》一书中预言到了今天的数字化时代：数字化生存是现代社会中以信息技术为基础的新的生存方式。在数字化生存环境中，人们的生产方式、生活方式、交往方式、思维方式、行为方式都将呈现出全新的面貌。如：生产力要素的数字化渗透、生产关系的数字化重构、经济活动走向全面数字化，使社会的物质生产方式被打上了浓重的数字化烙印，人们通过数字政务、数字商务等活动体验全新的数字化政治生活和经济生活；通过网络学习、网聊、网络游戏、网络购物、网络就医等刻画出异样的学习、交往、生活方式。

2017年，"数字经济"正式被写入党的十九大报告。根据中国信息通信研究院发布的《中国数字经济发展白皮书（2020年）》，2019年我国数字经济增加值规模达到35.8万亿元，2005年至2019年我国数字经济占GDP比重由14.2%提升至36.2%；而在国家"新基建"发展规划中，2020年新基建的投资规模总计超过1万亿元。数字经济占GDP的比重逐年提升，在国民经济中的地位进一步凸显。毕马威公司预测，到2030年时，超过153万亿人民币的GDP贡献将来自数字经济。2018年3月，政府工作报告提出"为数字中国建设加油助力"。国家对于数字经济的定位不仅限于新兴产业层面，而是将其提升为驱动传统产业升级的国家战略。

在今天所有的不确定性当中，可以说数字化转型是确定的，数字化一定会全面改造所有行业。所有的企业家一定要认识到这一点，一定要利用数字化转型的机会来提升企业的管理、改造自己的组织、优化自己的产品。数字化革命绝非"危言耸听"，"或者数字化，或者死亡"是我们必然的选择，未来几十年，是传统行业推进数字化的几十年，数字技术将重新定义生产制造，重新定义零售，重新定义技术，重新定义生产资料和一切，甚至将很快重新定义生产关系。今天你如果再做一家互联网公司，不一定会成功，但是如果把传统企业改造成数字化企业，成功的可能性很高。传统行业的数字化转型关键在于思想、观念、理念，企业的数字化转型体现在决策者，而不是其他人。

2020年注定是改变历史的一年，疫情期间，数字化技术已经为中国制造业贡献了巨大的力量，新冠肺炎疫情可能会长期伴随人类，我们要学会适应，我们的防疫也要从常规防疫变成常态防疫，人类与病毒将长期共存。

数字化转型，归根结底就是调整和优化生产关系的过程。在这个过程中，哪个国家和地区能够在理论与实践上领先，哪个国家就能够脱颖而出；哪个国家或地区故步自封，哪个国家或地区就危机四伏。

数字化转型是针对传统产业和企业而言的。转型并不是从现在开始，对以往调整和优化的生产关系，要针对新情况、新生态、新趋势进行评估或审视，要因地制宜地传承，或是进一步调整与优化。现在有一种说法是"构建数字经济新型生产关系"，新生产力确实需要与新型生产关系相匹配，需要从全社会、全产业、全供应链的角度，创造匹配大数据、智能化、移动互联网、云计算、区块链等数字生产力的数字化生产关系。这仍是一个在探索中完善的过程，其中与我们关联度较大的有如下几点：

1）确立数据就是资产、资产就要定价的共识；确立数字化资产的归属。这个问题归纳起来就是知识产权保护问题。2020年12月1日，中央政治局常委会首次在最高层面提出创新与知识产权保护的关系以及解决方法。

2）构建网络空间命运共同体。把网络空间建设成造福全人类的发展共同体、安全共同体、责任共同体、利益共同体，从产业和企业两个角度树立和构建人类命运共同体理念和体系。

3）打破条块分割的生产模式和管理方式，构建符合数字化转型需要的企业文化。包括对数字化的认知，对数字化转型的认可，对方向、目标和路径、方法的执行。要做到拥抱变化，开放合作，共生共享、共赢共进，以及诚信、透明、公开、互动、授权、协同等，其中信息公开透明的问题必须得到很好的解决。

4）完善产业和企业数字化转型的创新机制。数字化转型的核心是以数字化驱动企业业务增长，以数字化驱动业务增长靠创新产生新动能，其前提是完善创新机制，包括创新业务生态（从客户需求特别是个性化需求切入），创新组织架构、企业文化和运营体系，建立符合数字化转型需要的技术基础，建设适应需要的技术团队，促进科技与产业全面融合，数字与文化的融合，数字与信息技术、运营技术、智能技术（运算智能、感知智能、认知智能）的融合，形成数字化新生态，实现高效、敏捷、快速的发展。

从历史及发展趋势上看，我国企业信息化进程大概可以分为以下几个阶段。第一阶段：业务操作计算机化。主要表现在计算机在办公、财务、人事和部分生产经营环节的简单应用，如财会电算化、生产制造自动化和CAD/CAM、MIS等信息技术的初步应用。第二阶段：业务流程信息化。重点关注整个组织的流程，提升组织的效率，企业利用信息网络技术开展经营活动和改进管理，广泛开展流程梳理和信息化建设，如应用ERP、MES、SCM等系统。第三阶段：业务和管理的数字化。应用数字技术，整合企业的采购、生产、营销、财务与人力资源等信息，做好计划、协调、监督和控制等各个环节的工作，打破"信息孤岛"，将数字化技术与现代管理科学相结合。第四阶段：业务决策智能化。是指在企业的已有知识管理的基础之上，逐步构建智能创造体系，用于决策、综合管理等。

企业降本增效和企业流程再造

应用数字技术可以降低企业的成本。世界经济论坛发布的《第四次工业革命对供应链的影响》白皮书指出，79.9%的制造业企业和85.5%的物流企业认为，在不考虑金融影响的前提下，数字化转型将产生积极影响。数字化变革将使制造业企业成本降低17.6%、营收增加22.6%；使物流服务业成本降低34.2%、营收增加33.6%；使零售业成本降低7.8%、营收增加33.3%。

应用数字技术可以提升企业的效率。互联网集中了大量数字技术资源和服务，通过大幅提高应用效率而产生经济价值。互联网服务直接导致计算服务、信息服务的集中，并进一步促进了各类服务资源的集中，使得集中式、开放型服务平台有了很大发展空间。基于互联网的共享服务云平台不仅使中小企业能够以很低的成本享受先进的信息技术应用和服务，也能使大企业的技术装备得到充分的利用，从而提高产品利用率。数字化信息和知识是遵循边际效益递增的工具，通过增大使用规模实现效益累积增值。数字化信息和知识具有可共享、可重复使用、复制成本低等特点，对其使用和改进越多，创造的价值越大。研究显示，以"数据驱动型决策"模式运营的企业，通过形成自动化数据链，推动生产制造各环节高效协同，大大降低了智能制造系统的复杂性和不确定性，其生产力普遍可以提高5%~10%。

在数字化环境下，企业之间会产生一种非常复杂的多维立体网络关系，整合多方资源的平台型组织应运而生。"大企业建平台，中小企业上云"就是工业互联网平台的写照。企业价值创造模式由传统线性向网络化转变，使得传统企业之间的竞合趋于生态化、平台化。2019年和2020年，在工信部推动下推出的"中国十大跨行业跨领域工业互联网平台""中国十五大跨行业跨领域工业互联网平台"就是要推动大、中、小企业的从简单的技术传递向可交易、可协作的服务生态转型。

信息技术的发展使得数据的流动不必再遵循自上而下或自下而上的等级阶层，这种无差别、无层次的数据流动方式极大地颠覆了企业传统的金字塔型管理模式，驱动企业组织结构的变革、业务流程的优化和工作内容的创新，企业组织管理逐渐由关注流程的线性范式向数据驱动的扁平化协同化范式转型，形成信息高效流转、需求快速响应、创新能力充分激发的组织新架构。

世界经济论坛指出，数字经济是"第四次工业革命"框架中不可缺少的一部分。"数字化"不仅仅是一种技术，它还是一种思维方式，涉及新型商业模式和消费模式，为企业进行组织、生产、贸易和创新提供了新的途径，驱动企业生产方式、组织架构和商业模式发生深刻变革。工业经济下，企业能力体现在规模上，公司越大能做的事情就越多，劳动力越多公司就越有可能生产更多的产品，在更大的范围内分发销售，以及对业务合作伙伴和用户发挥更大的影响力。然而，数字经济下，对于企业来讲，规模已不再是优势所在，更重要的是思维方式的转型甚至颠覆，以及在多大程度上利用数字化工具来放大员工的能力，并善于从"数字化"角度来分析和挖掘企业发展的新模式、新价值、新商机；以驱动效率提升、产品增值、流程再造、生态构建等。

新型企业的数字化能力

互联网和数字技术的出现，促使我国诞生了可以和世界并跑的企业，这其中关键要素是土地、劳动力、技术、资本和数据。2020年4月9日，新华社刊发《关于构建更加完善的要素市场化配置体制机制的意见》，明确指出进行市场化配置的要素主要有五种：土地、劳动力、资本、技术和数据。从这个意义上看，在数字经济时代，企业需要拥有数据要素的能力，我们称之为"数字化能力"。

数据要素的基本特征是虚拟性、在线性、实时性、多样性、通用性、融合性、流动性、易用性和无限推广性，展示出与传统要素完全不同的特征。随着"虚拟经济"与"实体经济"的"虚实之争"，大数据得到了快速应用，产业数字化进程快速推进，"虚实全面、深入融合"已经成为共识。2020年的新冠肺炎疫情冲击让我国的工业互联网和数字化进程大大加快，人们已经认识到，我们的衣食住行的数字化、在线化成了常态。

拥有数字化能力已成为企业的基本功，工信部原信软司副司长、阿里研究院副院长安筱鹏博士说：未来所有的企业要么是数字化原住民，要么是数字化转型的移民，那些没有数字化能力的企业将不再存在。一家企业是否拥有数字化能力，成为了企业是否能够有机会走向未来的分水岭。

如何实现企业数字化转型

工业企业要实现数字化转型非常困难。通过过去20年的亲力亲为和其他企业成功的经验总结，我们整理出实现数字化转型有基本四个要素。第一，要有对本行业企业真正深入理解的专家（复杂产品制造业至少要有20年行业知识和经验），当然这些专家也要对数字化转型的相关体系中的软硬件、工业设备有深入的理解，实际上就是需要有对工业和信息化体系深入理解的专家，并有可以落地的发展规划和清晰的技术路线。第二，要有可以听得懂这些专家提供的建议的企业最高决策者，并给予全力支持。因为数字化转型不是某个部门的事情，牵一发而动全身，是全员的事情。这就要求决策者，要有超前的意识并善于学习，能够理解数字化转型到底是什么，能够给企业带来什么，需要做什么。第三，数字化转型需要的各方面的资源配置特别多，就拿最简单的建立一个数字化车间为例，就需要配套的二十家以上的通信、计算机软硬件企业参加。当然这也需要相关工业企业参加才能完成。由于这不是一件简单的事情，因此，必须要找好多家合作伙伴，形成一个多边合作体系。当然这个体系中一定要选择主供应商和应用企业一起形成甲方，再选择其他合作伙伴，多方配置的软硬件资源，包括合格的供应商和合格的软件相关的硬件设备和工业产品。第四，要有破釜沉舟的决心。只有这样才能攻克数字化转型巨大的难关。当然，这个决心不是某个人，而是在企业最高决策者领导下形成的强有力的执行班子下的。

第三章

智能制造溯源之路

Chapter Three

第一节　深入认识 BOM 和 BOP

航空制造业有一句名言"得 BOM 者得天下",为了得到完整的、正确的 BOM,我们要从"决战 BOM"开始,再到"决胜 BOM",最后得到制造业的"天下"。那么什么是 BOM？BOM 如何细分分类？各类 BOM 间如何重构、演进、转化和发展,最后如何合理应用到产品研发、生产、交付、使用、维护维修、服务环节？BOM 和 BOP 是什么关系？这就是本节要说明的内容。

什么是 BOM

BOM 即物料清单或产品结构表(Bill of Material,BOM),工艺流程清单叫 BOP(Bill of Process,BOP),两者是描述企业产品组成的技术文件,用来表示产品、成品或半成品是由哪些零组件或素材、原料结合而成的,是 ERP 的主导文件。为了便于计算机识别,必须把用图示表达的产品结构转化成某种数据格式,这种以数据格式来描述产品结构的文件就是物料清单,即 BOM。其中物料(Material)一词有着广泛的含义,是所有产品、半成品、在制品、原材料、配套件、协作件、易耗品等与生产有关的物料的统称。在离散产品加工行业,它表明了产品的总装件、分装件、组件、部件、零件,直到原材料之间的结构关系，以及所需的数量；在石油、石化、化工、制药等流程行业和食品行业，产品组成则是对主要原料、中间体、辅助材料及其配方和所需数量的说明。BOM 是将用图表示的产品组成改用数据表格的形式表示，它是 MRPII 系统中计算 MRP 过程中的重要控制文件。

狭义的 BOM：狭义上的 BOM 就是产品结构（Product Structure），仅仅表述对物料物理结构按照一定的划分规则进行简单的分解，描述物料的物理组成。一般按照功能进行层次的划分和描述。

广义的 BOM：广义上的 BOM 是产品结构和工艺流程的结合体，二者不可分割。离开工艺流程谈产品结构，没有现实意义。要客观科学地通过 BOM 来描述某一制造业产品，必须从制造工艺入手，才能准确描述和体现产品的结构，简单说就是 BOM+BOP。

在产品研制过程中，最后形成的是制造 BOM（MBOM）= 工艺流程（Process Routing）+ 产品结构。工艺流程 = 工序的集合 + 工作中心的集合，工作中心包括设备和人员。产品结构 = 物料的集合 + 物料的成本信息。

BOM 说明一个最终产品是由哪些零部件、原材料构成的，以及这些零部件在时间、数量上的相互关系是什么。

如图 3-1 所示，最终产品 A 由三个部件 B、C、D 组成，而 B 又由 a 和 b 组成，D 又由 b 和 c 组成。这种产品结构反映在时间结构上，则以产品的应完工日期为起点倒排计划，可相应地求出各个零部件最晚应该开始加工的时间或采购订单的发出时间，如图 3-2 所示。从图 3-2 可以看出，由于各个零部件的加工、采购周期不同，即从完工日期倒排进度计算的提前量不同，当一个最终产品的生产任务确定以后，各零部件的订单下达日期仍有先有后。在保证配套日期的原则下，生产周期较长的物料先下订单，生产周期较短的物料后下订单，这样就可以做到在需用的时候，所有物料都能配套备齐；不到需用的时候不过早投料,从而实现减少库存量和少占用资金的目的。

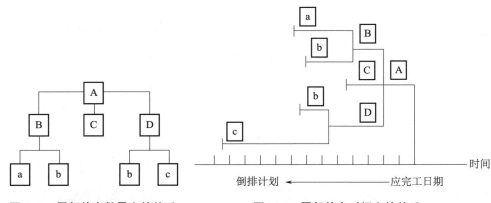

图3-1 零部件在数量上的关系　　图3-2 零部件在时间上的关系

物料清单是产品结构的技术性描述文件,它不仅列出最终产品的所有构成项目,同时还表明这些项目之间的结构关系,即从原材料到零件、组件,直到最终产品的层次隶属关系,以及它们之间的数量关系。BOM是制造企业的核心文件,各个不同的部门和系统都要用到BOM,从BOM中获取特定的数据。设计部门是BOM的设计者,也是BOM的使用者,需要从BOM中获取所有零件的信息以及相互间的结构信息;工艺部门根据BOM建立各零件的制造工艺和装配件的装配工艺,并联合生产准备部门提前安排加工制造过程中应使用的工装、工具、设备、夹具、模具等;生产部门根据BOM来生产产品;物资采购部门通过BOM来采购材料、成品、标准件、外购件等,库房根据BOM发料;财务部门根据BOM中每个自制件或外购件的成本来确定最终产品的成本;质量控制部门要根据BOM保证产品的正确生产;维修部门通过BOM了解最终产品的具体结构,了解需要哪些备件等。可见BOM对于企业各部门的管理工作有着十分重要的作用。企业各类BOM关系如图3-3所示。BOM功能的深入研究,对于经营管理中各项功能的优化整合有着十分重要的意义。

BOM 分类

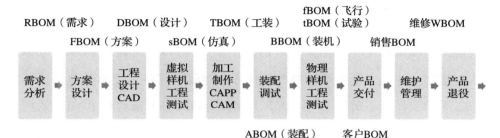

图 3-3　研制流程体系中的 BOM 关系

采用计算机辅助生产管理时，首先要使计算机能够读出企业所制造的产品构成和所有要涉及的物料，这时的 BOM 就必须由传统的图示表达转化为某种数据结构。为了计算机处理和管理的方便，BOM 必须具有某种合理的组织形式。此外，BOM 的演进与 ERP、CAD、CAPP、CAM、PDM 等子系统有着紧密和重要的关联关系，贯穿了系统集成的所有环节。因此，用计算机进行 BOM 管理时，必须充分考虑与其他子系统的信息交换问题。

一般情况下，构建 BOM 时应注意以下几方面的问题：第一，在 BOM 中，每一个项目（零件）都必须有一个唯一的编码；第二，为了管理方便，有时可以将同一零件的不同状态看作几个不同的项目，构建在产品的 BOM 中；第三，根据生产实际情况，为了强化某些工装、模具的准备工作，也可将这些工具构建在 BOM 中；第四，为了满足不同部门获取零件的不同信息的要求，可以灵活设计 BOM 中每个项目的属性，如计划、成本、库存、订单等。

BOM 的数据输入计算机后，就可对其进行查询，并能根据用户的不同要求以不同的格式显示出来。

BOM 常见的输出格式有以下几种：1）传统的 BOM，包括单层展开、缩行展开、汇总展开、单层跟踪、缩行跟踪、汇总跟踪等形式；2）矩阵式 BOM，是对具有大量通用零件的产品系列进行数据合并后得到的一种 BOM，可用来识别和组合一个产品系列中的通用型零件；3）比较式 BOM，以标准产品为基准，并规定还可增加哪些零件或去掉哪些零件，能有效地描述不同产品之间的差异，以解决系列产品间的差异问题；4）模块化 BOM，适用于由许多通用零件制成的并有多种组合的复杂产品，可按照装配最终产品的要求来组建模块，通过不同的模块选择就可以组合成不同的最终产品。

BOM 可以从两个维度细分：第一，ERP 视角的实物物料清单类型包括：1）标准物料清单。标准物料指包含在物料清单上除计划物料、选项类或模型之外的物料，如采购件、自制件、委外件等。标准物料清单是最常用的清单类型，其列有法定的子件、每个子件的需求数量、在制品控制信息、物料计划等功能；2）计划物料清单。计划物料代表一个产品系列的物料类型，其物料清单中包含子件物料和子件计划百分比。可以使用计划物料清单来帮助执行主计划和（或）物料需求计划；3）模型物料清单。模型物料是指在订购该物料时，其物料清单会列出可选用的选项和选项类的物料。模型物料清单列出了模型所具有的选项类、选项和标准物料，可以在销售系统中按客户要求订购不同的产品配置。模型物料清单可以是按订单装配（Assemble-to-Order，ATO）或按订单挑选（Pick-to-Order，PTO）类型的，ATO 与 PTO 模型的区别在于，ATO 需选配后下达生产订单组装完成再出货，PTO 则按选配子件直接出货；4）选项类物料清单。选项类物料清单包含一系列相关选项的选项类物料的物料清单。选项类就是物料清单上对可选子件的一个分类，是模型物料清单中的一层。

这里补充一个虚拟件概念。虚拟件是一个无库存的装配件，它可以将其母件所需物料组合在一起，产生一个子装配件。MPS/MRP 系统可以通过虚拟件直接展开到该虚拟件的子件，就好似这些子件直接连在该虚拟件的母件上。虚拟件作为共用件，让物料清单较容易维护，使产品结构清晰，并减少工作量。公用物料清单指任何具有同一清单类型的两个物料均可以共享公用物料清单。如果两个不同的物料共享同一清单，那么只需定义好一个物料的清单，可供另一物料公用，但这两个物料应该具有相同的 BOM 类型。定义新的母件的物料清单时，可将另一母件作为公用物料清单来引用，而不需在物料清单中输入任何信息，节省输入时间并方便维护。当然航空工业中还有装配指令 AO（Assembly Order），制造指令 FO（Fabrication Order）等名词。

第二，PLM 视角的 BOM 细分，如表 3-1：

表 3-1　BOM 种类

产品 BOM		PLMBOM	
RBOM（需求）	FBOM（方案）	DBOM（设计）	EBOM（工程）
PBOM（工艺）	MBOM（制造）	CBOM（成本）	TBOM（工装）
tBOM（试验）	BBOM（装机）	ABOM（装配）	SBOM（服务）
采购 BOM	WBOM（维修）	销售 BOM	客户 BOM
质量 BOM	fBOM	rBOM	产品 BOM

从以上不完全统计的表格中可见，各个企业、学术研究机构提出了非常多的 BOM 名称，实际上，这造成了非常混乱的现象，我把它叫作"BOM 乱象"，几十个 BOM 名词堆在那里，给企业的工程技术人员造成了困惑。我们逐一分析，看看它们的内在联系和外延关联关系。

产品策划阶段的客户需求和市场调研阶段的需求 BOM（Requirement BOM），全新研制的产品只有需求说明文档，不算 BOM；只有基于原有产品

智能制造的本质

的系列化改进改型产品才有原始 BOM。

概念设计阶段和方案设计阶段可变因素特别多,一般有多种方案供决策使用,这个阶段提方案 BOM(FBOM,这里的 F 是方案的中文拼音第一个字母)理由不充分。

产品方案冻结后,开始初步设计、详细设计,就有了设计 BOM(Design BOM 即 DBOM)和工程 BOM(Bill of Engineering BOM 即 EBOM),让我们用图 3-4、图 3-5 来看看两者的差别。

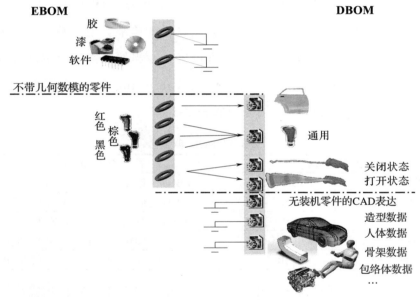

图 3-4　EBOM 与 DBOM 之间的差别(一)

PBOM(Prosess BOM)和 MBOM(Manufacturing BOM)特别重要,放在后面详细论述,这里不赘述。

成为核算用的 CBOM(Cost BOM),有了完整的 MBOM,CBOM 可以快速生成,因此这里不单设。

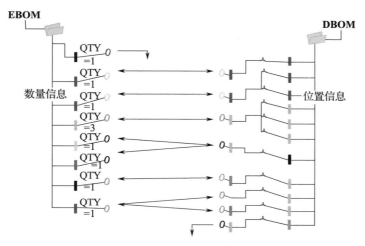

图 3-5　EBOM 与 DBOM 之间的差别（二）

TBOM（Tool BOM）顾名思义就是工艺装备的 BOM，和 PBOM 和 MBOM 紧密相关，可以从 PBOM 和 MBOM 生成，因此不单设。

tBOM（test BOM）是为产品的功能性能试验和工艺试验设立的，源于 EBOM 和 PBOM，相对而言是一个独立的小系统，这里不单独考虑。

BBOM（Built BOM），概念同 ABOM，因此不单设。

ABOM（Assemble BOM）实际上是 MBOM 的子集，可以从 MBOM 里分离出来，因此不单设。

服务或服务支持 SBOM（Support / Service BOM），用于维护、维修、大修、服务等。

采购 BOM：所有的采购都来源于物资供应部门，采购 BOM 可以从 MBOM 提取，因此不单设。

WBOM（W 是维修的中文拼音第一个字母，简称 WBOM）：同 SBOM。

销售 BOM：定义不清，不单设。

客户 BOM：定义不清，不单设。

质量 BOM：质量管理融于整个产品研发过程中，因此不单设。

fBOM（是"飞行"一词的中文拼音第一个字母，简称 fBOM）：合并入 tBOM。

rBOM（realiability BOM）：可靠性和质量类似，融于整个产品研发过程中，因此不单设。

产品 BOM，是一个非常模糊的名词，这里不予考虑。

BOM 的合并

孙子曰："声不过五，五声之变，不可胜听也；色不过五，五色之变，不可胜观也；味不过五，五味之变，不可胜尝也。"

古代以宫、商、角、徵、羽这五声标记音符；五色大概是指红、黄、蓝、白、黑；五味即酸、甜、苦、辣、咸。这句话的意思是：音符不过五个，但由这五个音符组成的音乐，却有千千万万，听不胜听；色彩不过五种，但由这五种色彩混合调配，却可以产生千千万万种不同的色彩，看不胜看；基本的味道不过五种，但由这五种味道烹制出的各种佳肴却数不胜数。

而最后一句是："战势不过奇正，奇正之变，不可胜穷也。"整句话的意思其实是，一些看似非常简单的东西，却可以生出无穷无尽的变化。借以说明战争的方式虽然只有奇正两种，借两个方式的组合变化，却数不胜数。

此处借用"孙子兵法"的思路对 BOM 加以分析简化。首先看国内，20世纪 50 年代，苏联援助的 156 个建设项目，为我国打下了工业化的基础，但是，引进的是生产体系，没有研发体系。随着 1960 年两国关系的分裂，苏联取消了援助，撤走了专家。我国建立了大量研发产品的研究院所，这些研究院所在计划经济条件下，都是独立的事业单位，和大量相关的工业企业形成了产品设计和制造的两层皮，到了改革开放后，就变成了很大的问题；一个复杂的产品，研制设计在研究院所，工艺设计和生产交付在企业单位，也就是工厂，两家平级的单位的利益不一致，新产品研制就产生了非常多的问题。因此我国产品研发体系中至关重要的BOM就有了"中国特色"，我们简化后就选择了EBOM（工程）、PBOM（工艺）、MBOM（制造）三个BOM作为核心产品研发要素。如图3-6所示。

图3-6 中国与欧美产品研发核心三要素的差异

欧美的产品研制和生产模式是：产品设计、工艺设计、生产交付、维护维修的责任人都是一家企业或者公司，责任非常明确，这就可以把研发中的产品设计和工艺设计放在一个团队里，生成的EBOM就可以包含传统意义上的PBOM。这样，欧美的三个核心要素就从EBOM（工程）、MBOM（制造）延伸到了SBOM（服务），显然这是一个重大的优势。我国现在已经有一些从事复杂产品研制的研究院所和配套的企业借助数字化的力量向这个方向努力前进。

理解四个BOM

我国飞机制造业在建立EBOM的过程中，过去由于经验不足走了很多弯路，自2000年后EBOM开始逐渐规范。原先设计的几何样机DBOM比较随意，进入工程样机EBOM后开始要规范管理，型号要出《型号研制数字化大纲》，对本型号数字化研制过程有明确的要求，具体要求要非常细致，一般包括：

数字化工作目标，数字化工作原则，数字化工作项目，数字化管理要求，数字化技术要求，主要标准规范齐全等。至于产品构型，EBOM 一般指结构样机，具体如何划分？按结构划分、按功能划分、按分系统划分、按制造分工划分、按装配分工划分等，没有绝对合理的划分，只有更有利于研制的划分。换句话说，结构样机表达的是产品结构关系，不是零部组件的自然依附关系，产品的结构样机应该能方便地实现设计过程，应该能够方便地替代蓝图。

产品的装配关系一般通过装配样机表达，装配样机的作用与以前的设计装配序列相似，主要表达设计对关键重要部位的装配顺序的考虑和要求。装配样机也不可能是想象中的自然依附关系，因为航空复杂产品很难而且也不需要描述出纯粹的自然依附关系。简单产品很容易实现结构样机和装配样机的统一，也就没有必要单独建立装配样机了，而大型复杂产品则很难做到这一点。

至于结构样机的发放，总体设计除了下发结构样机之外，还要下发装配样机，在取消装配展开图的情况下，装配样机有两个作用：一是配合设计表达装配要求，二是生成三维装配工艺以供装配现场使用。装配样机使用轻量化模型，主要表达产品的装配几何关系。在实际工作过程中不需要提供全产品的装配样机，一般只对复杂装配过程和有特殊要求的部位提供装配样机，这也对装配样机的管理提出了更高的要求。

对于产品数据管理，强调单一产品数据源（SSPD）。BOM 数据的管理是一个复杂的过程，要正确理解 SSPD，集中分布式管理。数据是发送到各单位，还是通过发通告（根据设计单位的发图单）去获得？过去倾向于发通告去获得，这样责任明确；现在是模型数据发送到各单位，接收有回执，责任也很明确。

模型分发也是一个复杂的过程，不可能把全产品样机发给每个单位，而是按照各单位承担的任务发放模型。所以各研制单位拿到的只是一个子集，这样又衍生出来一个分配模型的工作。给各研制单位发放模型的过程中还有一些协调工作，如设计给工艺的模型和设计给XX单位的模型之间有装配关系，这些模型需要给双方都发，结构工艺还要和XX单位进行技术及生产协调，这种情况很常见。

模型除分发之外，还有提交，如总体和分系统之间的关系，有的分系统模型要上交总体（如增压输送系统等），有的分系统模型需要上交模型包络（如发动机、电气产品等），所有分系统都需要上交模型，模型的有效性由总体统一管理，但是分系统的模型也要自行保留管理。

除了总系统需要产生并发放模型，许多分系统也要产生并发放模型。这些模型哪些要上交，哪些不用上交，上交到哪一层级，都要有一个详细的规定。所以要有一个严谨的管理体系，也就是我们说的技术状态控制体系。那种设计画一批三维模型往工厂一扔的做法是不现实的。

工厂按照设计的发图单（模型发放表）接收或者去提取EBOM中自己负责的内容，按照EBOM的结构重构形成PBOM结构，然后把经过补充标注的三维模型也挂到相同节点上，我们称之为工艺模型。当然还有其他如工艺规程、材料定额、质量控制卡等内容，这些内容一起构成PBOM。PBOM的结构是完全继承EBOM还是自己进行重组，是否添加虚件，这是需要根据产品特点来决定的。PBOM上的设计模型由工厂的BOM管理部门负责检查和发布，工艺模型则由具体的主管工艺员按需要产生，因为有的零件直接使用设计模型就可以直接进行工艺规程编制，而有的零件则需要补充标注信息，也就是要产生工艺模型，然后基于工艺模型编制工艺规程和质量控制卡等。往工艺模型上添加的内容自然由主管工艺员负责，发生的更改也由这个主管工艺员负责。工艺模型的版本管理也严格按照规定执行，因为不严格管理，产生工艺模型的意义就不大了。是否产生工艺模型是工人和检验员依据设计模型和工艺规程能否开展工作来确定的，如果可以，就依据设计模型直接编制工艺规程；如果不可以，就在设计模型上加注相关信息后变成工艺模型，再编制工艺规程。

PBOM要实行严格的技术状态控制，设计模型接收要遵守管理规定，要进行严格的接收检查，要设置BOM管理岗位，建立PBOM和更改PBOM都要进行严格控制。工艺工作在变，没有蓝图，工艺要承担蓝图的功能和装配展开图的功能，所以工艺一般都要在三维模型上加内容。在三维模型上加多少内容随时间而变，一开始实施简化标注的时候，工艺工作量明显加大，后来逐渐减少，现在要求设计全标尺寸，工艺标注就更少了。加工工艺人员以产品结构样机的要求为基础编制加工工艺，加工工艺按照一定规则挂接在PBOM相应节点下，一般是按照工艺路线顺序挂接，也就是按照工艺路线顺序由不同专业的工艺人员编制工艺文件逐个挂接，一个零件的加工工艺一般由多本工艺文件组成。

加工工艺一般细分到工序级，以满足按工序进行派工、控制和统计计算的管理需求。有的企业进一步细分到工步级，这就需要更大的工作量和数据量。加工工艺一般包括工艺规程、技术要求、工艺协调单、设备、工装、工具、量具、工时等内容，这些内容要实现结构化管理，相关内容要可提取、可统计、可利用。这些内容的具体数据不可能都交给PDM管理，一般由ERP、CAPP、工时管理等不同的软件系统具体管理，但是可以在PDM系统上集中映射，这就需要各软件系统保持一致的管理颗粒度或者有顺畅的关联机制。

装配工艺员以设计提供的装配样机为基础，添加操作者、装配工装工具、装配环境条件和装配技术要求等，重新设计零部组件的装配顺序（也称工艺装配顺序），同时划分工艺分离面。产品装配工艺根据工艺分离面划分为多本工艺文件，如大型复杂产品的装配工艺文件超过 100 本，也就是说由 100 多个部组件组成。装配工艺文件挂接在 PBOM 相应的部组件节点下，由于 PBOM 结构是按 EBOM 结构建立的，工艺装配顺序作为独立部分保存在装配工艺文件中。装配工艺文件要实现结构化，工艺文件中涉及的零部组件和相关设备、工装、工具，甚至人员、场地、工时等都要可提取、可统计、可利用，或者有数据源头，以便于整体排产及装配管控。

MBOM 作为生产计划调度的重要依据，可以统一生产派工，规范各级计划排产，便于生产计划任务的分解与合并，便于统一掌控生产进度，便于随时了解加工装配过程的质量状况，让各种资源条件一目了然。总之，MBOM 是制造企业重要的数据和信息的综合载体。MBOM 是把 PBOM 重新组织的结果，把 PBOM 的原材料、设备、工装、工具、计量仪器、工时甚至人员提取出来重新组织，其中最大的变化是把零件的加工工艺路线和产品的装配顺序提取出来，然后以这两条线索构建 MBOM。零件加工过程按工艺路线串联起来，可以对加工涉及的车间生产以及设备使用等进行精确评估和派工。产品装配过程的每一个部组件节点都按装配顺序连接起来，可以对加工装配过程进行精确排产、精准管控，对加工装配过程中的生产信息、工艺信息和质量信息可以准确划分、展示或者记录保存。至于是用加工工艺路线还是装配顺序建立 MBOM，还是二者都用，这要依产品的要求和生产管理的需求而定。一些企业建立 MBOM 仅管理装配过程，这些企业的零件加工生产派工并不是按照明确的客户需求，而是按习惯统筹安排，如组批生产等，或者是按库存生产，这就不适合应用装配顺序派工。也有些企业建立的 MBOM 以装配顺序为主线，并在零部组件节点上挂接零件的加工工艺路线，也就是二者都用，这样的 MBOM 比较复杂，管理起来要求更高。所以，如何建立和使用 MBOM，还要看企业的具体情况，关键是生产管理的具体情况。至于 MBOM 由谁生成这个问题,看似应该由生产部门生成,但是目前一般企业的生产部门不具备这个能力。根据航空企业的经验,MBOM 一般由工艺部门生成,这里面就有一个工艺部门和生产部门配合的问题(因为按什么原则生成 MBOM 要听生产部门的),还有以后的管理、使用和更改等问题,而这些问题生产部门单独又搞不定,这就成了一个多部门协作的难题。如果生产部门的需求不急迫,如果 PBOM 应用不成熟,如果企业 ERP 应用不好,建议暂时不要触及 MBOM。

SBOM 从字面上看是服务 BOM 或者服务支持 BOM,尽管具体解释不尽相同,但目标都是为了支持产品交付客户后的运行、保养、维护、维修、大修等。SBOM 最好是基于 MBOM 生成的交互式电子技术手册(IETM),但是实际上,有的是传统纸质的使用手册,有的是维护数据,有的是质量数据等。这些都可以是 SBOM 的内容,一切要交付用户的数据都可以放到 SBOM 中。航空产品一般由工厂进行交付,而不是由总体所或者总体院进行交付。工厂的 SBOM 就是质量数据包或者型号全质量数据,一般认为把质量 BOM 直接变成 SBOM 就行了,但是上级部门需要的不是这样的数据,上级生产管理部门需要经过整理且主题明确的数据,如超差情况、代料情况、质疑单情况等,所以工厂要按上级管理部门的要求从质量 BOM 中提取并重新组织数据形成 SBOM 的内容。另外,质量管理部门针对质量 BOM 也有大量工作可做,如超差原因分析、产品质量趋势分析甚至配合三维模型开展可靠性工程 FMECA 工作等。

BOM 和 BOP

现在来分析工艺流程清单 BOP(Bill of Process,BOP),顾名思义,BOP 是一个流程管理体系。讲到正确的流程管理,就不得不讲工业体系。什么是工业化？最重要的就是标准化、模块化、系列化的生产方式。标准化排在第一，有了标准化，才能够规范产品的设计研发过程、试制试验过程、生产过程、交付过程、使用过程、维护维修过程、客户服务过程以及产品退役和回收过程。图3-7展示了标准化的层次。

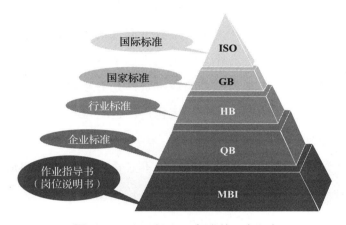

图3-7　BOM和BOP标准的五个层次

第一级是国际标准，第二级是国家标准，第三级是行业标准，第四级是企业标准，第五级是依据企业标准编制的作业指导书（也叫岗位说明书）。这里要说明的是，前三层都是公开透明，有方向性、指导性的技术文件，企业标准和依据企业标准编制的作业指导书才是核心价值所在，是企业的秘密。一般在一份企业标准指导下需要编制10份左右的作业指导书。根据笔者的经验，一般的企业规范制定后，需经过几年不断完善，方可以形成企业标准；企业标准经过多个同类企业试用后优化升级，大幅度简化后可以形成行业标准，一般行业标准的篇幅是企业标准的30%左右。

最后想要说明的是：BOM是结果，BOP是过程；质量管理体系是过程管理，有了正确的过程，结果必然是正确的。

第二节 从数字化产品定义（DPD）开始

数字化产品

传统意义上的数字化产品是指信息、计算机软件、视听娱乐产品等可用数字化表示并可用计算机网络传输的产品或服务。随着网络信息技术的进步和社会信息化程度的不断提高，尤其是电子商务的出现，一个由庞大的互联网产业带动，并导致整个经济社会发生巨大变革的数字经济时代已经离我们越来越近，而以数字化产品为代表的数字资产是数字经济时代的基本元素。如何结合现有的资产评估理论，对数字化产品进行准确评估，是整个数字经济和资产评估行业必须认真面对的问题。

在数字经济时代，这些产品（服务）不必再以实物载体的形式提供，而是可以通过有线或者无线的计算机通信网络传送给各方开发者、使用者、消费者。它具有有形资产的特征，也具有无形资产的性质，但同时它既不同于有形资产，又不同于无形资产。数字化产品的特征主要表现在以下几个方面。

第一，存货形态无形化。物质产品，包括原材料、产成品、库存商品等都表现为一定的实物形态。但数字化产品是无形的、虚拟的，既没有实物形态的产品，也无须有形的仓储设备，更不存在库存数量的问题。无论是作为"原材料"的数字化产品（如计算机硬件商购买的机载软件），还是作为企业主营业务的数字化产品（如计算机软件、多媒体产品等），数量上都是取之不尽的，可随时复制、无限供应。因此以传统的分类方法为基础进行评估，无法真实反映数字化产品的价值。

第二，生产过程虚拟化。物质产品，即使是与数字化产品较接近的出版印刷品，其生产过程也表现为产品从原材料形态经过若干生产步骤最后形成产品，生产的每个步骤都是具体明确的。但数字化产品的生产过程是虚拟化的。一般的计算机软件进入市场前要经过两个阶段：一是研制开发阶段；二是从制作、附件配备、包装直到入库待售。前者一般对应研发阶段，后者对应生产阶段。对数字化产品来说，如果研制开发过程不作为其正常的生产过程，那么数字化产品本身就没有生产过程。数字化产品生产的概念需要重新定义。

第三，收益模式自由化。物质产品的交易，一般以失去商品的所有权或控制权，获得收入为完成标志。因此，物质产品的交易采取确定价格的直接收益模式。但数字化产品的交易除个别产品，如在线音乐、影视等可采取直接收款的方式外，大都采取先提供产品使用权，由顾客自由决定是否付款以获取进一步的使用权的自由收益模式；或为了扩大市场份额，根本不用付款，而是采取其他手段实现收益的间接收益模式。

第四，销售过程网络化。物质产品即使通过网络进行销售也属不完全的电子商务，即商品始终要运输、装卸。而数字化产品则可完全用电子商务的方式完成交易，不需要发生物流作业，也无需协力厂商，因此更适合中小企业经营。

第五，要高度重视数字化产品的知识产权，也就是数字化产品的开发者对自己的智力劳动成果所依法享有的权利，它是一种无形财产或者叫虚拟资产。

数字化产品定义

数字化产品定义（Digital Product Definition，DPD）不应限于以数字样机为代表的数字化设计手段，而是对产品全寿命周期的数字化活动进行的描述。事实上DPD的外延一直在随着数字化技术的发展而扩大，当面向装配模拟的数字样机无法描述产品的功能和性能时，研究人员便需要思考更多的问题，可以引入其他概念的数字样机来描述功能接口。当工作模式由并行协同发生转变时，研究人员可用引入的另外一个数字样机来描述整个研制开发阶段的数字化定义。

通过了解数字化产品定义从数字样机到数字孪生的发展过程，可以更好地理解数字孪生的内涵。数字样机内涵的演变可以描述数字化产品定义发展的本质。20 世纪中叶以来，随着各项支撑技术的突飞猛进，数字化制造应运而生。数字化制造是一种围绕计算机系统支撑的集成生产方式，是三维设计工具、分析工具、可视化工具、仿真工具以及各种协同工具组成的集成化计算机系统，同时创建了产品定义和制造流程定义的过程。由此可见，数字化产品定义为数字化制造提供了数据准备，要实现全要素、全流程的数字化制造，首先要实现精确的产品定义。为此，数字化产品定义经历了从二维到三维的发展。美国提出的数字样机的概念侧重于产品设计，针对产品设计信息的定义表达也日臻完善。近年来国内外制造业的经验表明，三维数字化定义的产品模型已经成熟，其效益也已被反复验证。但是，目前的三维数字化产品定义仍然存在问题。

从内涵看：DPD 主要侧重产品设计的几何功能和性能描述，不涉及制造运行维护阶段的描述，产品定义与过程定义间缺乏关联，如：DMU 定义了零部件装配关系，但没有办法准确描述装配过程。以数字样机为主的产品信息的定义都是设计软件给出的理想化定义，而基于理想化定义在后续仿真模拟时对真实产品的生产指导意义是非常有限的。综上所述，侧重表达设计信息的 DPD 无法准确地描述真实物理产品。实际上，产品在整个生命周期内的演化是一个分阶段、分层次且相互交叉协同的立体运行模式。考虑到智能制造时代的需求，尤其是为了实现虚拟空间与物理空间的交互融合，业界急需一种既能承载产品设计信息，又能忠实反映真实物理产品的数字化定义方式。数字化孪生的数字模型，被认为是对物理产品的数字化描述，能够有效地管控产品全生命周期的数据信息，进而优化物理产品的运行维护，是实现 CPS 的核心关键。

以 DMU 为代表的 DPD 通常被认为是一种使用三维 CAD 软件中的三维数字化数据来提供关于产品及其零部件的信息的技术。DPD 本质上是利用计算机图形学等支撑技术，将二维图纸的信息转化为三维数据存储显示的过程。

随着 PLM 技术的发展，数字化定义技术侧重于对产品全寿命周期的不同研发阶段和不同应用领域，以及产品信息的统一一致的定义的研究。PLM 是管理产品寿命周期中所有相关数据的技术，它包含了 PDM 的全部内容。PLM 支持包括研发、制造、供应、销售和维护等环节的产品开发相关活动，能合理响应数据访问请求，有效管理活动中产生的数据，这些理解与数字孪生的概念目标并没有本质的差异。DPD 的初衷是为了表达真实物理产品。然而，以 DMU 为例，其最终实施结果变成了描述设计者对产品的理想定义，换言之，在设计者设计产品时，会给出精确的尺寸、数据产品结构、重心分布、装配关系等信息，显而易见，真实的产品由于加工、装配、使用等实际因素，不可能与给出的理想数据相一致，而在此基础上开展的仿真分析，其有效性也同样受到限制，所以说，DMU 虽然反映了人类的设计理想，定义了人类理想中的产品，却并不能准确反映实际产品系统的真实情况。因此，实时采集研制生产现场的数据，并生成真实的生产过程的模型非常必要，这些模型可以和理论上的 DMU 比对，从而分析并实时定位生产过程中的问题，并进而优化 DMU。

数字化产品定义案例

波音 777 是一款由波音公司制造的双发、双通道客机，也是民航史上能不着陆连续飞行最远距离的客机，航程高达 9695 公里至 17500 公里。波音 777

飞机是先进的计算机技术和先进的喷气或飞行技术巧妙结合的高技术产品（见图3-8）。

图3-8　波音777

波音777共装有1800套计算机系统，包括：集成的飞机信息管理系统（Airplane Information Management System，AIMS）；先进的三轴电传飞行控制系统；首次装备的增强型地面碰撞（临近）警告系统（Enhanced Ground Proximity Warning System，EGPWS）；地面机动照相系统（Ground Maneuver Camera System，GMCS）。因为有了大量的计算机系统，业内专家开玩笑说：波音777飞机是世界上第一架会飞的计算机。

波音777飞机的三维数字化定义始于20世纪90年代初。波音公司在777产品的研制中采用的技术有：三维数字化建模[在波音777的研制中全面采用三维数字化技术，进行100%三维数字化产品定义、数字化预装配，并将300万个零部件的信息存入数据库；编写了《优化过程综述 – 三维数字化产品定义》手册；同时还编写了一系列有关产品三维数字化建模规范（Boeing Drafting Standard 5000 for B737/777）]；数字化预装配（进行数字化预装配的目的是为了大幅减少飞机研制过程中的设计错误、更改和返工，也就是在产品数据集发放之前，尽量做好产品数字化模型的计算机装配仿真模拟工作，确保各构件之间有着良好的配合）（见图3-9）。

图 3-9　波音 777 数字化模型

波音 777 数字化研制技术的直接效益包括：以 3000 个以上的装配界面取消了实物样件；减少了 90% 的工程更改（由 6000 处减到 600 处）；工程更改的周期缩短了一半；物料的返工减少了 90%；机身的装配精度提高了 50 倍。

波音 777 在设计过程中实施飞机设计制造的并行工程：第一，在波音 777 的研制工作中实现了把原来的顺序（串行）研制过程改成并行研制过程。即把当前的产品设计和它们的相关过程，包括产品制造和支持服务集成在一起的系统工程方法；它促使开发人员从整体出发，考虑到产品生命周期里的各种因素，包括从概念设计到质量控制、成本、进度和用户使用要求等各种相关问题的处理。

第二，波音公司在波音 777 研制中打破了按职能划分的组织形式，按上述并行工程思想组成了依据功能（如机械、电气、结构、载荷和综合等）划分的设计建造团队（Design Build Team，DBT）；在波音 737 改型设计中又进一步改组成按产品（如机翼、机身和动力系统等）划分的集成产品团队（Integrated Product Team，IPT）。

第三，波音 777 设计过程大体分概念设计、初步设计和详细设计等几个阶段，即设计工作是一个由粗到细的过程，DBT 也按这一过程组织。在波音

777 设计过程的早期阶段仅有下列几个 DBT：

- DBT0001：总体飞机集成团队
- DBT1000：飞机系统集成团队
- DBT4001：机头和主座舱飞机集成团队
- DBT4002：非压力舱机身、机翼集成团队
- DBT4003：结构和发动机集成团队
- DBT4004：飞行舱集成团队

在波音 777 飞机研制最高峰时曾组织过 238 个 DBT，共有成员 8000 余人，其中工程师 6000 名。举例来说，波音 777 的 41 舱段的 DBT 就由重量、结构、绘图、有效载荷、计划、工装设计、推进系统、飞行控制、电气、分析、财务、飞行面板、环境控制、液压系统、CAD／DPA 支持、用户服务和质量保证等部门的人员组成。

并行产品定义不仅有着严密的组织 DBT 的层次结构，而且有着一系列的良好工具，有效的管理方式和一整套的措施相配套。如表 3-2 所示，波音公司实施的并行工程论是并行工程的必不可少的工作环境。

表 3-2　波音公司所实施的并行工程论

名称	英文	缩写
数字化产品定义	Digital Product Definition	DPD
数字化预装配	Digital Per-Assembly	DPA
数字化装配顺序	Digital Assembly Sequence	DAS
数字化工装定义	Digital Tool Definition	DTD
有效性配套管理	Effectively/Tabulation Management	ETM
综合工作说明	Integrated Work Statement	IWS
集成进度计划	Integrated Scheduling	IS
硬件可变性控制	Hardware Variability Control	HVC

从飞机的整个研制过程来看,从产品数字化、并行定义到 PDM 技术应用,即从顾客提出对飞机的用户要求开始,直至飞机设计、制造、交付出厂以及投入航线后的服务工作,飞机的研制过程是一个庞大的系统工程。

有关飞机产品的资料数量巨大,如我国与麦道公司合作的干线飞机中,美方向我国提供了重达 12 吨的技术文档资料,若把各种技术文件和其他资料(包括设计、工艺、制造、工装、管理和质控等)加总起来,多达 150 万余页。如此巨大的有关飞机的产品数据该怎样管理?

现代工业企业又正面临着迅速发展的计算机技术引起的信息爆炸:企业在多种硬件平台(波音商用飞机公司有 6000 多台不同型号的工作站,几百套主机系统和几万台微机)上运行着不同的软件系统(波音自己的应用软件多达 8000 多种)的信息如何集成?

许多技术人员每天仍旧手工处理大量纸质文件,该如何控制产品数字化信息的严重不协调状况?由许多不同的合作伙伴组成的现代大型企业集团怎样协调彼此的工作?

波音公司采用 20 世纪 90 年代发展起来的产品数据管理(Product Data Management,PDM)技术,于 1994 年制订实施飞机构型定义和控制及制造资源管理(Define and Control Airplane Configuration/Manufacturing Resource Management,DCAC/MRM)计划,实现全面的产品数据管理。

波音为什么要做 DCAC/MRM?

- 提高质量:故障减少 50%(每年)
- 降低成本:成本降低 25%
- 简化过程:交付周期减少 50%
- 如果不改变现行的方法,将会失去飞机制造业的领导地位:改革后客户满意率提升了 100%

20世纪90年代初，波音公司在波音777产品研制中采用了三大突破性措施：第一，造买决策——也就是我们所说的大协作生产组织模式，以降低成本和缩短研制周期为目标；第二，精益生产——旨在消除公司内部设计、制造过程和支持服务过程中的一切浪费和无用（非增值）环节；第三，DCAC/MRM数字化信息系统的上线应用。

最后，把造买决策、精益生产的成果固化在全球性的DCAC/MRM数字化信息系统中，建立了以零部件为基础的编号体系代替传统的图纸编号体系以及零部件编号规则，确立了飞机结构和系统"模块"化设计概念及模块的定义；建立基于"模块"概念的构型（配置）思想，其构型控制的机制以动态产品结构为主线，设计了飞机产品的单一产品数据源，保证了产品数据的畅通和一致性。

波音公司有一个完整的基于产品数字化定义的制造工程计算机系统，使波音777的13250个零部件能由分布在北美洲、欧洲、亚洲和大洋洲的13个国家的545个工厂生产，并能很好地装配起来，使波音777飞机按时飞上蓝天，投入到航空市场。

在实施DCAC/MRM项目时，采用了四大软件系统：第一，Trilogy公司的产品构型软件Builder；第二，Baan公司的制造资源管理软件Baan IV；第三，CIMLINC公司的计算机辅助工艺设计软件Lingkage；第四，SDRC公司的产品数据管理软件Methaphase（也就是现在西门子公司的TEAMCENTER）。

DCAC/MRM项目执行时必须考虑的四大关键要素是：第一，精简作业流（Tailored Business Streams，TBS）；第二，简化构型管理（Simplified Configuration Management，SCM）；第三，单一产品数据源（Single Source of Product Data，SSPD）；第四，改进物料管理（Tailored Materials Management，TMM）。具体可参见《现代飞机制造技术》一书（北京航空航天大学出版社），这里不加赘述。

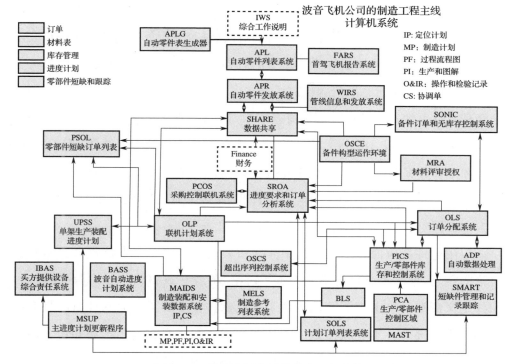

图 3-10 波音飞机公司的制造工程主线

第三节 嵌入式软件是产品构成

按照过去的分类方式，软件可以简单分为系统软件、应用软件、网络类软件。系统软件是直接操作计算机硬件，为用户和其他软件提供所需的基本功能，并为运行应用软件提供平台的软件。系统软件包括：1）操作系统（Operating System，OS），可以简单分为桌面操作系统、服务器操作系统和嵌入式操作系统。操作系统是计算机系统的内核，是管理和控制计算机硬件与软件资源的计算机程序，是直接运行在"裸机"上的最基本的软件，任何其他软件都必须在

103

操作系统的支持下运行，操作系统负责管理计算机硬件与软件资源的所有程序的集合，并为运行在这些资源上的其他软件提供公共服务。操作系统的核心内容是监控程序、引导加载程序、命令解释器（Shell）和窗口系统，还负责管理与配置内存、决定系统资源供需优先次序、控制输入与输出设备、操作网络与管理文件系统、支撑开发环境等基本事务。2）数据库管理系统（Data Base Management System，DBMS），是一种操纵和管理数据库的大型软件，用于建立、使用和维护数据库。用户通过 DBMS 访问数据库中的数据，数据库管理员也通过 DBMS 实施数据库的维护工作。它可同时使多个应用程序，用户可以用不同的方法在同时或不同时刻建立、修改和查询数据库。

应用软件覆盖面特别宽，其中非常重要的一类就是工业软件，这是我们讨论的重点，网络类软件这里我们不予讨论。笔者在2020年4月出版的《铸魂：软件定义制造》一书中清楚地描述了工业软件，解读了工业软件所应具有的内涵和组成部分。工业软件是工业化的顶级产物。它封装了工业知识，建立了数据自动流动规则体系。其中计算机软硬件构成的嵌入式系统塑造了机器的大脑和灵魂，因此让机器变得更加聪明，功能可以随时定义和调整。而软件、芯片、互联网等数字化软/硬件设备，构成了新型的工业要素，已经成为工业产品的重要构成。

基于软件形成的"产品本身的数字化和智能化"，就是将软件嵌入芯片，嵌入到产品/设备之中，让软件成为其中的"软零件""软装备"，以"软件定义数据自动流动规则"的方式，根据工作场景自主决策，以精确的动作指令操控物理设备。

嵌入式软件

嵌入式软件可以细分为嵌入式操作系统、支撑软件、应用软件三类。嵌入式操作系统也叫实时操作系统（Real Time Operating System，RTOS），是嵌入式系统的重要组成部分。嵌入式系统一般由嵌入式微处理器、外围硬件设备、嵌入式操作系统以及用户的应用程序四个部分组成，是控制、监视或者辅助设备、机器和车间运行的装置，其以应用为中心，以计算机技术为基础，软/硬件可裁剪，适用于应用系统对功能、可靠性、成本、体积、功耗有严格要求的专用计算机系统。嵌入式软件作为固件存在于嵌入式系统、专用于单一用途或少数用途的设备（如汽车和电视）中，尽管一些嵌入式设备（如无线芯片组）本身可以是普通的非嵌入式计算机系统（如 PC 或智能手机）的一部分。在嵌入式系统环境中，有时系统软件和应用软件之间没有明确的区别，也有一些嵌入式系统保留了系统软件和应用软件之间的区别（尽管通常只有一个固定的应用程序始终在运行）。微代码是一种特殊的、内容相对晦涩的嵌入式软件，它告诉处理器自己如何执行机器代码，因此其层级实际上比机器代码还要低。它通常是处理器制造商的专利程序，普通程序员通常无法接触也不需要处理微代码。任何修正微代码的软件更新都由处理器制造商提供给用户（如有必要更新，比更换处理器要便宜得多）。

软件不仅嵌入我们工作场所的各类设备和设施，也嵌入我们衣、食、住、行的方方面面，而且在逐渐替代某些物理产品的功能。我们不妨仔细观察我们身边的事物：家中的电器、代步的座驾、随身的手机、车间的设备、实验的仪器，一件件都已经多多少少被软件替代了实体产品的部分零部件和相关操作的进程。

在这些设备中，软件"体量"有大有小，从几十行代码到几十万行代码不等。有些特殊机器设备中的软件体量已经达到了令人咋舌的地步。根据德国汽车制造商公布的技术资料，奔驰、宝马、奥迪等豪华汽车普遍已经拥有 1 亿行以上的软件代码（大众公司认为未来几年将达到 2 亿至 3 亿行），一辆特斯拉汽车拥有2亿行软件代码，而一架波音787飞机则拥有超过10亿行代码！机载软件已经成为当今民用飞机的大脑与灵魂，这仅仅是个开始。现在，软件已进入各行各业，特别是工业领域，与各种传统的物理设备相结合，是一个不因人的意志而转移的大趋势。过去人们经常说：一代材料、一代设备，而今天可以说：一代软件、一代设备。

即使没有屏幕（显示装置），在那些看不见的地方，在各种工业装备、高科技产品、生活器具和设施中的芯片里，软件都在默默无闻地履行着自己的使命。软件若出现任何逻辑瑕疵或被恶意篡改，往往会表现为设备运行不正常甚至瘫痪。这类软件是"产品本身数字化"软件，也往往称为"嵌入式"软件，主要以计算数据输出给设备控制器的方式用于辅助机器的精准操作。无论是嵌入式还是非嵌入式软件，它们都按照程序员的精心设计，以巧妙的公式、精准的算法、最优的迭代过程，在计算机操作系统的协调下，计算得出最佳控制指令，输入到机器设备的控制器中去，精准地操作机器设备的运行。这些基于算法和推理规则设定好的程序，是对人的思考过程的模仿、增强与超越式呈现，是对大自然客观规律在数字世界的精准刻画、优化迭代和孪生式复现。因此软件程序在芯片中的解释与执行过程，就如同人使用神经系统进行思考的过程，只不过是用芯片代替了人脑中的神经元，芯片以更大的数据量、更快的速度、更高的维度、更复杂的约束条件、更逼真的场景进行计算。

软件作为一种将数据、信息、知识高度融合的数字载体，必须运行在芯片中。软件与芯片形成了共生关系。芯片的功能与性能约束了软件的运行速度和可以定义的"能力"，而软件的程序化指令不断驱动芯片中的门电路和场效应管做"开""关"运行，因此软件从诞生之日起就具有驱动芯片的"准CPS"特征。软件和芯片之间的关系也是微妙和不断变化调整的。过去，软件必须去适应芯片，要基于芯片的约束来开发软件；而今天往往是为了软件更好地运行、最大限度地发挥软件性能来设计芯片，即基于软件需求去研发芯片。

工业应用场景的嵌入式软件

工控系统是用于制造、电力、水力、石油、天然气等行业的一类工业软件/硬件系统。在工业生产和关键基础设施中常用的工控系统有PLC（可编程逻辑控制器）、SCADA（监控和数据采集系统）和DCS（分布式控制系统）等。广义上，工控系统中的工控软件包含数据采集、人机界面、软件应用、过程控制、数据库、数据通信等内容，其特点是与硬件绑定，相对封闭和专用。现代工业设备的正常运转和精准工作，都是依靠工控软件来实现的。没有工控软件，设备必将瘫痪。

1）PLC是一种专为工业环境应用而设计的数字运算操作控制系统。用软件程序来执行存储逻辑运算和顺序控制、定时、计数和算术运算等操作的数字指令，并通过输入/输出（I/O）接口来控制各种类型的机械设备或生产过程。PLC既可以集成由几十个I/O接口组成的小型"积木"式设备，也可以集成由数千个I/O接口组成的大型机架式设备，这些设备也与其他PLC和SCADA共同组网。PLC是在对工业电气控制设备有高可靠性要求的汽车制造业中发展壮大的。PLC出现后，用软件编程方式控制电子开关，以此代替了大量的继电器、定时器和排序器，仅剩下与输入和输出有关的少量硬件。PLC凸显了软件优势，可将模型调整工作量减少到原

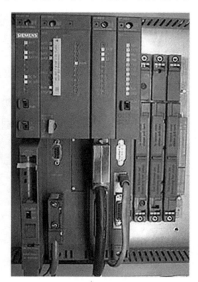

图 3-11　PLC 控制器

有继电器的百分之一，大幅提高了控制的可靠性，减少了故障。实际上，自 20 世纪 80 年代开始普及的电话的程控交换机也是这样的原理。

2）DCS 是适用于流程制造的高性能、高质量、低成本、易配置的计算机控制系统。它用工业通信网络将分散在系统中的控制器连接成一个彼此相连、密切相关的整体，按照工艺要求对该整体进行优化和预测性维护。DCS 通常使用定制设计的嵌入式系统作为微控制器，并使用专用或标准协议（如 Foundation Fieldbus、Profibus、HART、Modbus、PC Link 等）进行通信。微控制器从输入模块接收数据、处理数据并决定由输出模块执行的控制动作。输入模块从过程（或现场）中的传感器接收信息，输出模块向其所控制的执行器（如控制阀）发送指令。现场的输入和输出可以是连续变化的模拟信号，也可以是"开"或"关"的状态信号。DCS 控制操作的功能划分符合 ISA 95 模型并具有普渡（Puedue）企业模型特征，分为 5 个级别，0 级是工厂里的 PLC 或远程终端单元（RTU，指连接到控制过程中的传感器和执行器），1 级是由嵌入式系统组成的微控制器，1 级和 2 级运行 DCS 和 SCADA，2 级和 3 级运行 MES 软件，4 级运行 ERP 软件。这个五个级别的软件，分别定义了从生产现场到企业级生产计划的不同管控程度（如图 3-12 所示）。

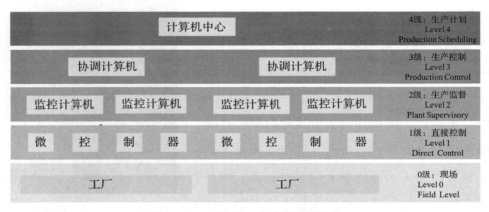

图 3-12　DCS 的 5 级功能控制结构

3）SCADA 系统从电力监控系统发展而来，它是一种以计算机、工业通信网络和图形用户界面来管理工业过程中的工厂或机器设备的控制系统架构。SCADA 的操作员界面可以监控设备和发出过程命令（如更改控制器设定值）。现在大型 SCADA 系统在功能上已变得与 DCS 很类似，可以远距离控制包括多个"站点"在内的大规模生产过程，因此 SCADA 的网络安全是一个不得不考虑的问题。SCADA 软件仅在工厂监控层级（2 级）运行，控制操作则由 0 级的 PLC 或 RTU 自动执行，因此 SCADA 的控制功能往往仅限于工厂监控层级的干预——例如 PLC 可将流经部分工业设备的冷却水流量控制在设定值，但该设定值可由 SCADA 操作员进行更改。

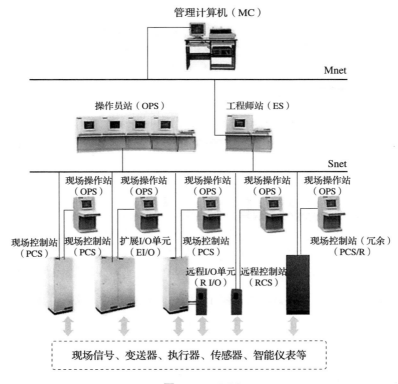

图 3-13　DCS

工控软件事关高效生产，与整个工业密切相关，休戚与共，其重要性无须赘述。工厂和企业长期沉淀下来的技术诀窍、工艺知识都写入了工控软件中，因此原厂通常都不会公布工控软件的源代码，这就造成了软件内容的"黑盒效应"；另外，

图 3-14　DCS 操作现场

由于诸如 PLC、DCS、SCADA 之类的工控软件大都事先安装在工业设备内，形成了"绑定效应"，即用户在购买国外工业设备的同时，也默认购买了国外的工控软件。两种效应叠加，使得用户对于所购设备中的工控软件基本上无法拒绝、无法知悉、无法更改，甚至难以替换，其安全性难以得到有效保障。根据国内客户反映，无论在软件更新、系统模型参数的调控，还是在设备的网络连接方面，国外工控软件厂商都要收取高额费用。客户出于怕麻烦、担心出废品的心态，通常也不愿或不敢对设备中的工控软件做任何模型或参数上的调整，因为一个参数的失调，对于流程行业来说，就可能产生大批的废品，甚至造成设备停机。

特斯拉汽车中的嵌入式软件

很多人认为特斯拉公司的纯电动车不是汽车，而是移动的办公室，也有人把它叫大号的 iPhone 手机。

特斯拉汽车公司（Tesla Motors Inc.）成立于 2003 年 7 月 1 日，总部设在美国加州硅谷。特斯拉汽车公司以电气工程师和物理学家尼古拉·特斯拉的姓氏命名，是世界上第一家采用锂离子电池作为动力的电动车公司，其推出的首部电动车为 Roadster。2017 年 2 月 1 日，特斯拉汽车公司宣布将该公

司注册名称中含有"汽车"意义的"Motors"一词去掉，改为 Tesla Inc.。

特斯拉公司最初的创业团队主要来自硅谷，用 IT 理念，而不是以底特律为代表的传统汽车厂商的思路造汽车。因此，特斯拉公司造

图 3-15　特斯拉电动车

电动车，常常被看作是一个硅谷小子大战底特律巨头的故事。特斯拉 Model S 长续航版电动车单次充电续航里程最高可达 663 公里，它的动力来自由 7000 多颗电池组成的电池包，每个电池都由一个微处理机器控制，这套电池控制系统就是一套庞大的由超过 7000 台嵌入式计算机构成的独特的网络。假设每个电池控制器拥有 500 行软件代码，再加上所有车载软件，每辆特斯拉电动车就拥有了上千万行甚至上亿行软件代码。

为了让汽车巨头全面认可电动汽车，特斯拉公司先将一辆 Smart 改装成电动车，改装项目包括底盘、电池、电机和电控系统，这一举措得到了戴姆勒—奔驰公司的认可。不久后，特斯拉公司又与丰田公司签订合作协议，为丰田公司提供电池组以及电动发动机。2010 年 6 月，特斯拉公司登陆纳斯达克，成为目前唯一一家在美国上市的纯电动汽车独立制造商。当然，特斯拉公司挖来了苹果的零售副总裁乔治·布兰肯西普（George Blankenship）负责它的零售战略，并在该电动汽车公司出任汽车程序副总裁，帮助推动新车的开发，这让特斯拉汽车拥有了"苹果"基因。2015 年 12 月，著名管理咨询公司波士顿咨询公司（BCG）公布的《全球最具创新力企业报告》中，苹果、谷歌、特斯拉位列前三。

2018 年 7 月 10 日，特斯拉公司落户上海。2019 年 1 月 7 日，上海最大

的外资制造业项目——特斯拉超级工厂正式开工建设。特斯拉 Model S P85D 配备全驱系统，最高时速可达 155 英里/小时（约合 250 公里/小时），增设的雷达和摄像头可以识别行人和路标，实现自动泊车、高速公路自动驾驶，堵车时自动跟随等功能。

不可忽视的是，特斯拉公司的背后，站着众多超级投资人。其中包括谷歌创始人拉里·佩奇、谢尔盖·布林等人，还包括丰田公司、戴姆勒 – 奔驰公司等传统汽车巨头。松下公司是特斯拉公司的锂电池电芯供应商，而特斯拉汽车的部分设计也受了戴姆勒—奔驰的启发。

电池作为电动汽车最昂贵的元件，一般情况下在多家不同的工厂中生产。例如，A 工厂负责使用原材料制造电极，B 工厂负责组装电池颗粒，C 工厂负责组装电池模组。而特斯拉公司的"超级工厂"将涵盖所有这些制造环节。在特斯拉公司 2013 年致股东的邮件中提到："超级工厂"将帮助特斯拉公司实现电池模组成本的大幅下降，并加速电池创新的速度。通过与供应商合作，特斯拉公司计划在同一家工厂中整合原材料、电池颗粒和电池模组的生产。通过这样的举措，他们计划在 3 年内开发出有吸引力、价格可承受的电动汽车。

在特斯拉 Model S 的整个中控面板上，只有"双闪警示灯"和"手套箱"开关两个实体按键，其他所有操作都必须在 17 英寸的彩色触摸屏上完成。其实为保证驾驶安全，一些其他开关理论上也应该设置为实体按钮，比如电子手刹。特斯拉汽车可以通过按下挡位杆上的"P"（驻车）按钮来启动手刹，这时，系统会默认车已停好，车上人员准备下车，四个门把手会同时伸出。当然，Model S 在中控大屏幕上还是设计了专门的电子手刹按键，只是需要通过打开中控台，进入"控制"菜单中的"驻车和电源"选项一栏，才能看见该按键。

作为人车交互的核心部件，Model S 的 17 英寸显示屏并不支持在线观看视频。中控屏幕分为上下两部分,一部分为浏览器界面,另一部分可在媒体、能量、网络、摄像头、电话五个界面间切换,上下位置可对调。浏览器可接入淘宝、京东等网站进行网络购物,Model S 全车不配备传统的 CD/DVD 播放机,可使用蓝牙连接手机播放音乐,或者通过网络在线播放,但不能下载和存储。

当然,飞机上的计算机系统更为庞大和复杂,在 F-22、F-35 等现代飞机的驾驶舱,也就是我们常说的"玻璃座舱"中,大块液晶屏替代了过去数百个分离的仪表、开关和显示灯,以交互性良好的动态折叠菜单替代了成百上千个物理按键。每一架 F-35 战斗机都搭载使用高速网络连接的几十台超级计算机,内有数千万行软件代码,是典型的"飞行计算机"。在那些看得见或看不见的角落里,软件都在发挥着我们想象得到或者想象不到的作用。

综保软件应用和陕鼓案例

2011 年,美国 GE 中国公司上海张江管理学院培训教室,几十位企业高管学员在认真听课,陕西鼓风机(集团)有限公司(简称陕鼓)董事长印建安说道:"原先我们企业就是一个小小的民工,只能给国际大企业打工,生产小小的零件和配件。经过几十年的努力,我们现在从民工变成老板了,世界上很多大企业包括美国 GE 现在也是我们的供应商。"他的底气从何而来呢?我们先看看他们企业的介绍:陕鼓始建于 1968 年,1975 年建成投产,1996 年由陕西鼓风机厂改制为陕西鼓风机(集团)有限公司。如今,已发展成为产业多元化、国际化的智慧绿色能源企业。目前,陕鼓集团旗下有陕鼓动力上市公司和陕鼓青海能源、陕鼓浙江能源、陕鼓实业、陕鼓欧洲研发公司(德国)、陕鼓 EKOL 公司(捷克)、陕鼓印度公司、陕鼓卢森堡公司等多家全资或控股子公司及陕鼓能源动力与自动化工程研究院;在全国运营 9 个气体厂、5 个水处理厂、2 个分布式一体化模式发电厂、1 个全球首家能源互联岛全球运营中心及欧洲服务中心、印度服务中心、印尼工程代表处等多个海外机构。

2003年，陕西鼓风机（集团）有限公司规划建立的远程监控系统开了国内先河。实际上，随着我国的快速发展，我国制造业已居世界前列，逐步成为世界的制造中心，与此同时，产品维修服务的速度、质量越来越受到广大用户的重视。陕鼓多年来为冶金、石油、化工、制药及空分等行业提供了许多机组，经过多年发展，虽然陕鼓已经拥有了一支初具规模的机组维护队伍和比较完整的售后服务体系。但是，要进一步提高企业的服务能力，还需要及时了解机组运行的信息，达到跟踪服务的目的。

当时陕鼓面临的问题是：第一，不能全面地掌握机组运行的第一手数据，整个维修服务体系只是建立在"被动服务"的基础上；第二，机组发生故障，无法第一时间及时搜集到机组在故障发生前后的运行数据；第三，服务人员为用户进行现场大修和开车指导以及故障诊断和维护服务的过程中，不能够通过查询机组运行的历史数据分析诊断机组故障。

因此，如何把"被动服务"转变成"主动服务"；如何有计划地为用户准备备品备件，缩短用户大修时间；对本公司生产的机组和机组配套其他旋转设备，实现产品全生命周期实时、实事的跟踪服务，成为了公司的头等大事。

实际上，原先的机组是有监测系统的，其架构如图3-16：

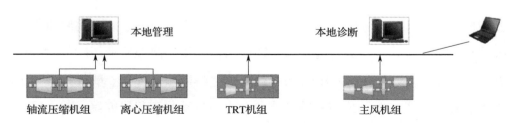

图3-16　陕鼓原机组监测基本架构

从图 3-16 中可以看到，原监测系统功能有限：第一，仅能实现单机或在厂内局域网范围浏览数据；第二，诊断专家往往在千里之外，不利于诊断专家及时掌握机组运行状况，不利于集团公司对下属企业设备的管理维护进行指导；第三，缺乏对诊断数据的有效提取，不利于机组早期故障的发现和诊断；第四，起停机数据采集密度不够或容量有限；第五，不能接入机组运行的相关工艺量数据（负荷、功率、压力、温度、流量等）或接入数量有限；第六，不能提供有效的工艺量与振动量（变负荷、变工况等）的相关分析功能等；第七，机组数据只分散保存在各地，无法实现数据的统一集中管理，无法满足集团公司对设备的管理维护要求，无法真正实现远程诊断。

面对这些客户急需解决的问题，陕鼓与相关大学及科研院所紧密合作，2003 年设计了在线（远程）机械性能及振动监测系统的架构（见图 3-17）。

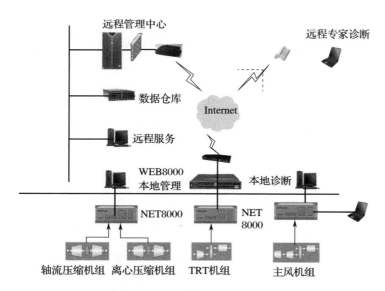

图 3-17　陕鼓在线（远程）机械性能及振动监测系统架构

图 3-18 是陕鼓网页的主界面。

图 3-18　陕鼓官网截图

系统建设完成后,从振动保护升级到了在线振动状态监测,可以实现 24 小时不间断在线监测机组运行状态。监测数据包括转速、振动波形、频谱、倍频的幅值和相位等故障特征数据。在监测机组实时数据的同时,还可以保留机组的趋势、历史以及起停机数据等,提供比较丰富的专业诊断图谱(频谱图、轴心轨迹、BODE 图等),为专业机组管理和诊断人员提供深入分析机组运行状态和诊断机组运行故障的依据。与 TSI 系统各司其职,不能相互代替,相当于给机组"看病"的"X 光片"。

新建系统与便携式振动分析仪表有以下区别:1)不间断的在线监测;2)方便机组管理和诊断人员随时观察机组运行状况;3)可以长时间、大容量地保存机组的历史诊断据;4)当机组发生故障后,可以方便地查询机组的故障变化趋势(节省变转速试验以及变负荷试验的时间和成本)。

由于无须在用户端安装任何软件,使得系统简单易运行,监测系统提供的所有图谱功能均可网页浏览,用户通过 IE 浏览器,就可以直接访问服务器的 IP 地址进入图谱分析功能界面,全面获取现场机组的运行状态。新系统对用户端的要求非常低,可灵活方便地进行现场安装,并且安装、接线方便可靠,能够适应现场各种复杂条件。由于使用了标准工业化产品、免维护的

第三章
智能制造溯源之路

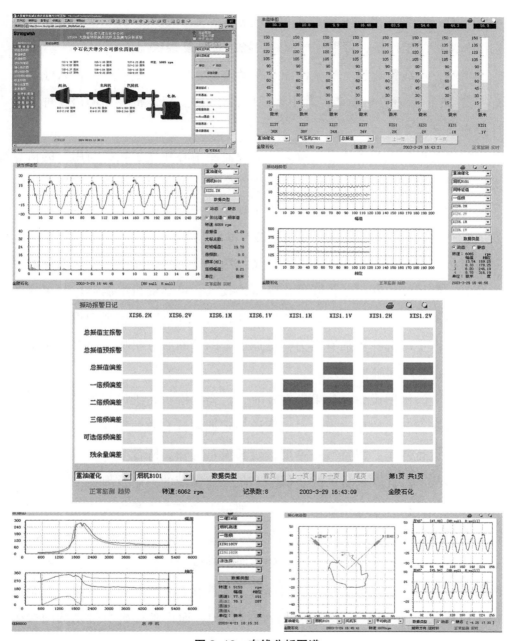

图 3-19 在线分析图谱

117

All-in-One 结构、多种安装方式和接线方式，系统最大限度地减少了安装、接线和维护的工作量，可很好地应对现场的各种复杂状况。

当然，在线（远程）机械性能及振动监测系统软件必不可少，软件系统有三类 25 种图谱分析功能：其中常规图谱 13 种、启停机专用图谱 5 种、统计报表及日记 7 种。

陕鼓实现远程监测的意义重大：远程监测中心建立了陕鼓与用户的信息交流平台，对出厂机组运行状态实现实时监控，可及时全面地了解出厂机组的使用运行状况，提升售后服务能力（现场维护指导、备品备件供应等），发展服务经济，为用户提供更加优质的产品和服务。

当然，这对用户也有着重大的意义：用户可享受诊断服务专家提供的更加及时、有效的诊断服务，降低诊断维护投入；可享受机组制造厂商提供的更加优质的产品和售后服务；可与同行加强沟通和交流，实现知识和经验的共享；可以主动选择更加有实力、更加适合的诊断服务机构，最终直接提升自身的设备管理和维护能力。

再先进的机器设备，如果没有及时、恰当的维护、维修与保养，也会经常出毛病甚至无法使用。通过对机器设备定期实施有效的维修与保养，可以提高设备运行效率，保持设备精度，延长设备寿命，降低生产成本，避免发生设备事故。因此，设备的综合保障，是工业领域的一个重要命题。关于设备综合保障，擅长智能维护的美国辛辛那提大学李杰教授在《工业大数据》一书中写道："制造企业设备故障的突然发生，不仅会增加企业的维护成本，而且会严重影响企业的生产效率，使企业蒙受巨大损失。据调查，设备 60% 的维护费用是由突然的故障停机引起的，即使在技术极为发达的美国，企业每年也要支付 2000 亿美金来对设备进行维护，而设备停机所带来的间接生产损失则更为巨大。"对于飞机的综合保障来说，最大的费用和时间成本就是按部就班的各种检查，起飞前要检查，降落后要检查，50小时有定期检查，100小时有定期检查，200小时有定期检查，500小时有定期检查，1000小时有定期检查，还有各种出其不意的突发故障，让维修人员疲于奔命，维修成本居高不下。美军每年花费13亿美元购买发动机，但每年用于发动机维修的费用却高达35亿美元。

F-35战斗机则开发了故障预测和健康管理系统，通过传感器全面监测飞机机体、发动机、机载设备、机电系统等，汇总诸如发动机吸入屑末、滑油状况、发动机应力、轴承健康状况、静电式滑油屑末等信息，进行分析、综合、推理。飞机管理单元通过将所有系统的故障信息相互关联，确认并隔离故障，最终形成维修建议和供飞机维修人员使用的信息，大大降低了维修费用和人工耗费。这种自带诊断装备、随时预测故障、保障飞机健康的系统，称为故障健康管理（Prognostics Health Management，PHM），与之相配的是PHM软件。

在企业中，常见的设备维护方式可分为三种：事后维护、预防性维护与预测性维护。事后维护（也称被动维护）是企业中最常见的维护方式，是在故障出现后用最短的时间快速完成设备的维护，最大程度减少停机时间。

预防性维护是指为避免突发和渐进性故障及延长设备寿命，按照经验、相关数据或设备用户手册等传统手段对设备定期或以一定工作量（如生产产品件数）为依据进行检查、测试和更换，可在一定程度上避免潜在故障和停机等风险。

预测性维护是在设备运行时，对设备关键部位进行实时的状态监测，基于历史数据预测设备发展趋势，并制订相应的维护计划，包括推荐的维护时间、内容、方式等。预测性维护集设备状态监测、故障诊断、故障（状态）预测、维护决策和维护活动于一体，是近年来新兴的一种维护方式。由于设备关键参数可以一直被监测并能得到及时的维护与保证，预测性维护还能在产品质量、设备寿命、人机安全等方面发挥重要的价值。

在事后维护、预防性维护、预测性维护三种维护方式中，预测性维护可基于设备自身健康状况，在恰当的时机，比如生产任务不饱满时，进行相关维护，既保证了设备的正常维护，又将对生产的影响降到最低，维护成本最低，同时还能保证设备一直处于最佳工作状态。随着数字化设备以及传感器、数据采集、网络传输、大数据分析等技术的发展，从传统架构的 MRO、PHM、MES 软件，到基于云架构的工业互联网平台和数字孪生，设备管理和预测式维护从未缺位，一直在快速发展。软件已经成为设备管理和预测式维护的必备基础设施。

黑客、软件漏洞与安全

2014 年 7 月 15 日，360 公司称，特斯拉 Model S 车载应用程序流程存在设计缺陷，利用漏洞可远程控制车辆，实现开锁、鸣笛、闪灯、开启天窗等操作，并能够在车辆行驶过程中开启天窗。此前有国外媒体报道，有黑客利用特斯拉的 6 位数密码实现了对汽车的远程操控，但对智能汽车发起攻击的技术门槛仍然很高。对此特斯拉公司回应称，对于报告的任何合法漏洞会展开调查，并将采取快速行动进行应对和修复。同时特斯拉公司宣布，如果安全专家能够发现电动车的漏洞，将重奖一万美元。负责特斯拉汽车安全漏洞的高管表示，特斯拉公司至少已经修补了外界发现的一个汽车安全漏洞。2014 年 8 月，美国黑客大会 DEFCON 在拉斯维加斯召开，特斯拉公司的代表也来到大会现场，招募优秀的黑客人才加盟公司，同时对外发布奖励政策，邀请黑客高手发现特斯拉电动车的安全漏洞。特斯拉公司计划招募 20 到 30 名优秀黑客（即信息安全技术专家）加盟，专门解决特斯拉电动车的信息安全问题。

2019 年 3 月 10 日，埃塞俄比亚航空公司一架机龄仅 4 个月的波音 737Max 飞机发生坠机空难，这是继 2018 年 10 月 29 日印尼狮航坠毁的机龄仅 2 个月的波音 737Max 后，波音同款飞机的第二起事故，两起事故共导致 346 名乘客丧生。两起事故的特点都是刚起飞仅几分钟就发生了坠机。从埃塞俄比亚交通部公布的初步调查结果来看，该型飞机的机动特性增强系统（也称飞机的自动防失速系统，MCAS）是事故的直接原因。飞行员遵守了波音公司的所有操作规范，但依然失去了对飞机的控制。

通过对波音 737Max 的 LEAP 发动机与上一代波音 737NG 的 CFM-56 发动机的安装位置进行对比，可以明显看出 LEAP 发动机不但更靠近机翼前上方，而且发动机舱也更大。其实为了保证发动机舱下缘与地面有 17 英寸（约 43 厘米）的距离，波音公司已经要求 LEAP 发动机的制造商（CFM）以燃油效率为代价缩小发动机直径，所以波音特供的 LEAP-1B 比 A320 和 C919 所用的版本都要小一圈。波音 737Max 的新 LEAP 发动机前移之后，来自发动机舱外环下缘的气动升力就会产生上扬力矩。LEAP 的外环粗大、进气量高，都使得力矩更强。更糟糕的是这个力矩随迎角增加会非线性地快速增大，所以一旦它开始让飞机上扬，就会导致失控性的不稳定（Runaway Instability）。换句话说，波音 737Max 在俯仰轴向（Pitch）没有完全的静稳定性（Static Stability）。

静不稳定性是现代高性能战斗机的特性之一，它使得飞机极为灵活，但是因为飞机在极短时间内就可能失控，驾驶员无论如何不可能用手控来维持安全飞行，所以静不稳定性设计的前提是电传飞控，也就是计算机全自动控制，在不稳定发生的几毫秒内就自行主动修正。然而波音 737Max 不像空客 A320，并没有电传飞控，仍然使用的是机械液压控制系统。

那么，MCAS 所需要解决的就不仅仅是一个抬头的问题了，而是这个阶段的静不稳定性飞行状态。这个阶段虽然时间非常短，但确实是非常危险的（已导致了两起致命的坠机事故）。这一问题如果没有数字电传是无法解决的，这就从根本上否定了 MCAS 改进的基础：通过导入迎角传感器数据对比来提醒飞行员，并给飞行员手动操作设置超越 MCAS 的权限。但如果飞行员手动操作不足以确保改出抬头或者操作过程中存在其他不可控因素，这就对飞行员的能力就提出了非常高的要求，并且仍然留有后患。

此前一直不明确承担责任的波音公司 CEO 米伦伯格在 2019 年 4 月承认："很明显，波音 737Max8 的自动防失速系统为了回应错误的迎角信息而被激活，并同驾驶员争夺飞机的控制权，导致飞机最终失控，发生了两起致命空难。"波音公司对空难表示"道歉"。并称软件升级工作已接近尾声，预计将在未来几周内获得认证，并将在全球的波音 737Max 机型上安装。波音公司近期又承认波音 737Max 飞机的软件系统还存在一个"相对较小"，但对飞行安全会产生重要影响的问题，该问题会影响到飞机襟翼和其他保持飞行稳定的硬件，美国联邦航空管理局已将该问题对飞行安全的影响列为"紧急"项，并责令波音修复。

2021 年 2 月 24 日，美国交通部的一份报告指出，美国联邦航空局未能完全理解与两起空难相关的波音公司安全系统问题，在波音 737Max 客机的安全认证上存在"管理和监督不足"。报告指出，解决相关问题需要做大量工作，并就此给出了 14 点建议。这是美国交通部关于波音 737Max 安全认证的第二份报告。在 2020 年发布的首份报告中，美国交通部指出波音公司提交的文件未提供飞机控制系统的关键设计变化，以至于美国联邦航空管理局审批时未把重点放在降低该控制系统的相关风险上。

从波音 737Max 的空难来看，软件的智能都来源于人的知识积累，当人类对一个复杂事物没有完整理解或对关联关系不太清楚的时候,也就是对复杂事物没有形成完整的知识体系时,软件智能就是不完备的。因此软件智能的发展是一条漫长的征途,随着我们人类对客观世界一步步地深入了解,形成完整的认识,才能建立起完整的知识图谱,避免无谓的牺牲。

病毒或恶意程序,也是一种"软件定义"的具体实现,病毒或恶意程序的设计目的,就是对正常软件系统中的文件系统、数据系统,甚至对计算机管理与控制的物理系统进行干扰和破坏。值得注意的是,早期的病毒只破坏一台计算机中的数据,但在万物互联的大背景下,在工业互联网时代,病毒会通过"绑架软件"直接影响甚至破坏工业设备中的物理系统(例如关闭燃气水电系统,让所有路口都是绿灯/红灯、让铁水不浇铸而冷凝在炉内)或者利用软件和物理设备自身的缺点导致物理设备失效(让设备超过额定转速运转、让盛满钢水的钢包跌落、让工业锅炉数倍超压、让机械手猛击产品而自毁等)。因此,对软件可能引发的工业信息和设备安全问题必须保持足够警惕,制定有效的防范措施。

第四节　复杂产品的解耦与重构

产业分类

我们通常说的三大产业依据的是联合国使用的分类方法:第一产业包括农业、林业、牧业和渔业;第二产业包括制造业、采掘业、建筑业和公共工程、水电油气、医药制造;第三产业包括商业、金融、交通运输、通信、教育、服务业及其他非物质生产部门。

第二次世界大战后,随着社会经济和科学的进步,国民经济各部门的产值和就业人员的比例不断发生变化。其变化趋势是：起初是第一产业的比重不断下降，第二产业的比重不断上升，第三产业的比重也不断上升；随后包括第一、第二产业的物质生产部门的比重都不同程度地下降，第三产业的比重持续上升。这种变化趋势在发达国家尤为突出。

到目前为止，发达国家第三产业的产值和就业人口的比重一般都在50%以上，成为规模最大、增长最快的产业。而在发展中国家，除新型工业化国家和地区外，总的说来其产业结构层次都相对落后，转变的进程也不快。但从变化趋势来看，发达国家同发展中国家基本上是一致的。

联合国的工业体系分类包括39个大类，191个中类，525个小类，唯一拥有全部联合国工业体系分类的国家就是中国！

表3-3 联合国工业体系39个大类

序号	类别	序号	类别	序号	类别
1	煤炭开采和洗选业	10	烟草制品业	19	石油加工、炼焦及核燃料加工业
2	石油和天然气开采业	11	纺织业	20	化学原料及化学制品制造业
3	黑色金属矿采选业	12	纺织服装、鞋、帽制造业	21	医药制造业
4	有色金属矿采选业	13	皮革、毛皮、羽毛（绒）及其制品业	22	化学纤维制造业
5	非金属矿采选业	14	木材加工及木、竹、藤、棕、草制品业	23	橡胶制品业
6	其他采矿业	15	家具制造业	24	塑料制品业
7	农副食品加工业	16	造纸及纸制品业	25	非金属矿物制品业
8	食品制造业	17	印刷业和记录媒介的复制	26	黑色金属冶炼及压延加工业
9	饮料制造业	18	文教体育用品制造业	27	有色金属冶炼及压延加工业

(续)

序号	类别	序号	类别	序号	类别
28	金属制品业	32	电气机械及器材制造业	36	废弃资源和废旧材料回收加工业
29	通用设备制造业	33	通信设备、计算机及其他电子设备制造业	37	电力、热力的生产和供应业
30	专用设备制造业	34	仪器仪表及文化、办公用机械制造业	38	燃气生产和供应业
31	交通运输设备制造业	35	工艺品及其他制造业	39	水的生产和供应业

工业包含制造业，关于制造业也有几种不同的分类方法，其中第一种分类方法是按照制成品分为高端产品制造业、中端产品制造业、低端产品制造业。表 3-4 是一个简单的分类情况。

表 3-4 制造业按产品分级分类

高端产品制造业	高知识含量、高研发投入、可以容忍的劳动密集度				
	计算机及网络软、硬件	航空航天	生物制药	仪器仪表	国防军工
中端产品制造业	一般的知识含量、一般的劳动密集度、产品与市场有紧密的联系				
	机械设备	石油、化工	冶炼、建材	汽车	家具、食品	精钢铁
低端产品制造业	低知识含量、高劳动密集度产品、生产地可以远离市场				
	粗钢铁	家用电器	纺织、服装	鞋帽	玩具	

第二种分类方法是按照系统复杂度来分，典型的复杂系统包括：航空航天系统等工程系统，经济规划等复杂社会系统，人、动物、植物等复杂生命系统，气候、电磁等复杂环境系统，C4ISR、攻防体系等复杂军事系统，物联网等复杂网络系统等。复杂系统的研究与实施对促进国民社会经济发展、巩固加强国防建设、提高人民生活质量有着十分重大的意义。我们这里研究的对象是复杂产品系统。

什么是复杂产品

complex 词义为"复杂的",该词拥有形容词、名词两种词性。complexity 则是严格意义上的名词。二者虽词义相同,但词性不同。经常会引起我们混淆的词是 complicated。complicated 也是形容词,翻译过来同样是"复杂的"。但 complicated 强调难,元素数量不确定。complex 强调元素数量多,不强调难。complex 暗示为"繁杂的",complicated 暗示为"艰难的"。

举个例子:细胞。人体这个复杂巨系统是可分的,但经过分解、分解、再分解,分解到细胞之后,我们就要思考了。细胞是人体/生物体这个复杂系统最基本、最简单的组成元素。但细胞本身又是个复杂系统,我们对细胞内部是怎么运作的并不十分清楚。对细胞的分解是个问题,因为需要考虑到是否可分、怎么分,以及目前观测到的情况是否具有普适性。如果这些问题还不确定。那么就应先认为细胞是不可分的。

复杂产品系统(Complex Product Systems,简称 COPS)有多种解读,第一种是指研发成本高、规模大、多专业学术领域、技术复杂、科技含量高、单件或小批量定制化、集成度高的大型产品、系统或基础设施;第二种是指一类"系统组成关系复杂,系统机理复杂,系统的子系统间以及系统与其环境之间交互关系复杂和能量交换复杂,总体行为具有涌现、非线性,以及自组织、混沌、博弈等特点的系统"。

兴起于20世纪80年代的复杂性科学(Complexity Sciences)是系统科学发展的新阶段,也是当代科学发展的前沿领域之一。复杂性科学的发展,不仅引发了自然科学界的变革,也日益渗透到哲学等人文社会科学领域。英国著名物理学家霍金称"21世纪将是复杂性科学的世纪"。复杂性科学为什么会赢得如此盛誉,并带给科学研究如此巨大的变革呢?主要是因为复杂性科学在研究方法论上的突破和创新。在某种意义上,甚至可以说复杂性科学带来的首先是一场方法论或者思维方式的变革。尽管国内外学者已经认识到研究复杂性科学的重要意义，然而要想找出一个能够符合各方研究旨趣的复杂性科学的概念还有困难。虽然当代人们对复杂性科学的认识不尽相同，但是可以肯定的是"复杂性科学的理论和方法将为人类的发展提供一种新思路、新方法和新途径，具有很好的应用前景"。尽管复杂性科学流派纷呈、观点多样，但是复杂性科学却具有一些共同的特点可循：1）它只能通过研究方法来界定，其度量标尺和框架是非还原的研究方法论；2）它不是一门具体的学科，而是各分散在许多学科中，而且各学科是互相关联的；3）它力图打破传统学科之间互不来往的界限，寻找各学科之间的相互联系、相互合作的统一机制；4）它力图打破从牛顿力学以来一直统治和主宰世界的线性理论，抛弃还原论适用于所用学科的梦想；5）它要创立新的理论框架体系或范式，应用新的思维模式来理解自然界带给我们的问题。

复杂产品的解耦

复杂产品的研制往往既包含数学、物理、化学等多学科的交融，也面临着多专业、多领域的耦合，如机、电、光、磁、声、流体、热、核、软等（见图3-20）。以核电站的核反应堆为例，它就是一个巨型复杂产品，包含了以上所有学科。而航空航天产品，除了以上专业和领域，还包括了地球物理、大气气象、导航、天文、地理、海洋科学等众多学科。

学科分类往往挂一漏万，只能对主要领域进行分析。对制造业而言，所有专业领域中最重要的基础就是机械结构，第一次工业革命解决的主要是机械结构的问题，第二次工业革命主要基于电气（强电）、内燃机和生产线的组织的发展，第三次工业革命则是电子（弱电）、光学、核能、计算机等多学科的发展促成的，也奠定了第四次工业革命的基础。尤其是计算机和软件工程的出现，为人类走向智能时代开辟了全新的路径。

智能制造的本质

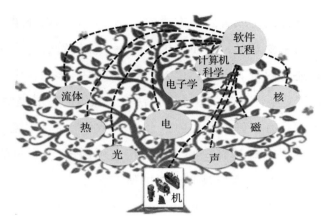

图 3-20 学科分类

如果我们按照产品复杂度等级分类：最底层的是材料，材料非常重要，材料可以分为金属材料和非金属材料。拿金属材料来讲，自然界中人类提取量最大的是铁，铁可以用来生产零件；非金属材料在自然界中储量最多的包括氮、碳、硅等。没有好的材料也就没有好的机械结构和电子元器件。为便于理解，我们不考虑专业和领域，仅仅从复杂产品的复杂度考虑，将其简化为下面的七层架构图（见图 3-21），我们首先从底层向上，逐级解析。

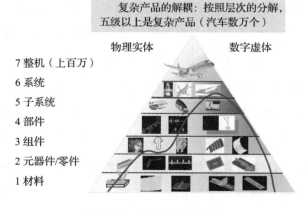

图 3-21 复杂产品的分层

第三章
智能制造溯源之路

面对复杂的产品分层，我们首先看最底层——材料层，当然这里并不是说材料简单。材料一点都不简单，我们要制备材料，首先要分类，材料可分为金属和非金属材料，种类非常多，以钢铁为例，中国最大的钢铁企业之一是宝钢，刚刚建厂时，只能生产两千多种材料，到现在已经可以生产近四万种钢铁材料了。材料，尤其是特种材料的核心技术主要还掌控在欧美国家手中。我们要研制生产电子产品，单晶硅的制备必不可少，仅仅单晶硅的制备设备就非常复杂。所以说材料并不简单。

有了最底层的材料，我们来看第二层。把材料加工成集成电路芯片、电子元器件、机械结构零件和标准件，这是一个巨大的产业。然而，即便有了材料也不一定能够生产出好的零件和元器件，比如我国近几年每年进口集成电路总值就超过 3000 亿美元，就是因为我们生产不了高端集成电路。我国需要大量进口的还有机器人的四大核心技术，而这些集成电路和精密机加件的加工生产，仍然由欧美主导。

依次向上类推，包括零件、集成电路和元器件组装成的组件，再继续向上形成部件、子系统、系统到整机，就构成了产品层次的七层架构。

对不同的企业来说：材料是产品，零件和元器件是产品，组件、部件、子系统、系统、整机也是产品。但是产品可以分为简单产品和复杂产品，根据图 3-20，包含其中五级或五级以上的可以称为复杂产品（这里只讲产品复杂度等级，不考虑技术复杂度）。汽车这类产品就包含了图中的五个层次，现在的高档内燃机小汽车，机加件上千个，钣金件大概五千个左右，全车的零件和元器件大概几万个，车载系统软件中含有上千万行源代码，汽车的零配件配套厂家可以轻松达到上百家。汽车厂有四大生产工艺，一是钣金冲压，二是焊接，三是喷涂，四是总装。汽车的复杂性不仅包含了它本身的设计制造，还延伸到了中国甚至世界的整个公路交通系统中去，高速公路、国道、省级

智能制造的本质

公路、乡镇公路，以及配套的城市交通管理系统、红绿灯系统、传统车辆的加油站、新能源车的充电站、大货车货场、公交车站，以及相应的汽车销售、服务、维修等，形成了巨大的和汽车制造业相关的服务业。

比汽车复杂的产品，还有处于六级的工程机械、高铁、各类大型桥梁、金属结构的大型建筑，不仅是产品研制本身复杂，还涉及相关的复杂产业链和供应链，以及延伸的服务体系；最顶层的七级是最复杂的产品研制验证系统，包括航空、航天、航海、核电站，涉及多学科、多领域、多专业的复杂技术构成的巨型复杂产品。

我们将图 3-21 分左右两部分进行分析，左边以传统的验证方式，用实物产品通过试错法一步步试出最终产品；右边是数字化的模型，或者称数字产品，最底层是材料的建模和仿真，层层递进，一直到最顶层整机的建模和仿真，其中需要大量的工业软件。美国仅石油行业就有多达四千款工业软件，我们从中整理出三百种录入《铸魂：软件定义制造》一书中。波音公司 1991 年研制波音 777 的时候使用了八百种工业软件，到 2005 年研制波音 787 飞机时使用的专业工业软件已有八千种，现在波音公司拥有超过一万两千种软件。今后的智能制造，工业软件就是魂。我国的发明创造不少，但是知识积累不足，因此我国智能制造"缺芯、少魂、贫血"。什么是"贫血"呢？就是知识积累不足。过去很多年，我国的发明创造不少，科研成果不少，但是我们开玩笑地说："过去的技术成果鉴定会就是追悼会，鉴定意见就是悼词"。太多的钱打了水漂，难道我们不心疼吗？必须杜绝！对于这一点，广东省的务实作风和壮士断腕的精神非常值得我们学习。2020 年 5 月，广东省对 312 家"广东省院士专家（企业）工作站"进行摸底甄别和规范管理，通过建站单位提供材料、院士提交承诺函、对照相关文件进行甄别筛查等程序，省科协将 312 个院士工作站一刀砍掉 278 个。

数字化建模和仿真技术为复杂产品研制验证提供了新的方法和手段

1997年9月，钱学森已经预见到了虚拟科学与工程（Virtual Science and Engineering）在未来的重要性，他在致清华大学工程力学系建系40周年的贺信中写道："随着力学计算能力的提高，用力学理论解决设计问题成为主要途径，而试验手段成为次要的了。由此展望21世纪，力学加电子计算机将成为工程设计的主要手段，就连工程型号研制也只用计算机加形象显示。都是虚的，不是实的，所以称为'虚拟型号研制'（Virtual Prototyping）。最后就是实物生产了。"

2005年6月，美国总统信息技术顾问委员会在给总统的一份建议报告中指出，由算法与建模仿真软件、计算机与信息科学以及计算基础设施等三大元素构成的计算科学，已经逐步成为继理论研究和实验研究之后认识、改造客观世界的第三种重要手段。

建模与仿真技术是以相似理论、模型理论、系统技术、信息技术以及建模与仿真应用领域的有关专业技术为基础，以计算机系统、与应用相关的物理效应设备及仿真器为工具，根据系统仿真的目标，建立并利用模型对系统（已有的或设想的）进行研究、分析、试验、运行和评估（系统全生命周期活动）的一门综合性、交叉性技术。建模与仿真技术正向"网络化、虚拟化、智能化、协同化、普适化、服务化"的现代化方向发展。

实际上，复杂系统高效能仿真技术被定义为融合高效能计算技术和现代建模与仿真技术，以优化复杂系统建模、仿真运行及结果分析等整体性能为目标的一类建模仿真技术。高效能仿真本质上是基于模型的科学活动，包括建立研究对象的仿真模型、构造与运行仿真系统、分析与评估仿真结果。高效能仿真技术是研究上述三类基本活动共性知识的一门综合性技术。其发展需要高效能建模仿真系统的体系结构、硬件、软件、算法和应用的综合推动。

复杂系统高效能仿真技术是国民经济、国防建设、自然科学、社会科学等各个领域的系统论证、试验、设计、分析、运行、维护、人员训练等应用层次不可或缺的重要科学技术，也是现代科学研究中求解高度复杂问题的重要科学技术，同时也是我国走"科技含量高、经济效益好、资源消耗低、环境污染少、人力资源优势得到充分发挥的新型工业化道路"的通用性、战略性科学技术。复杂系统高效能仿真技术正在逐步成为与理论研究、实验研究并列的研究复杂系统的重要手段。

复杂系统高效能仿真的出现主要源于两类用户需求：一类是复杂系统高端建模仿真需求；另一类则是建立高效能云仿真中心，为海量用户按需提供"云仿真服务"的需求。云仿真是一种基于云计算理念的新型网络化建模与仿真模式，是通过网络、云仿真平台，按需组织网上仿真资源与能力（仿真云），为用户提供各类仿真服务的一种新的仿真模式。

复杂系统高效能仿真系统及仿真模型技术主要包括模型的校核、验证与验收（VV&A），其中校核（Verification）表示确定仿真系统是否正确表达了开发者的理念；验证（Validation）表示确定仿真系统代表真实系统的准确程度；确认（Accreditation）则代表用户对仿真系统资格的认可。VV&A 贯穿于建模与仿真的全生命周期，包括全生命周期 VV&A、全系统 VV&A、层次化 VV&A、全员 VV&A 以及管理全方位 VV&A。

第五节　企业流程与持续优化

流程管理（Process Management）是一种以规范化构建端到端的卓越业务流程为中心，以持续提高组织业务绩效为目的的系统化方法。常见的商业管理教育体系如 EMBA、MBA 等均对"流程管理"有所介绍，有时也称之为 BPM（业务流程管理）。它是一个操作性的定位描述，指流程分析、流程定义与重定义、资源分配、时间安排、流程质量与效率测评、流程优化等。因为流程管理是为满足客户需求而设计的，因而这种流程会随着内外环境的变化而被不断优化。

流程管理的核心是流程，流程是任何企业运作的基础，企业所有的业务都需要通过流程来驱动，就像人体的血脉，把相关的信息数据依据特定的条件从一个人员（部门）传递到另一个人员（部门），得到相应的结果以后再返回到相关的人员（或部门）。一个企业中不同的部门，不同的客户，不同的人员以及不同的供应商都靠流程进行协同运作，流程在流转过程中可能会携带相应的数据（文档/产品/财务数据/项目/任务/人员/客户等信息），如果流转不畅，一定会导致这个企业运作不畅。

人类的分工和企业流程

"三次社会大分工"的说法由恩格斯在《家庭、私有制和国家的起源》一书中第一次提出，指发生在原始社会末期的三次重大的社会变革。第一次社会大分工是指原始社会末期农业部落和游牧部落从狩猎采集群落中的分离；第二次社会大分工是指手工业和农业的分离；第三次社会大分工是指原始社会晚期商人阶层的产生。

第一次社会大分工发生在野蛮时代的中级阶段，人类在早期征服自然的过程中，有些部落学会了驯养动物以取得乳、肉等生活资料。随着畜群的规模不断扩大，这些部落逐渐开始以从事畜牧业为主，从其余的野蛮人群中分离出来，形成游牧部落。游牧部落生产的生活资料不同于其他部落，而且数量较多，从而促进了交换的发展，使经常性的交换成为可能。放牧一群牲畜，只需要少数人,于是,个体劳动代替了共同劳动,相应地出现了私有制,家庭结构也随之发生了变化。男子从事的畜牧业成为了部落谋生的主要手段,男子在家庭中也因此取得了统治地位。后来,农业和手工业也有所发展,谷物成为人类的食物。再后来,人们开始掌握矿石冶炼和金属加工技术,出现了织布机和青铜器。所有部门生产能力的提高,使人的劳动力能够生产出超过劳动力消费所需的产品。于是战俘不再被杀掉,而是成为奴隶,被吸收为劳动力。第一次社会大分工的结果产生了第一次社会大分裂,社会分裂为两个阶级:主人和奴隶,分别代表剥削者和被剥削者。

第二次社会大分工发生在野蛮时代的高级阶段。铁制工具的使用和生产技术的进步,促进了农业的发展和劳动生产率的提高,也使手工业向多样化发展。如此多样化的活动已经无法再由一个人来进行了,于是第二次社会大分工就在这样的背景下发生了,手工业逐渐从农业中分离出来。第二次社会大分工之后,出现了直接以交换为目的的商品的生产。交换的发展,使贵金属成为占优势的货币商品。在社会上一旦出现了货币财富,它便成为人们追求的对象和重要的生活目的,一些人会想方设法积累财富。在剩余产品逐渐增多的情况下,人的劳动力的价值也不断提高。奴隶制成为主导性的社会制度。

第三次社会大分工发生在文明时代的初始。由于商品交换的发展,出现了不从事生产,只从事交换的商人阶级。他们作为联系生产者的中间人,逐渐主导生产活动。交换的需要让金属货币进一步普及。货币借贷、利息和高利贷也相继出现。土地私有权被牢固地确立起来,土地完全成为私人财产,它可以世袭、抵押以至出卖。现在除了自由人和奴隶的差别以外,又出现了富人和穷人的差别。这是随着新分工产生的新的阶级划分的。财富更加集中,奴隶人数增多,奴隶的强制性劳动成为整个社会的经济基础。由于有了阶级

第三章
智能制造溯源之路

对立，于是产生了国家。

恩格斯对于三次社会大分工的论述，是与他把人类社会划分为蒙昧时代、野蛮时代、文明时代的论述相结合的。三次社会大分工发生于野蛮时代的中后期，经过这三次大分工，人类进入文明时代。

工业革命造成了第四次社会大分工，最终导致产业在不同国家的集聚，从而产生了我们通常意义上的宏观经济结构问题。早期的经济理论很少关注经济结构问题。在亚当·斯密时代，发挥自然资源优势是产业发展的主流理念，像意大利、西班牙、葡萄牙、荷兰相继发起的远洋航行，英国在工业革命时期发展煤、羊毛织品，都与当地的地理资源条件密不可分。加之当时资本主义市场正在形成中，生产表现出一种无限扩张的趋势，几乎所有的工业品都赚钱，经济结构问题当然也不会受到关注。与这种形势相适应的新技术倍受瞩目，发明家成为社会"贵族"，是生产的决定力量。谁拥有了新技术，并在生产中广泛推广，谁就拥有了在世界经济与政治中的话语权。工业革命后德国在欧洲的崛起，电气革命后美国的后来者居上，无不是技术精神的反映。这种局面一直持续到20世纪六七十年代的第三次工业革命时期。

21世纪初发生了人类历史上的又一次社会大分工，我们把它称为第五次大分工。第五次大分工的显著标志是分离出来许多新产业，而不是单个产业。第五次大分工的突出特点是继人类历史上脑力劳动与体力劳动的分工后，再次出现了脑力劳动的大分工，这次分工的核心是人类知识不断转移到计算机上，以软件的形式出现。于是，哪些工作由人脑来完成，哪些工作由计算机来完成，未来仍会长期动态演变。这次大分工最终会产生什么样的结果，我们到现在仍然无法预判。

每一次大分工带来的都是流程的重大变化，前三次大分工带来的变化都是人和人之间分工的变化。我国古语中"道、法、术、器"中的器，指的是

智能制造的本质

简单工具或武器。即便是在我国古代，组织体也有着千变万化的管理流程。第四次大分工就是近代资本主义的工业分工，导致了人和人、人和机器、机器和机器的分工，这个时候的机器指工业母机。2013年4月，德国汉诺威博览会上宣布的德国工业4.0标志着第四次工业革命的开始，也意味着智能制造在全球全面启动。为什么我们说第四次工业革命开启了第五次大分工？因为分工要素变了。如果以前研究的是人和人、人和机器的分工，现在就需要加上人工智能要素了。这就是作者在《三体智能革命》一书中所提到的三体：第一是意识人体，第二是物理实体，第三是数字虚体。如图3-22所示。

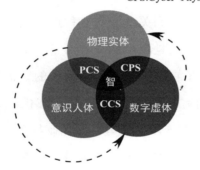

图3-22　三体智能革命的演化路径

现在要研究的分工包含了人脑、机器以及计算机。宇宙由物质、能量和信息构成，物理实体进化出了植物和动物，其中动物的最高形态是拥有智能的意识人体，也就是人类。人类发明了计算机，开发了软件，软硬件的结合就形成了新的一体，即数字虚体。数字虚体反过来作用于物理实体和意识人体，就实现了整体能力的提升。对工业系统来说，数字虚体有两个作用：第一，作为一种嵌入式系统，嵌入各类产品中，使这些产品能够变得比较"聪明"，比如智能手机；第二，形成各种各样的工业应用软件，如CAD/CAE/CAPP/

CAM/PDM/ERP/CRM 等，可以让我们的产品研发过程数字化，进而在复杂产品研制过程中降低成本、缩短周期、提高产品质量。

人类成熟的知识、技术和经验转化为软件，软件在计算机上运行的结果就是产生模型和数字虚体。这个转化是长期的，随着模型和数字虚体的持续增加，计算机可以从事的工作越来越多，这就是人类走向智能的过程。在这样的情况下，人脑和"电脑"的分工就是一个长期动态演进、调整和分工的过程，计算机分走的脑力劳动越多，人类大脑就可以腾出更多时间从事创造性的工作。

企业流程原理

现在我们来看企业流程原理：

如图 3-23 所示，一个复杂组织体（比如企业）的流程由五大要素构成：第一，组织体的输入；第二，外部约束条件；第三，可以调动的内部资源；第四，组织体的输出；第五，输出所具备的价值，这一点也是最重要的一点，输出没有价值就说明整个组织体的运行是无效的。以下以某集团公司为例分四级解读流程的价值和重要性。

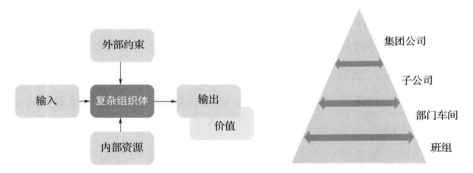

图 3-23　企业流程原理和构成的五大要素　　图 3-24　以集团公司为例的复杂组织体

集团公司（见图 3-24）是复杂组织体的最顶层，接受的外部输入信息包括国内外客户的需求、市场调研的情况、国家产业发展方向的需求，新技术、新领域、新市场的分析；在经过论证、分析、落实，形成决策后，就需要在国家宏观层面遵守国际国内的各项法律法规、金融以及监管政策、财务制度、各类税收条例等；调动内部的人力、物力、财力等各项资源，把输入转化为有价值的输出，这个输出对象是集团公司外部。当然，当内部人力资源不足时，可以定向招人；物力资源如设备、原材料等不足时，可以快速定向采购；财力资源不足时，可以贷款、借款等；对新技术、新领域发展需要的国家相关的产业政策，也可以申请国家给予相应调整和支持。

子公司是次一层，逻辑上是一样的：接受的外部输入信息包括集团公司的指令性计划、本领域的客户需求、市场调研的情况，新技术、新领域、新市场的分析；经过论证、分析、落实，形成决策后，遵守国家的各项法律法规、金融以及监管政策、财务制度、各类税收条例等，此外也要遵守集团公司的各类管理制度和标准规范；调动子公司自己内部的人力、物力、财力等各项资源，把输入转化为有价值的输出，这个输出对象可以是集团公司外部，也可以是集团公司内部。当资源不足时，可以请求集团公司各方面的支持。

子公司下面的各个部门和车间，一般情况下，因为没有独立的人事和财务权，接受的外部输入是子公司的指令和相关部门的反馈；约束条件是国家、集团公司、子公司的各类管理制度和标准规范；可以调动内部的人力、物力、财力等各项资源，把输入转化为有价值的输出，输出对象一般是内部，当然子公司的产品交付部门的输出对象是子公司的外部。当资源不足时，可请求子公司给予支持。

班组是企业最重要的细胞，也是最小的组织，是所有工作任务落地的关键，接受的外部输入是上游完成的工作或者各任务关联方发来的反馈建议；约束条件仍然是上级的各类管理制度和标准规范，也有自己独有的管理制度和标准规范；可调动的内部的各项资源也是自己可以管理的各项资源，以此把输入转化为有价值的输出。资源不足时,可请求上级给予支持。

杰克·韦尔奇创建的 GE 流程体系

斯人已逝,传奇永存。2020 年 3 月 2 日,通用电气(General Electric,GE)前董事长兼首席执行官杰克·韦尔奇(Jack Welch)(见图 3-25)去世,享年 84 岁。韦尔奇从 1981 年至 2001 年在位 20 年,GE 市值从 150 亿美元到超过 4000 亿美元,营业额由 250 亿美元到 1400 亿美元,获利由 15 亿美元到 127 亿美元,成为世界第二大公司。他的做人原则是:诚信不仅仅是守法,诚信不需要天赋。他的工业管理思想有两点:第一,GE 唯一不变的是每年持续优化的流程;第二,每年持续优化流程的是六西格玛的流程管理体系。

图 3-25　杰克·韦尔奇和杰夫·伊梅尔特

为什么通用电气每年都要持续优化流程?因为外部环境时时刻刻都在变化,必须应对外部的变化,拿出最好的应变措施。举例来说:根据市场调研,客户急需一类产品。应对这一问题就会产生两种方案,其一是选取已有产品改进成新产品投入大规模的生产,其二是从头开始研发一类全新的产品投放市场。无论哪一种方案,或者需要增加子公司或一些部门,或者要调整研发部门、工艺部门、生产部门以及相关的管理和销售部门的人员和组织关系,

智能制造的本质

牵涉的部门流程必然要变化。另外,在市场剧烈变化的情况下,可能还要裁撤子公司、部门或者人员,调整相应流程。根据新的技术发展变化,有时需要并购创新类的企业,重组建立新型子公司,都需要大规模的流程改造和重构。

一个企业的发展,必然受市场驱动和产品驱动,而非仅仅被技术驱动。这就要求全部制造业科技的相关发展工作必须密切关注市场,紧密围绕新品研发,及时取得并综合运用新技术展开;必须采取开放式的、目标指向明确的高效模式。我们的组织、流程、标准、程序和工作方法,也必须适应上述要求。

线上经济活动将成为全球经济的新增长点和制高点,这个领域可能迎来更加深入的跨境融合与全球化。以后不少中小企业可能不需要办公楼,不需要复杂的层级管理制度,成员之间都是平等的线上合伙人,也就是我们在《三体智能革命》一书中写到的"从组织到动态自组织"。无论大家分散在世界上哪个不同的时区,公司仍然可以维持24小时高效运转。利润附加值越来越取决于所处理的信息和知识而不是具体物质,带来的也是组织的重新分工和全新的流程定义。

第四章

打好基础,落地生根

Chapter Four

第一节　PLM：产品全寿命周期概览

产品全寿命周期管理，英文称之为Product Life-Cycle Management（PLM）。我们需要正确理解产品全寿命周期这一极其复杂且漫长的过程。

产品全寿命周期分为四个阶段。第一阶段，产品方案阶段；产品在方案冻结之后，进入第二阶段，产品工程研制阶段；产品通过前两个阶段，完成设计定型以及生产定型之后，开始投入批量生产，即进入批产阶段，也就是产品全寿命周期的第三阶段；最后一个阶段，产品运行与维护维修阶段，即产品在批产交付之后，还会在客户手里经过一个长期的使用过程，在使用过程中，需要对产品进行日常的运行管理，为了避免产品出现故障后影响使用，还需要对产品有计划地进行日常定期维护、维修甚至是大修，直至产品报废或者被回收。

我们要正确、全面地理解产品全寿命周期的方案阶段、工程研制阶段、批产阶段和运行与维护维修阶段（图4-1）。只有全面理解PLM，我们才能全面理解现代产品研发体系，尤其是复杂产品的研发体系。

第四章
打好基础，落地生根

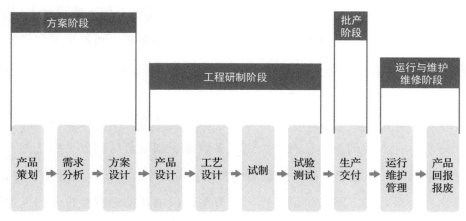

图 4-1　产品全寿命周期

第一阶段——方案阶段

首先我们要通过市场调研分析客户需求，并对未来发展趋势进行预测，从而有针对性地开展产品策划。众所周知，智能手机是苹果最先发布的，乔布斯在 iPhone 手机方案设计阶段就在思考：用键盘操作手机，使用起来诸多不便，有没有一种办法可以让人脱离键盘，用手指和手机屏幕直接完成交互？因此，iPhone 手机的研发借用了已经成熟的触摸屏技术，并加入众多工业应用中的常规技术，再配合我们人类日常生活中的习惯，用几根手指通过简单的"拖、拉、拽"动作操作触摸屏，就可以得到我们想要的结果，这其中的关键就是通过人机界面实现人机交互。这么一来，iPhone 手机的策划就有了，虽然这只是一个粗略的框架。

iPhone 手机策划出来之后，要使 iPhone 手机方便每个人使用，还要做大量的调研：把 iPhone 手机的工程样机投放到各种环境中，完成大量试验，并作抽样统计。在对不同国家、不同民族、不同阶层以及不同行业的人们进行各种试验之后，用统计数据进行客户需求分析，再根据分析结果进行调整，然后开始进行产品的方案定义、概念设计，再到产品的总体方案设计。

重要的事情需要再重复一遍：从初步制定产品策划，到根据策划制作工程样机，之后经过广泛的客户调研，征求各类客户意见，做出产品的概念设计，从而反复迭代做出多种方案。

为什么在方案阶段要做出多种方案？研制一个新产品的过程就是一个创新的过程，在人类创新的过程中，绝大多数原始创新最后都以失败告终。为了更好地研制一款创新产品，我们需要拿出多种方案，通过反复评估、评价，优选出一个最好的方案来付诸实施。在方案阶段消耗的经费、投入的人力和物力、花费的时间都是非常巨大的，尤其是在激烈的竞争条件下。

方案阶段的设计做好了，后期的产品研制相对成功率就会高很多。一个产品的成功与否，实际上在方案阶段就确定下来了。因此总体方案设计是特别重要、非常复杂的一件事情。

以前我们制定方案没有其他方式，以航空工业为例：为制造新型号飞机制定设计方案，以前都是靠纯手工的方式绘制设计草图。大概需要50个人，耗时三年才能完成一个飞机的设计方案（图4-2）。但是，飞机是投资量非常大的产品，三年做的方案，经过各种评估之后很可能就失败了，这么一来，设计师三年的心血就付之东流了。

最为理想的情况是什么样的呢？我们在《三国演义》中可以经常看到，谋士会给主公准备：上、中、下三策，上策肯定要投入相当大的人力、物力、资金和时间，当然收益也是最大的；中策投入的人力、物力、资金和时间相对一般；下策是保底的方案，投入的人力、物力、财力和时间也是相当有限的。

如果做飞机设计只提供一种方案，从某种意义上来说，对的方案是对的，错的也还是对的，只能逼着领导"认账"，这样是存在很大风险的；如果你拿出两种方案，这两种方案各有优劣，实际上会让领导左右为难；如果拿出三种方案，就可以有"上策、中策、下策"供领导选择，是一种最好的办法。

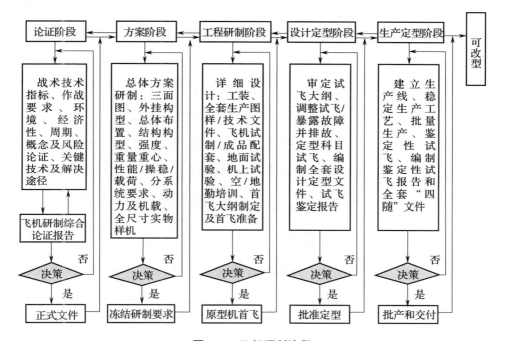

图 4-2 飞机研制流程

因此，在产品方案设计阶段，以前由于人力、物力的限制没有办法，只能拿出一种方案，而且还要花费很长时间。现在有了数字化设计制造这一高效的工作方式，我们投入 50 个人，可能在一年内至少拿出三种方案，过去很多纯手工的工作内容都能够被计算机所替代。这就是第一阶段——方案阶段。

如飞机的气动布局过去只能通过一种方法确定，就是制作出飞机外形的缩比模型，然后在风洞中吹风，根据试验结果反复试制模型，反复吹风，一直到满足气动布局的要求为止。现在，有了数字化的方法，就可以在计算机中建立飞机外形的数字样机模型，用 CFD 的计算方法，反复修改飞机外形，反复仿真试验，直到满足要求为止，然后再依据 CFD 的外形计算结果，生产缩比模型，进行真实风洞试验，这样可以大幅度减少实物风洞试验次数。

设计方案提出之后，还需要经过非常复杂的评审认证。比如设计民用飞机，需要通过市场、航空公司、大量乘客以及专家的评价，进而评定根据当前设计方案生产出来的产品的功能、性能、舒适度和市场的可预测性。从三种方案中优选出一种方案，然后把方案冻结起来。

对于飞机来说，冻结方案就是指：飞机的气动布局、整个飞机外形、飞机内部的总体布置、发动机动力以及其他的如起落架、航电、机电系统等不再改变。冻结之后就可以开始进入第二个阶段了。如果产品（飞机）的外形和总体布置不冻结，主要的参数不冻结，就无法开始工程研制阶段。

第二阶段——工程研制阶段

产品设计包括初步设计、详细设计、试制、试验等。由于工程研制阶段需要造出物理样机，这么一来，产品的初步设计和详细设计就包括了每个机械结构零件的设计、产品各个系统的设计以及工艺设计（如何根据产品的设计，以现有的装备和设备，根据现有的材料和标准，把产品顺利地生产出来）。完成这些步骤之后，根据产品设计的图样和工艺设计的工艺路线，使用现有设备，将产品试制出来。

工程样机的第一次制造需要进行试制，试制成功之后，就能够将生产出来的零件、元器件进一步组装形成组件、部件、整机。组装完成后，从零件到整机都要进行试验。仍以飞机为例，整架飞机要做成千上万项试验，根据飞机种类的不同，试验的次数也不一样，而试验的内容主要是检测产品的功能和性能的完成度。如果无法满足设计标准，就要进行分析——是产品设计的问题？还是工艺设计的问题？是原材料没选对？还是生产设备不合格？或者是人员的技术能力不行？要找出问题，修改产品设计，修改工艺设计，再试制, 再试验。

工程研制阶段是一个非常漫长的阶段。在这个阶段, 当产品经过试验达到了设计的功能和性能要求之后, 就可以准备进入下一阶段了。因为在试制与试验过程中, 产品设计、工艺设计也逐步成熟, 接下来就是我们常讲到的设计定型。设计定型之后, 产品就不再需要进行大的修改了。在设计定型并开始小批量生产之后, 工艺成熟度也会随之提高, 进而生产定型。当产品完成了设计定型和生产定型之后, 就具备了批量生产的条件。设计定型和生产定型, 在民用飞机研制中被称为取 TC 证和 PC 证, 也就是型号合格证与生产许可证。当整个产品的设计、工艺确定下来, 就可以进入大规模的批产阶段了。

第三阶段——批产阶段

在批产阶段, 关键是要解决产品的一致性问题。产品的一致性, 实际上也是产品质量管控的一个重要手段。那么, 如何保证产品的一致性? 这就需要制定各种标准以及严格的管理制度, 包括作业指导书等。用定型之后的图纸、工艺手册、各类图表、表单、作业指导书以及产品质量标准、检测标准来控制批产中产品的一致性。

当然, 在工业化生产的过程中, 我们希望生产批量越大越好, 批量越大, 意味着产品成熟度越高, 产品生产的成本也就越低, 对企业来说就意味着更大的利润。

产品在批产以后就可以交付客户。拿到产品的客户在产品运行过程中要正确地使用产品, 就需要严格按照产品随机携带的使用说明书进行操作。说明书中明确说明了用户应该如何操作, 产品才不易损坏, 才能保证产品在运行过程中发挥出应有的功能和性能。

第四阶段——运行与维护维修阶段

交付后的产品,在运行过程中不可能不出故障。比如说我们买的产品是自行车,要定期进行保养,给自行车前后车轮的轴承上油;自行车车胎是损耗品,需要定期检查车胎,给车胎补气:这就是维护。另外,在骑自行车行驶的过程中,车胎还可能被扎破,需要对自行车进行修补;又比如说,某一天自行车链条发生断裂,需要将损坏的链节卸下来重新连接或者更换一条全新链条:这就是维修。

当然,一个产品必然有使用寿命。如果能够在产品的使用过程中保持良好的维护维修,就可以保证产品长期可靠的运行。简单产品好说,维护维修相对简单。而复杂产品就需要严格根据维修手册来完成维修保养:如何拆卸/安装、需要什么工具、需要什么样的技术工人、需要什么样的工作环境。复杂产品拥有着复杂的保养、维护、维修、大修体系,并且在维修复杂产品的过程中,还需要考虑多方面的问题。

比如说飞机拥有三级保养、维护、维修、大修体系。第一级是现场的保养、维护、简单维修。在国内的很多机场,只有简单的一线的保养,飞机只能完成简单的保养、维护,没有相应的维修条件。如果要进行复杂的维修,飞机就要飞回航空公司,那里有相应的维修中心,比如说在北京首都国际机场我们就可以看到 AMECO,它是中国国际航空公司与德国汉莎航空公司联合建造的飞机维修工程中心,这是二级维修。有些维修难度系数很高,必须把飞机飞回生产工厂来进行维修,这是三级维修。现场的维修,运回维修基地的维修以及飞回制造工厂的维修,共同构成了飞机的三级维修体系。

在产品的整个使用过程中,如果在合适的时间进行了正确的维护维修,产品的寿命就能够得到最大程度的延长,就能够保证正常、安全地使用,不会发生大的事故。

维护维修对于保障一个产品正常的运行极其重要。当然,维护维修到了一定程度之后,产品该回收一定要回收,该报废一定要报废。

以上四个阶段就构成了产品的全寿命周期。

第二节　数字化:从工程研制阶段开始

为什么说数字化要从工程研制阶段开始?因为在产品的方案阶段,可变因素非常多,几乎每一个因素都是可变的。因此,产品创新一般都从方案阶段开始。当然,方案阶段是产品全寿命周期中最难的阶段,也是我国制造业的短板。

产品创新一般是从产品全寿命周期中的方案阶段开始,但是在方案阶段,从产品定义到客户需求分析、市场分析,从概念设计到方案设计,其中包含的可变化的因素非常之多,难度巨大。

因此,当开发一个新项目,比如数字化技术的应用,就不能从方案阶段开始进行,因为一旦发生状况,我们很难搞清楚是在数字化过程中发生了问题,还是我们对产品的认知出了问题。多个问题交织在一起,使我们根本无法了解是什么样的问题影响了我们,甚至无法得知问题出现在哪一部分,解决问题也就无从下手了。所以,进行数字化改造,就需要从工程研制阶段开始。

以飞机设计为例,在飞机设计过程中,当飞机的总体方案确定,即飞机的气动布局以及总体布置等多方面要素不再发生改变之后,总师就可以根据设计方案迅速进行分工:分层次确定组织和人员对每个系统、子系统、部件、组件再到每个零件进行单独研制。这样设计分工体系是依据产品研制体系来考虑的,从飞机总设计师,到各系统和子系统的总设计师/副总设计师,再到外部各个分承制单位和内部各个设计研究部门的部长/主任，最后再到设计专业组，到每个设计员（个人）。以前的研制方式是自顶层向下依次进行分解：将飞机总体分解为系统、子系统、部件、组件再到零件和元器件。经过层层分解，将不同部分分配到不同设计师，完成相应设计。设计完成后，自底层向上进行综合：每个设计师将设计完成的零件逐层上交，并依次完成装配，最后形成整机，这是传统的设计方法。

过去，传统的设计方法，都是采用纸质的设计图纸。工艺设计人员根据零件图、装配图将零件、组件、部件的生产和装配工艺路线设计出来，然后工人师傅们再通过各种图纸和工艺文件来制造零件，并逐级完成装配，最后综合协调，形成一个完整的产品。

过去，因为需要手工绘制二维图纸，设计人员非常辛苦，手工画过图的人都知道，绘图的过程十分艰苦。后来随着计算机技术的发展，出现了计算机辅助设计的手段，最初是二维设计，比如说我们现在仍在大量使用的AutoCAD软件，它就可以在计算机上完成以前需要手工绘图才能完成的设计任务。但类似于AutoCAD的二维图纸还不能称为设计，称其为计算机辅助制图更恰当。

随着计算机技术的发展，现在几乎在所有工业产品的设计中都大规模使用了三维设计工具软件。这样一来我们的设计手段就进入了数字化时代。三维设计在工程研制过程中贯穿产品设计、工艺设计、试制和试验这四个阶段的始终。

产品设计和产品仿真

使用三维设计手段设计出来的产品，究竟是否可用？比如说，使用三维软件设计出一根轴，这根轴应该使用什么材料进行生产？生产出来后能否满足使用要求？在三维设计手段出来之前，我们设计这根轴首先要根据二维图纸将其生产出来，然后对实物进行试验（静力、动力、强度、疲劳等各类测试）来检验轴的功能和性能。而现在，我们可以使用三维建模的方法，用计算机生成一个数字化的轴模型，给这个数字化的轴赋予材料数据后（当然，这需要有材料数据库的支持），就可以运用算法将其划分为一定数量的三角形网格来实施静力分析计算、动力分析计算、强度计算。一旦根据计算结果发现产品无法满足功能和性能要求，我们就可以使用以下两种方案解决问题：第一，更换强度更高同时价值更高的材料；第二，对轴的几何尺寸进行调整，从而增加轴的强度。这样，通过在计算机中反复地分析和迭代计算，直到满足性能和功能要求之后，这根轴才称得上完成了产品设计和产品仿真。

工艺设计和工艺仿真

在完成产品的设计仿真后，要真正将轴生产出来，还需要根据计算机中的数字模型完成工艺设计：首先是对金属原材料进行选择，根据数字模型的材料参数，确定毛坯是采用工厂供应的成品金属材料，还是根据材料参数进行锻造，又或者是铸造出一个新的金属毛坯。材料选定之后，还需要确定加工完成这根轴需要涉及车、铣、刨、磨、镗、钻孔等工序中的哪几类工序以及不同工序的先后顺序，其中就包括每道工序中机床的主轴转速、背吃刀量以及进给速度。工序确定后，还要确定是否需要采用表面处理（磨光、电镀、涂装、化学氧化、热喷涂等）、热处理（正火、回火、淬火、退火）等工艺手段以及需要调用哪些工艺装备。之后在进行真实生产制造的过程中，就需要按照工艺设计所确定的数据严格执行。

在工艺设计阶段，传统的手段是试错法。要真正将产品生产出来，需要一次次在生产过程中进行测试试验，得出可靠的生产工艺路线。现在，在计

智能制造的本质

算机的辅助下可以使用数字三维产品模型做工艺设计仿真：完成工艺设计之后，可以进一步完成工艺仿真。比如说：通过计算机仿真模拟车床加工，可以对车床主轴转速、进给速度、背吃刀量进行多组数据比对，从中得到加工质量最好且加工效率最高的参数组合与车刀搭配。与产品设计类似，如今工艺设计和工艺仿真都是在产品设计产生的产品数字模型的基础上，经过大量仿真计算完成的。

目前，在绝大多数制造业企业中，工艺仿真的应用依旧是薄弱环节，或者从来没有被使用过，一直延续着传统的试错法。每个零件、每道工艺都必须要经历工艺仿真，在完成工艺设计与工艺仿真之后，我们能够发现在之前设计过程中存在的各类问题，其中就包括产品设计问题以及工艺设计问题，带着这些问题对产品进行相应的修改，再对修改后的产品模型再次进行产品仿真、工艺设计和工艺仿真，不断迭代，直到满足要求。在经历过这一反复迭代的过程后，最终能够形成一个数字化的虚拟零件模型，同时在迭代过程中所产生的完整数据和产品模型完全可以指导企业生产出合格的零件。

完成零件的生产后，就需要对多个零件进行装配仿真。装配仿真首先要确定装配路线，其次还需要各类工装、夹具以及工具。航空工业有一句名言："没有工装，就没有航空工业。"说明工艺装配对航空工业的重要性。实际上，在飞机制造中，装配工作量占全部制造工作量的 60% 以上。在虚拟装配仿真中，发现装配过程中的问题，再反复迭代、修改，持续对零件进行产品设计、工艺设计、装配设计等方面的修改，直到虚拟样机能够在计算机中顺利装配，并满足设计与使用需求后，再进行实机总装。这样，基于三维模型的大规模装配仿真就可以大量减少生产过程中的装配问题。

第四章
打好基础，落地生根

零件试制和装配

通过基于产品设计的模型，完成了零件工艺设计、工艺仿真、装配设计、装配仿真之后，我们就得到了完整的数字化虚拟产品，其中就包括工艺设计数据、工艺仿真数据、装配设计数据、装配仿真数据，这些完整的数据可以指导生产和装配的全过程，保障零件、组件、部件、整机的顺利生产。

试验测试

零件、组件、部件、整机在生产出来之后，还需要参与各类试验，检测产品的功能与性能指标。以前的试验一律是物理试验，要使用实物完成试验。今天的试验可以在计算机上用虚拟样机来进行，借助逼近物理试验的虚拟的试验方法，可简化、指导、减少甚至取消物理试验。

在数字化的过程中，存在两条主线。

第一条主线，是传统的研制过程即物理主线。从最初设计产品蓝图，到产品蓝图设计完成之后的工艺设计，根据工艺设计形成工艺卡片，再到根据产品设计和工艺设计形成各类表格、表单，然后根据蓝图和工艺表单，就可以形成作业指导书，以指导工人师傅们按照规程试制产品。零件生产出来，并装配组成产品之后，还要对实物产品进行各类真实的物理试验来检测产品的功能和性能。这是传统的工程物理主线研究方法。

第二条主线，是新型的研制方法，即数字主线。在计算机上运用三维软件对零件建模，并对数字零件模型进行仿真分析，根据建模仿真的结果，可以做基于三维模型的工艺设计、基于三维模型的作业指导书。有了三维的模型、三维的产品、三维的工艺、三维的装配，就可以形成和真实产品高度类同的虚拟产品。

针对虚拟产品可以做零件、组件、部件及全产品的仿真分析、虚拟试验。

每个阶段可以将数字主线下的所有模型与物理主线下的所有实物产品一一对应，进而形成数字孪生，即工程研制阶段的数字化孪生。

以飞机制造为例，在工程研制阶段，因为飞机的总体方案确定了、气动布局确定了、总体布置确定了，所以它的零件设计、装配设计以及生产制造过程、试制过程和试验过程，都是在有外部约束的条件下进行的，能够反复优化、反复迭代，进而形成一个既有物理实体也有数字虚体的产品。这个产品拥有各种初步的数字模型，模型经过反复迭代可进一步形成成熟的模型，生成成熟的产品，这时产品就可以投入到下一个阶段——批产阶段。

传统的产品研制方法是物理主线，未来的产品研制方法是在数字主线指导下的物理主线。现阶段，物理主线与数字主线相融合的方式，也就是我们常说的数字孪生。

波音公司实际上是第一个采用三维数字化设计的飞机制造企业。从1986年到1990年，波音公司多个产品的部件研制都使用了三维数字化的方法做验证，当然，波音公司的验证也是从工程研制阶段开始的。1990年，波音公司开始波音777机型的数字化研制，也是从方案冻结之后的工程研制阶段开始的。

第三节　上甘岭：从数字样机到MBD

为什么把从数字样机到MBD（Model Based Definition，基于模型的定义）叫作"上甘岭"呢？因为离散产品制造业企业实现数字化必须要有正确的技术路线图，从哪里入手哪里就是急需解决的问题。首先必须解决工程研制阶段的数字化问题。由于在方案阶段影响因素特别繁杂，采用数字化手段非常

第四章
打好基础，落地生根

困难，当产品的总体方案确定后进入到工程研制阶段，工程研制阶段的数字化问题解决了，就为批产和交付后的运行与维护维修打下了基础。因此，各国制造业开展数字化工作无一例外都是从工程研制阶段开始的。想要拿下工程研制阶段的数字化这个"上甘岭"就必须要全力攻下MBD的"山头"，不可能躲开，过去二十多年的经验证明，凡是想躲开这个困难的，统统都失败了，没有例外。

工程研制阶段也可以分为产品设计、工艺设计、试制和试验四个阶段。

这四个阶段中，基于三维数字化产品模型的数字化工艺设计，就成了一个非常难以克服的巨大困难。但是随着MBD标准的出现，这些困难就迎刃而解了。

下面是评价一家离散产品制造业企业是否实现了数字化的一个最简单的标准：当你去到一家企业，不仅要到会议室和办公室听汇报，还要到生产现场，看看这个企业里的机加车间、工装制造车间、装配车间等，要到锻造、铸造、车、铣、刨、磨、钣金、焊接、装配等生产现场，看看工人生产过程中的依据，如果大家仍然用的是蓝图、工艺卡片、纸质的作业手册，这家企业用的就是二十年前的生产方式。无论采用了多少工业软件（CAD/CAE/CAPP/CAM/DNC），有多少数控机床、机器人、自动化物流和仓储，这家企业都是传统制造企业，因为它的制造依据仍然是图纸。

三维数字化工艺是连接三维数字化设计和三维数字化制造的桥梁，因此，时至今日，没有在产品研制主流程中采用MBD技术打通三维设计、工艺、制造的企业，不能称之为数字化企业。这一问题不是技术问题，是企业决策者的决心问题。只要有决心，最多三个月必然成功。因此我把从数字样机到MBD的应用叫作"上甘岭"。因为如果三维设计、工艺、制造全部打通了，相当于打通了制造业企业的"任督二脉"，计算机就能用工业软件和三维模型做任何人类想做的事情，我们要做的事情就是持续积累我们的设计知识、工业知识、生产组织和生产制造知识，然后变成软件由计算机来执行，这就是新时代的知识管理和知识工程应用。

传统的数字样机设计方法

传统的通过数字化设计生成数字样机的方法，只能完成几何设计，做简单的产品功能和性能仿真分析。以波音777为例，20世纪90年代所有的三维CAD软件只能做几何设计，进行简单的仿真分析。因此，产品完成三维设计进入到交付生产时，三维模型上只有几何数据，不能完整表达工艺、材料、标准等各类生产过程中需要的信息，以及质量检测数据信息。

但是，波音777采用二维+三维的方式，也有它的优点：1）有了三维飞机外形，可以做流体力学计算CFD（有时叫数值风洞，空气动力学设计验证的四种方式之一）；2）有了三维设计的零件，可以做更接近于现实的结构静力、动力、强度、疲劳分析；3）有了DMU，使干涉检查、组件、部件，甚至是整机的结构分析成为可能；4）有了原型飞机的DMU，飞机改型设计会更加轻松简单。但是它的缺点也非常明显：1）大幅度增加了产品设计人员一次设计的工作量，就是既要三维建模，同时也要把三维模型生成二维图纸；2）在工程更改过程中，设计人员因为大量增加了工作量，会变得心力交瘁。

波音公司在波音777机型的研制中，（在世界上）第一次采用了三维设计技术，取得了巨大的进步，产品质量大幅度提高、研制周期大幅度缩短，成本大幅度降低。但在这个过程中，波音777机型的制造依据仍然是二维蓝图。在三维模型转换为二维图纸时产生的问题也就充分暴露出来了，单个零件的二维图纸生成还较为简单，涉及复杂部件的三维装配模型生成二维装配图纸就格外困难，建立复杂装配的三维模型可能需要几天，而进一步生成二维装配图就可能需要几个月，而且在转换的过程中还可能出现很多错误，加上生

第四章
打好基础，落地生根

产时工人对复杂装配图理解的误差，就会错上加错。波音777三维设计的实践过程，促使波音思考：有没有一种不用二维图纸就可以制造产品的方法呢？

当产品的三维零件设计完成后，后续要持续完成各类计算分析，并经过数字化预装配生成组件、部件、系统、整机后，就完成了装配协调、空间协调、公差协调等。最终形成的数字样机在用于生产制造的时候，由于三维模型上不能表达工艺数据、检测数据等，不得不生成二维图纸，然后在二维图纸上标注出工艺数据、材料数据、各种生产制造的需求以及质量检测数据。这么一来就变成了三维设计，二维发图，而生产制造也是以二维图纸为中心的制造。这一过程，不但要三维建模，而且要人工生成复杂的二维工程图纸，相当于一件工作要重复两次，设计人员非常辛苦，不但工作量大量增加，而且发生错误的机会也大幅增加。比如说，一架飞机上由几千个零件组成的一个大的装配件，其三维建模可能要花费三到六个月时间。如果再将这个大的装配件中的全部零件、组件和装配件转换为二维图纸，可能还要花费半年到一年时间。从三维模型生成二维图纸的过程，以及在二维图纸上标注的过程是非常痛苦的，时间花费巨大，同时非常容易出错。因为用平面的几何投影和各类线条表示的二维装配图很难将大型复杂装配件的三维模型表达清楚，很容易出现表达错误。这样复杂的装配图纸分发到工人师傅们手中，面对复杂的装配图，他们的理解也会经常出现错误。因此，会形成错上加错的迭代效应，波音777的三维设计、二维发图，就在这个问题上吃尽了苦头。

1996年波音公司联合了世界上16家著名企业，推动美国机械工程师协会于1997年组成专业委员会ASME，为建立MBD的标准，最终花费了7年时间，标准代号ASME Y14.41-2003。这个标准的核心是在三维模型上表达生产过程中需要的所有数据。换句话说就是，在三维模型上表达材料数据、工艺数据、标准数据以及生产过程中需要的所有数据和质量检测数据。这样一来，就意味着我们可以取消二维图纸，取消用了几百年的蓝图了。随之也可以取消工艺卡片以及很多表单了。

国际标准化组织 ISO 根据 ASME Y14.41-2003 制定了 ISO 16792:2006，标准规定了统一的数字化产品的定义方法，各个软件商按照标准发展自己的产品，推动了产品数字化定义和新的产品制造信息格式的发展。

以波音 787 为代表的新型客机的研制首先全面采用了 MBD 技术，将三维产品制造信息与三维设计信息共同定义到产品的三维模型中，摒弃了二维图样，将 MBD 模型作为制造的唯一依据。这就是基于三维模型定义技术的 MBD。

传统的产品定义技术主要以工程图为主，通过专业的绘图反映出产品的几何结构以及制造要求，实现设计和制造信息的共享与传递。基于 MBD 以全新的方式定义产品，改变了传统的信息授权模式。它以三维产品模型为核心，将产品设计信息、制造要求共同定义到该数字化模型中，通过对三维产品制造信息和非几何管理信息的定义，实现更高层次的设计制造一体化。

MBD 是一种超越二维工程图实现产品数字化定义的全新方法，使工程人员摆脱了对二维图样的依赖。MBD 是一个包含了管理和技术的体系，并不仅仅是一个带有三维标注的数据模型。MBD 将制造信息和设计信息共同定义到三维数字化模型中，使其成为生产制造过程的唯一依据，实现了 CAD、CAPP 和 CAM（加工、装配、测量、检验）的高度集成。ASME Y14.41—2003、BDS600 系列等标准是 MBD 的重要基础，这些标准的初始参与制定者有三家 CAD 软件公司：达索系统、EDS 和 SDRC [2002 年，SDRC 公司被 EDS（或者叫 UG）收购，2006 年西门子公司收购了 UG 公司]，参照其开发软件新功能，使 MBD 的思想得以实现，并很快应用到以波音 787 为代表的生产实践中。

有了 MBD，生产制造就简单了。就以产品设计的模型来讲，在原来的几何模型上面加上生产制造需要的所有相关的数据，以及质量检测数据。这样一来，生产过程中就不需要二维的蓝图和纸质的工艺卡片，同时也可以取消传统的各种说明书、纸质的作业指导书了。取消纸质文件最大的好处是简化了工人的操作，同时提升了管理效能。因为生产线上的很多纸质文件都变成了软件和模型，通过计算机就可以很直观地看到；从后台的管理的角度来说，就可以实时统计计算分析，实现对现场的管控，为管理提供了极其方便的手段。

从数字样机设计方法到 MBD

传统的数字样机设计方法要以投影法为基础来表达一个产品的设计模型，生成的图纸上要用各种线条定义出产品的结构形状、尺寸，用标注、符号和文字来说明工艺指令信息。

在数字化时代，随着产品结构的日益复杂和构型更改的日益频繁，工程技术人员已经深深地认识到传统数字样机设计方法的缺点，主要体现在四个方面：

第一，任何结构形状和尺寸的变化都必须重新绘制图样，给二维工程图样的生成、更改与维护带来了极大的不便。

第二，只提供产品结构在不同视图中的平面投影，无法直观反映产品的立体结构，导致生产人员无法快速、正确地理解设计意图。

第三，由数字样机生成二维图纸，对曲面造型和实体建模描述不清，对生产过程中的数控加工技术和新型的增材制造技术缺少有效的支持。

第四，在三维建模技术出现以后，由于设计过程中缺乏必要的工艺信息，制造人员仍然要依靠工程图样来建立制造准则，出现了同时依赖三维模型和二维工程图样的局面。

而 MBD 方法是以产品的三维模型为核心，将所有相关的工艺描述、属性、管理等信息都附着在产品的三维模型中的先进的数字化定义方法。MBD 方法将需要定义的信息按照模型的方式组织，是具有三维模型的完整产品定义，包含了对产品几何形状信息和非几何形状信息的定义。它不再使用或依赖二维图样或正投影视图，是数字化定义的最新阶段。

MBD方法的优点非常明显：

第一，MBD方法以三维模型为核心，集成了完整的数字化产品定义信息，使加工、装配、测量、检验等过程实现高度的集成，直接解决了二维工程图样管理、维护和保持一致性等问题。

第二，三维模型可以很好地表达曲面造型和实体信息，实现了对数控加工技术和增材打印技术的有效支持。

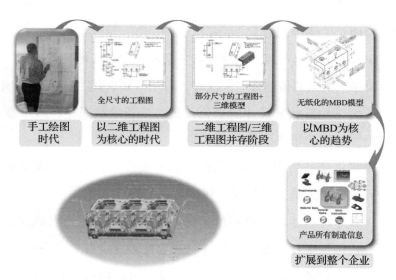

图4-3　三维模型可以使各职能人员准确、直接地理解设计意图

第三，三维模型可以使各职能人员准确、直接地理解设计意图，减少了读图工作量以及可能的理解偏差。

关于MBD，本章第五节以及附录的案例中还有更为详细的描述，可以关联起来一起参考学习。

第四节 提性能：用数字仿真指导试验

虚拟试验和虚拟测试是随着计算机技术在工业离散产品制造领域的应用而发展起来的一门高新技术，在国外首先应用于航空航天工业。我们从对虚拟试验和虚拟测试的定义入手，综合多个应用学科，描述国内外的应用与进展情况。

数字化设计制造技术在我国航空工业的应用已经逐步深入和普及，CAX软件已经被广大企业所接受、熟悉和掌握，成为加快产品研制进度、提高质量必不可少的工具。但随着应用的扩大和深入，一些深层次问题亟待研究和解决。

虚拟试验和虚拟测试

- 虚拟试验和虚拟测试的定义

数字化产品的虚拟试验和虚拟测试是相对于真实产品的物理试验和物理测试而言的。长期以来，人们在设计制造复杂的机械产品时，由于传统的方法和工具的限制，如手工的加工方法、二维图纸设计和一般机械加工方法、物理样件的实体在物理试验台上的试验和测试，是以物理产品为核心的研制方法，如图4-4。其过程是图纸→模线→模板→样件→工装模具→产品→试

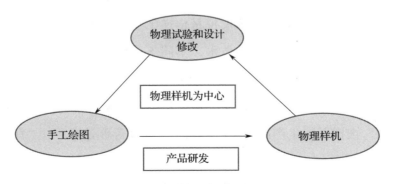

图4-4 传统的产品研发模式

验→修改设计→批产，包括众多复杂环节。本质是以模拟量传递的产品研制方法，是一种不得不采用的少、慢、差、费的串行方法，严重阻碍着企业的技术进步。

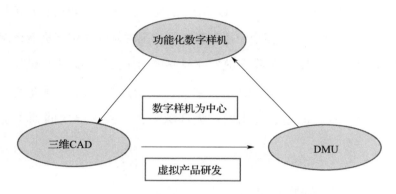

图 4-5　基于 DMU 的新型产品研发模式

数字化技术被引进传统的产品研制中后，强大的需求又反过来推动了这一新技术的发展，使传统的产品研制过程发生了根本变革。三维 CAD、数控加工、计算机辅助测量与装配及其数据管理等先进技术代替了传统的手工方法，其本质是以 DMU 为核心的产品研制方法，它将传统的串行工作方式改变为并行工作方式，将传统产品研制过程中的模拟量传递改变为数字量传递，所以称它为数字化设计制造技术及虚拟制造技术。采用这种技术，可省去大量的模线、样板、样件和工装等模拟量传递工具，有利于开展并行工程，是一种优质、高效、低成本的先进技术，不同于一般单项技术，它从整体上彻底改变了传统的工程研制过程及其技术体系。

因此，虚拟制造是在虚拟空间内模拟将生产要素转变为产品的制造过程的全部行为。虚拟制造生产出"数字化产品"，而实际制造生产出"真实产品"，这是两者根本的不同点。

当一个工业企业最重要也是最基本的日常活动——产品研制工作实现了

数字化,才能方便地展开企业其他方面的信息化,这是因为企业的一切活动都是围绕着产品进行的,只有把产品的信息组织起来,生产成含产品特性的DMU即数字样机,并通过计算机控制和管理,与产品相关的一切物料、设备和人员信息才能有效地组织和运作起来,产品的数字化信息流才能驱动企业的资金流和物料流。所以,产品设计制造试验的数字化是企业信息化的中枢和灵魂,只有实现了产品数字化,企业信息化才有基础,才有意义。

虚拟试验就是在DMU即数字样机上开展的试验,虚拟试验现在已越过概念设计阶段,正越来越多地用于支持试验,美国军方的虚拟试验场用于支持预先试验和试验后的活动。为随时支持用户试验,虚拟试验场正开发一种通用模拟能力,以便强化未来系统在复杂环境中的试验,虚拟试验场不断开发在苛刻的、复杂的人为环境中对各种武器系统进行模拟试验的能力,这些环境代表了军队可能碰到的所有作战条件。

虚拟测试有两种含义,一种含义为虚拟仪器中的虚拟测试,另一种含义为对虚拟制造生产出的"数字化产品"的测试。我们所说的虚拟测试,是指对虚拟制造生产出的"数字化产品"的测试。

广泛应用三维CAD软件,如CATIA、UGS和ProE,解决了制造过程中的几何问题,在一定程度上加快了产品的研制,提高了产品设计和制造的效率,但在新产品研制中,要进一步提高产品的性能和质量,缩短产品投放时间,就需要采用新的试验和测试技术。在这方面,基于CAD技术的设计流程(见图4-6)有极大的局限性,而基于CAD/CAE技术的虚拟样机开发和虚拟试验的设计流程(见图4-7)则有极大的优势。

由图4-7可见,基于CAD技术的流程偏重于依赖实物的试验测试,工程分析很少,需要多次循环,在每一个循环中,都需要制造和改进实物样机,导致研发周期长,成本高。而基于CAE/ CAT技术的虚拟样机和虚拟试验更多利用了不同的 CAE 仿真和虚拟试验技术，基于虚拟样机进行多个内循环的工程分析，从而尽可能地减少基于物理样机的外循环，缩短了开发周期，降低了成本。理想的状况是无须外循环，经过一个物理样机测试，即完成设计开发，物理样机试验逐渐会演变成对虚拟样机设计的最后工程验证。

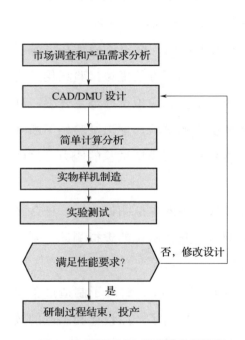 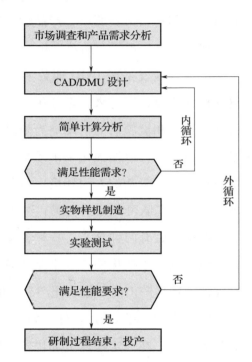

图 4-6　基于 CAD 技术的设计流程　　图 4-7　基于 CAE 技术的虚拟样机开发

- **虚拟试验和虚拟测试的特点**

虚拟试验和虚拟测试可以理解为在计算机上实施的试验和测试，可看作是 CAX 技术发展的最高层次，它强调在实际产品实现前完成研制过程的全面仿真、分析和检测，以保证产品制造的可行性。

虚拟试验和虚拟测试覆盖面极为广泛，它渗透到虚拟设计、虚拟生产及虚拟制造系统的全过程中，除共性技术外，虚拟试验和虚拟测试技术是虚拟制造领域最重要的技术。

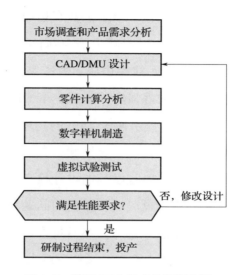

图 4-8　基于 CPS 技术的研发流程

在实际制造业中，模拟信号通过传感器进入信号处理系统，得到有关数据，用于分析和输出控制。虚拟制造中采用的是数字信号，因此，实际测试系统在传感器 A/D 和 D/A 转换、数据采集、分析和控制方面有大量工作要做，虚拟测试系统则着眼于建模和对模型的关联性分析。

产品的物理试验是在不同状态下，检测不同材料、元器件的产品样件的物理功能及电气性能，依赖各类传感器和控制系统。在"数字化产品"上开展的试验，即虚拟试验系统的着眼点在于所建立的三维几何模型中融入了各类工程应用信息，以便进行多学科综合设计、分析、优化、试验与仿真。

● **虚拟试验和虚拟测试的范围**

波音公司在开发波音 777 客机的过程中就采用了 DMU 开发，开发流程的并行协同控制、数字仿真和虚拟试验，性能评估、数控加工等支持技术使该机型的研制事半功倍。

由于汽车和飞机的结构件相似，很多试验有相通性，以汽车为例，通过CAE分析，某厂商物理样机建造时间减少了30周，新车型的上市时间提前了5个月，并带来了2000万美元的销售额。另一家零部件制造商通过CAE分析，主要零部件的物理样机的静强度试验减少了50%，进一步分析指出，该零部件厂商通过分析设计，最终可减少75%的物理样机试验。产品研发过程的最大瓶颈之一是物理样机的机电系统试验，典型的研发流程是：首先将外形概念转化成详细的工程图，经过漫长的设计检查以后，开始建立物理样机的机电系统试验台架，并进行试验。暴露出的问题将反馈给设计人员，修改设计，制造新机，再上台架试验，这一循环不断重复，直到实现满意的性能。这一过程一般需要经过多次迭代，既费时又耗资巨大。

现在许多主要汽车制造商及其他制造业企业都开始通过计算机虚拟样机试验、仿真及优化进行虚拟样机的评价和设计，由此降低对物理样机试验的依赖。目标并不是完全取消物理样机试验，而是减少样机试验的数量，改变完全依靠经验的设计流程，引导设计朝正确的方向进行。

把飞机结构DMU用于三维实体机构模型的运动仿真，可以充分模拟在在真实世界中进行的各种各样的虚拟样机仿真试验，让产品模型在计算机中能像在真实世界中一样地运动。将使用实物的试验或使用半实物的试验完全转化为计算机模拟的虚拟样机试验，也可用于按照实际工况进行样机分析的其他复杂产品。

虚拟加工分析工具可对DMU进行"可加工性"评价。如具有切削力分析功能的加工过程仿真系统可分析切削工艺对产品质量的影响（包括残余应力、切削温度场等）。

维护仿真，可应用三维人体模型和通过维修工具模型实现人体姿态分析和运动模拟，进行维修活动的可达性、干涉性和可操作性检查与仿真模拟。

现代飞机机载成品的控制核心就是嵌入式计算机系统。如美国的 F-22 和 F-35 飞机，就是由许多台计算机通过 1553 总线连接，F-22 飞机机载软件有 200 万行程序，试飞中发现绝大部分问题都是软件问题。因此，嵌入式计算机系统软件的地面虚拟测试也是我们面临的问题。

从以上几个方面的分析可知，虚拟试验和虚拟测试可广泛应用于各类离散产品制造业的设计、分析、试验、仿真、测试和故障诊断、制造和维护。如 CFD 气动分析、CAE 结构强度分析、各类机电系统试验仿真、运动机构仿真、数控加工仿真、维护维修的人体仿真，地面虚拟测试等。

国外航空工业虚拟试验和虚拟测试的现状及发展

波音 777 飞机是虚拟试验、虚拟测试的成功范例。目前，美国在各类产品的外形设计、产品的布局、装配、制造过程、虚拟样机、产品性能测试、产品广告与漫游等方面广泛应用仿真技术。

现代战术飞机和战略飞机的航空电子系统以及内嵌的电子战设备的"试验矩阵"非常强大，已不能再采取过去试验常用的"飞行－飞行"的方法。加之国防预算的缩紧与一些基地的关闭等因素，迫使美军的飞行试验部门越来越依赖建模与仿真技术，以简化研制和作战实用性评估的过程，特别是减少飞行试验时间，从而降低电子战系统的试验成本。

几年前，在外场对 B-2 轰炸机进行一次模拟突防敌综合防空系统的试验大约要花费 100 万美元，其中包括飞机养护的开支。而在地面虚拟环境中进行试验，预计花费比原来要低几个量级，且所用的时间也更短。另外，一些设备还允许在同样的条件下反复进行多次试验。

同样，为了削减时间成本，F-35项目正在寻求主要依靠分布式建模与仿真技术来创造一个逼真的虚拟战场的可能性。

● **飞机的气动力选型**

美国为确保航空、航天技术的先进性，充分利用计算机软硬件优势，大力发展计算流体动力学（CFD），目前，各类飞行器气动力初步设计、方案选择和性能分析工作已由计算机完成，尤其是某些风洞试验无法模拟的气动特性，均通过CFD技术得到工程可用的结果。在美国，CFD技术已成为飞行器设计的常规技术。

波音787项目高级副总裁迈克·拜尔（Mike Bair）指出："在波音767项目中，我们曾对50多种不同的机翼配置进行过风洞测试，而在波音787项目中只需要测试10来种就够了。"波音公司借助现代化CFD工具，设计人员能够对飞机外形DMU进行各种虚拟试验，使设计的可信度比过去大大提升，从而减少了测试次数。因此，设计人员只需对确实有实际应用前景的设计方案进行风洞测试。

21世纪飞行器的气动力设计更加依赖计算机，气动数据的获取将主要依赖数值设计和风洞试验，而气动数据的最终确定将依赖少量的飞行试验验证，数值计算、风洞试验、试飞验证的一体化研究发展将是空气动力技术未来发展的有效途径。

● **结构件、部件以及整机的材料选型和强度分析**

有限元分析方法已经成为复杂几何形状结构的应力、应变和位移场预测的常规手段。优良的图形界面极大地改善了数据文件的前后置处理，自动网格生成、自动细化和自适应网格再生成，显著地提高了有限元模型的发展和分析的效率及数值求解的精度。后置处理的算法和图形边界面有效地提高了分析人员解释应力分析结果的能力。但有关新材料、新工艺的计算发展和拓展以及飞行器寿命的精确预测，智能化的基于仿真的设计（完整地模拟飞机的整个寿命过程）等方面尚有待完善。

通过计算机上的模拟试验指导和替代部分实物试验，从根本上说是要解决计算的结构模型和分析是否正确、是否反映真实结构特性的问题。必须通过大量科学试验的验证并形成数据库、模型库，从而改进并保证结构设计、分析的正确性。必须更新现有的观念，结构试验应是从少到多再到少。

- 机电系统的虚拟试验和虚拟测试

从 20 世纪 90 年代开始，国外就开始着手进行机电系统一体化的研究，到目前为止，波音公司的系统综合设计平台除具备不同系统设计方案的优化能力、分系统的选型设计计算能力、分系统和系统的全程仿真能力、由设计直接到制造的数据传输功能之外，其一些先进的设计思想和方法、过去设计中的经验教训都在这个综合设计平台中得到了有效的积累及体现。

此外，洛克希德·马丁公司选择了洛杉矶的 MSC 公司，参与 F-35 飞机的数字化模拟产品开发创新工程，MSC 公司在汽车、飞机和空间技术开发数字化和虚拟产品设计方面拥有几十年的经验，开发了一些设计、分析、试验及制造工程的先进软件工具，包括设计/仿真集成、多学科概念设计、分析知识工程（analysis knowledge engineering）、CAE 数据管理及企业内部互联网和国际互联网应用软件工具。虚拟开发环境将用于虚拟飞机设计、试验、保障和制造的每个方面，以便在硬件制造之前对设计进行优化，对功能、性能进行验证。

- 虚拟试验和虚拟测试与人机工程

飞机的 DMU 建成后，可以利用人机工程软件来生成人体模型，用来预估人与飞机的互动状况（人机工学结构）：虚拟模特被用来测试和优化飞机驾驶舱和客舱的人机工学性能。为设计驾驶舱，设计师可以使用符合不同人群（欧美、亚洲）身体尺寸的模特以便确定相关人机工学因素如视野、设备触摸方便度和内部照明装置的位置等。使用DMU后，工程师还可以虚拟测试客舱内部使用的材料：装饰墙纸、金属、细木工家具、地毯以及皮革制品等。

对所有航空公司来说，飞机维护的高效至关重要，因为停在机场上的飞机是没有效益的。DMU可以确定、模拟并优化飞机部件拆卸和安装过程，使维护技师团队能够快速、高效地更换部件并保证飞机维护工作圆满完成。

- **虚拟试验、虚拟测试在数字化制造和检验中的应用**

发达国家的飞机制造公司一直十分重视数字化设计/制造/管理的实施，例如在波音777飞机的研制中全面采用数字化技术，实现了三维数字化定义、三维数字化预装配和并行工程，建立了全机的DMU，取消了全尺寸实物样机，使工程设计水平和飞机研制效率得到了巨大的提高，在制造过程中全面采用了加工仿真工具软件，取消了试切，大大降低了废品率，制造成本降低了30%到40%，产品开发周期缩短了40%到60%，用户交货期从18个月缩短到12个月。

F-35战斗机的研制工作有美国、英国等国的近50个航空相关企业参与，这种联合是完全建立在网络化及数字化基础上的，开创了一个全新的数字化生产方式。该项目提出"从设计到飞行全面数字化"，真正实现了异地协同设计制造，实际研制周期缩短了一半，人员和工时减少了50%，工装比F-22减少了一半，制造和装配成本降低了30%到40%。

- **数字化飞行**

综合航电、飞控、火控系统的发展，使飞行试验的重点从传统的气动强度试飞扩展到航电系统、电子战、信息战、网络化和火/飞/推控制系统方面。由于计算机技术的大量应用，软件试飞的工作量大增，空中测试与地面虚拟试飞实验结合得更加紧密。如 F-22 的机载计算机系统有着多达 200 万行程序，试飞中 62% 的问题是软件导致的，F-22 的 9 架试验机中有 6 架用于航空电子综合隐身特性及武器系统综合试验。航空电子试验机作为空中试验室，使航电系统能在实际飞行环境中进行测试、检验并实施软、硬件的调整。这已成为航电系统或子系统研制及鉴定过程中的必经环节。F-22 航空电子综合试验室（AIL）试验的内容包括任务管理、传感器控制、信息融合、火控、综合导航、飞行路径管理、诊断管理、飞行员与飞机的界面和嵌入式培训等。波音公司已在 AIL 完成了 15000 个小时的航电系统试验。

虚拟试验和虚拟测试的切入点、实施和技术关键

● DMU 是虚拟试验和虚拟测试的基础

1990 年，达索系统公司开发了由达索飞机公司创建的 DMU（Digital Mock-Up，数字样机）的概念。这项革命性的技术使飞机制造商不再需要制造物理原型，仅通过三维数字化技术即可创建出新型飞机的虚拟原型。

三维数字化技术允许飞机公司设计、创建飞机的零件和有时非常复杂的装配过程。每个零件都可以用三维模型的形式在计算机上进行仿真模拟，包括电气系统、皮革制品和管路系统（一架像波音 777 这样的商业客机就拥有长达 25 公里的管路线缆系统）。

使用 DMU 以后，飞机制造商们就可以将零部件虚拟组装起来（一架飞机的零部件数量在 20 万到 300 万个之间）建造一个完整的 DMU，他们可以设计出最基本的细节，模拟其功能，并预测不同零件之间的装配关系。DMU 是达索系统公司的产品全寿命周期管理（PLM）理念中的一块基石。

DMU 保证了：1）精确：对飞机部件的调节不用到车间，鼠标一点就可以安装或切掉一颗铆钉；2）连续性：已设计出飞机的任何数字化零件部件都可以非常容易地被任何已获授权的工程师同时使用，并拥有无限长的寿命，并可以被用来建造其他飞机；3）复杂项目的轻松管理：DMU 允许成百上千个设计师同时在一个项目中工作；4）设计变动和工程改变的有效管理：正因为有了 DMU，产品设计中新的开发和变动部分得以迅速和方便地施展。

DMU 技术的先进性和实用性，使航空工业产品开发的疆域得以拓展。以下是借助 DMU 才实现的复杂作业的实例：

预估飞机结构的行为表现

使用 DMU 后可以进行应力分析，并通过计算材料的韧性测试飞机的完整度。比如 DMU 就被用来确定机翼的抗弯强度。人们因此得知大型商业客户的机翼在折断之前耐受的弯曲弧度。如此极端条件下的仿真模拟可帮助我们了解在物理测试时飞机的结构将如何受到影响，使用 DMU 得以进行的测试还包括热传导测试、颤动测试、声学特性测试及电磁干扰测试等。

创建复杂机械结构并预测其行为表现

使用 DMU 后，可以设计复杂机械设备并测试其性能。以设计开发起落架为例，各设计团队进行机械和物理（动画）测试以便预先确定各零部件的几何尺寸大小。这些部件然后以三维形态虚拟创建出来并根据有限元方法进行分析以便确定其结构完整性。最后，DMU 模拟整个起落架的行为表现并将其整合到飞机壳体内。

预测飞机的气动性能

在进行风洞实验之前，可使用 DMU 模拟机身周围的气流运动情况以便在虚拟状态下确定机身升力。然后数字原型被修改以便优化飞机气动性能。最后，这些信息将被用来建造物理原型机。因为所有的飞机在获得 FAA（美国联邦航空管理局）的适航证前必须经过风洞实验。

设计并测试复杂系统

电气系统和管路系统是飞机上设计和建造起来最复杂的部分之一。喷气支线机可装有多达 60 种以上的不同管路线缆系统。线缆和管路系统需要在飞机整个结构中进行敷设。有 DMU 之前，通常是在飞机结构设计完成且物理原型已经建造出来之后才进行设计制造的。这些系统的安装通常需要面对与飞机结构设计不匹配的冲突。有了 DMU 之后，工程师在获得飞机结构信息的同时也获得了管路系统信息，这样他们就可以发现可能出现的问题，并迅速进行补救。

在广义企业范围内协作开发飞机

大型飞机制造商可以与几十个乃至上百个合作伙伴或分包商合作实施同一个项目，共享开发过程中的数据必不可少。正因有了 DMU，处于全球各地的设计师得以实时介入其他团队的工作。这种方法保证了决策辅助、创新和协同作业，并有助于排除设计过程中的种种障碍。

自动生成用户手册和维护文献资料

DMU 能够生成照相写实般逼真的三维图像。这些图像构成了一个高品质图片说明资料库并可以非常容易地应用到用户手册和维修指南的编制中。

通过对 DMU 的复审了解项目进展

DMU 方便了正式设计工作的复查并可让相关人员在整个广义企业范围内召开工作会议，方便了集体决策的进行。在整合到 ENOVIA 这样的产品数据管理解决方案中以后，DMU 还可提供独特的干涉管理的功能。

- 虚拟试验和虚拟测试的实施

可视化使虚拟制造技术中大量的符号和数字可转换成更容易理解的二维图形和三维实体图像模型。对数据分析而言，虚拟现实的进步，为人们提供了数据原型。这个数据原型具有重量、颜色、声音等属性,在有交互作用的仿真工作环境中,人可以直接临场于数据原型中,构造虚拟试验和虚拟测试系统,通过数据传感器感知、测量、理解、分析和控制产品和零件在虚拟测试环境中的变化,并进行历史回溯和前景展望,使人由滞后的、被动的参与者变成领先的、主动的参与者。

虚拟试验和虚拟测试系统的研究内容包括:虚拟系统的基本原理和方法、虚拟系统、虚拟测试对象、虚拟信息的建模方法、虚拟试验和虚拟环境的描述与生成方法等几个主要方面。现阶段窗口化的工作平台、三维实体描述、图标化操作键以及模块化可视分析软件和有限元技术,已经为虚拟试验和测试系统的建立奠定了一定的基础。

建立虚拟试验和测试系统应考虑:

第一,采用新一代人工智能技术,汲取传统数字仿真分析方法成熟的部分,采用面向对象的分析方法以及构筑虚拟制造过程中的虚拟体系。

第二,虚拟系统分析法所涉及的子系统耦合、离散化分析和系统的建模方法应该具有可视化的特征。便于工程技术界的应用。

总之,就特定虚拟制造过程中的虚拟试验和测试系统而言,其应该具有:

一致性——即虚拟系统的复杂性在可视化的界面上被降低,变化规律较确定,变量易于处理。

多功能性——一个复杂的虚拟系统可以基于"元"软件包来组合,通过赋予不同程度的属性值,即可得到直观的结果显示。

扩展性——随着系统不可避免地扩大,开放的模块接口编码为面向对象的编程提供了可能性。

- **虚拟试验和虚拟测试的技术关键**

虚拟试验和虚拟测试是在计算机软硬件、虚拟仿真、计算机图形学、网络和多媒体技术等众多相关技术上发展起来的一种新型的基于自然方式的人机交互设计系统。多学科的交融是其难点之一。

产品试验仿真，其可装配性、动力学与响应、运动的协调性、配合设计、试验设计、试验测试、装配公差分析是十分复杂的工作。而采用虚拟装配仿真、试验、测试技术可在设计阶段进行验证，确保设计的正确性和系统的一致性。大装配 DMU 仿真、机电系统试验、测试方法是难点之二。

虚拟生产技术面向产品生产过程的模拟和检验。产品或零件的性能，是由在测试过程的各阶段识别基本参数信息并及时反馈、控制来保证的，包括零件生产工艺流程分析，锻造、冲压成型仿真，铸造、焊接工艺分析仿真，加工仿真和刀具、夹具干涉检查，产品装配分析与检查，产品可加工性、加工方法、工艺的合理性检验等。是以优化产品的生产工艺，保证产品质量和生产周期，生产成本最低为目标。虚拟产品或零件在工艺流程中的跟踪和测试是难点之三。

小结

虚拟测试和虚拟试验技术不能包打天下，就和计算机只能代替人的部分劳动而不能彻底取代人一样。它的应用能缩短产品开发周期，简化、减少物理试验，代替部分物理试验，但不能彻底取消物理试验。坚持技术创新，尽早应用虚拟测试和虚拟试验技术，走自主发展之路，已被历史证实是一条正确的道路，也是我国测试和试验技术自身发展的需要。

第五节　制产品：企业的 MBD 战略转型

传统的产品描述和定义——蓝图

自古至今，语言、符号、文字和图形是人们交流的主要载体。基于画法几何和投影几何而诞生的蓝图制图标准，为历次工业革命打下了基础。在工程技术中为了正确表示出场地、建筑、机器、设备、设施以及零件的形状、大小、规格和材料等内容，通常将物体按一定的投影方法和技术规定表达在图纸上，这种根据投影原理、标准或有关规范，表示工程对象，并配有必要的文字技术说明的图纸就称为图样。工程图样是人们表达设计的方式，生产者依据图样了解设计要求并组织、制造产品。

子曰："书不尽言，言不尽意，然则圣人之意，其不可见乎？"工程定义需要清晰和无歧义的表达。实际上，中国古代工匠就有采用物理实体模型和二维绘图法表达工程思想的历史。这就是孔子说的"圣人立象以尽意"。1795年法国科学家加斯帕尔·蒙日（Gaspard Monge）系统描述了以投影几何为主线的画法几何，将工程图的表达与绘制高度规范化、唯一化，工程图便成为了工程界常用的定义产品的语言。

这种工程设计语言的缺陷是显而易见的，设计师在设计新产品时，首先涌现在脑海里的是三维的实体影像而不是平面视图。但为了向制造它的人传递产品的信息，必须将这个三维的实体影像通过严格的蓝图制图标准和几何关联关系变为复杂的、大家所认识的标准工程图。由此产生的问题不仅是三维实体影像到二维投影图的绘制过程中各种线条难于表达，还包括从三维实体影像向抽象视图表达方式转换的过程中不可避免地出现的表达不清和歧义。工艺设计人员和工人在使用这种平面图纸时，又要通过想象恢复它的立体形状，以理解设计意图。另外对二维图样的绘制和理解也需要严格的专门训练，要求工程人员有良好的空间想象能力。因此直到今日，画法几何和工程制图仍然是工科大学最重要的必修课之一。

数字化产品的描述和定义——二维和三维模型

随着计算机软硬件技术的发展，尤其是20世纪70年代图形显示器和工

第四章
打好基础，落地生根

程绘图机的出现，在计算机上绘图成为可能，随着 CAD 软件的出现，设计师的手工绘图图板被搬到了计算机屏幕上。

三维 CAD 将手工二维绘图计算机化，人们借助此项技术来摆脱烦琐、费时、精度低的传统手工绘图，从而甩掉了沿用 200 多年的图板。

三维 CAD 系统的发展经历了从二维曲线、三维曲线、三维线框到三维曲面，再到三维实体的逐步递进，是一个数学方法和工程拟合的漫长过程。起初，系统功能极其简单，只能表达基本几何信息，不能有效表达几何数据间的拓扑关系，缺乏形体的表面信息。进入 20 世纪 70 年代，由于飞机和汽车工业的蓬勃发展，飞机及汽车制造过程中遇到了大量自由曲面问题，此时，基于三视图方法的多截面视图、特征曲线由于在近似表达所设计自由曲面的过程中的不完整性，已经不能满足工程要求。贝塞尔算法的提出使得用计算机处理曲线及曲面问题变得可行，从而结束了计算机辅助设计技术单纯模仿工程图纸三视图方法的历史，首次实现了计算机完整描述产品零件的主要信息，同时也使得 CAD 技术的开发有了现实的基础。曲面造型系统为三维实体造型技术打下了基础，改变了以往只能借助木头模型、油泥模型、金属模型等来近似表达曲面和实体的落后的工作方式。

由于曲面造型技术只能表达形体的表面信息，难以准确表达零件的其他特征如质量、重心、惯性矩等，这就对实体造型技术提出了要求。实体造型技术能够精确表达零件的全部属性，在理论上有助于统一 CAD/CAE/CAPP/CAM 的模型表达，给设计带来了惊人的方便性。可以说，实体造型技术的普及应用标志着 CAD 发展史上的重大技术进步。

新的东西常常带来大量的特殊问题。在通常的 CAD 系统中，工程技术人员所建立的产品数字化模型仅仅是三维几何模型，而制造工艺信息还在二维图样上。这样仅依据三维几何模型往往难以进行产品的生产和检验。也就是说，三维模型中没有让技术人员以清晰确定的方式，将工艺、工装、模具设计与生产、部件装配、部件与产品检验等工序所必需的设计意图添加进来。三维模型虽然包含了二维图样所不具备的详细几何形状信息，但三维模型中却不包括尺寸及公差的标注、表面粗糙度、表面处理方法、热处理方法、材质、结合方式、间隙的设置、连接范围、润滑油涂刷范围、颜色、要求符合的规格与标准等仅靠几何形状无法表达的（非几何）信息。另外，在三维模型中，基于形状的注释提示、关键部位的放大图和剖面图等能够更为灵活而合理地传达设计意图的手段也存在不足。因此实际产品研制中就出现了非常奇怪的设计过程用三维模型，制造依据又是二维图样的矛盾状态。典型的案例就是20世纪90年代波音777飞机实现了飞机全部零件的三维数字化定义、三维数字化预装配、而制造依据仍然是蓝图，形象地说就是无纸化设计（Paperless Design），但是制造仍然要用图纸。

产品全数字化的定义和描述——从三维到MBD

20世纪80年代，PTC公司的建立，使一种参数化特征造型方法进入了设计人员的视野。它具有基于特征、全尺寸约束、全数据相关、尺寸驱动设计修改的特点。可以认为参数化技术的应用是CAD发展史上的又一重大进步。

三维数字样机生成二维生产图纸的烦琐工作，是在实际产品研制生产中遇到的问题之一，也是MBD技术标准研制的根本动力，并推动了ASME Y14.41-2003标准的颁布。与此同时，以波音公司为代表的世界顶级制造企业和软件厂商也在加紧在此标准基础上开发与应用，进一步发展基于模型的定义技术。目前MBD技术及其相关标准仍在持续不断地完善发展。

在MBD技术的发展应用过程中，航空工业始终走在前列。飞机作为世界上最复杂、制造难度最大的工业产品，迫切需要数字化技术尤其是数字化

第四章
打好基础，落地生根

定义技术来提高设计质量以及设计效率，降低研制成本。同时，基于图样的信息传递无法有效地实现数据共享，无法大规模推广协同设计。因此，需要通过对基于模型的定义技术进行研究，满足并行工程数字化定义的要求，同时需要通过更高集成度的数据集成技术，实现信息传递过程的无纸化，实现更高应用水平的数据共享。

这个过程的主导思想不能只是简单地将二维图样的信息反映到三维模型中，而是要充分利用三维模型所具备的表现力，去探索便于用户理解且效率更高的设计信息表达方式。其中最为艰难的是"要从二维图纸文化这种现有概念中跳出来，从零开始研究新的信息表达方式"。为此，首先应针对需求定义、概念设计、方案设计、初步设计、详细设计、工艺设计、生产准备、试制试验、评估与检验等每个阶段，弄清楚"哪些是产品制造中必需的信息，哪些是由于二维图纸时代技术条件限制而提出的要求"，按照歼—20总设计师杨伟的说法，"在数字化技术应用方面，只有想不到的，没有做不到的"。

随着MBD的发展，那种以投影法为基础的"只有长、宽两种尺寸"的传统产品定义方法逐渐被颠覆，数字化技术将以往的"静态"的思维范式和工作方式引领到"动态"模式，制造企业的生产活动将不再基于传统的"静态"工程语言和工程文件开展，MBD技术把已经发展多年的并行工程和异地协同设计提升到了一个新的高度，也使无纸化制造乃至最终实现数字化企业成为可能。

美国机械工程师协会（ASME）颁布的数字化产品定义规范（ASME Y14.41–2003）是基于模型定义的基本规范要求的基础。这一标准是数字化技术发展时期顺应工业领域的应用需求而提出的，规范制定始于航空制造业。1997年1月，在波音公司主持的会议上确定了对这一规范的需求，以波音公司多年数字化制造经验为基础，经过几年的修订，规范于2003年7月7日被批准为美国国家标准，在此期间三维设计系统的发展也使得标准的内容不断扩充。

ASME Y14.41-2003标准确立了应用于数字化产品定义的数据及数据集的要求及参考文档。这一标准和其他现行ASME标准——如ASME Y14.5M-1994(R1999)，尺寸和公差标注——配套使用。它支持两种应用方法：仅使用模型（三维），以及模型和数字化格式的图样相结合。标准从对这两个方法的公共要求开始，然后分别叙述其他各部分对这两种方法的各自要求。

标准还对三维CAD软件提出了建模和标注功能的要求，直接促进了CAD软件三维标注功能的发展，CAD软件公司已把此标准设计到软件中。波音公司在此标准基础上根据公司具体实践制定了BDS600系列标准，并在2004年开始的波音787客机设计中全面采用基于模型定义的新技术。这使得三维产品制造信息（Product Manufacturing Information，PMI）与三维设计信息被共同定义到产品的数字化模型中，使CAD和CAM实现了真正的高度集成，可不再使用二维图纸。2006年，ISO颁布了ISO 16792，规定了全面的三维模型标注规范，数字化技术的应用有了新的跨越式发展。

MBD数据集

根据ASME Y14.41-2003标准，数字化产品定义（DPD）数据集可以以下面四种格式之一存在：

1）DPD数据集包括三维CAD模型和全尺寸标注的二维图样；

2）DPD数据集包括三维CAD模型和标注了工程要求但未标注全尺寸的二维工程图；

3）DPD数据集包括三维模型，工程要求在三维模型里以文本显示；

4）DPD数据集仅包括模型和工程要求。

这四种方式都可以认为是DPD方式，第二种有时称为减少尺寸工程图样（Reduced Dimension Drawing，RDD）或简化图样（Simplified Drawing，SD），第三种和第四种方式称为基于模型的定义方法。

- **MBD 数据集的基本内容**

MBD 数据集提供完整的产品信息，集成了以前分散在三维模型与二维工程图样中的所有设计与制造信息。零件的 MBD 数据集包括实体几何模型、零件坐标系统、尺寸、公差和标注、工程说明、材料需求及其他相关定义数据。装配件的数据集包括装配状态的实体几何模型、尺寸、公差和标注、工程说明、零件表或相关数据、关联的几何文件和材料要求。其中，工程说明由标注注释、零件注释、标注说明(与特殊工程需求有关的说明)组成，其基本内容见图 4-9。图中所示数据由分析数据测试需求、零件表、材料制造过程和注释等组成，但不限于这些数据。相关数据将在数据集中引用。

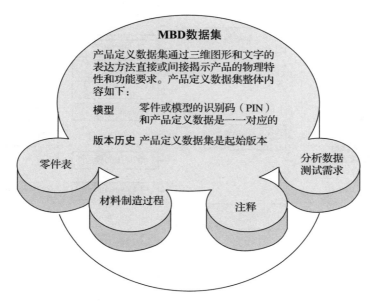

图 4-9　MBD 数据集的基本内容
来源：e-works。

智能制造的本质

全三维数字模型基于特征的表述方法，基于三维主模型的过程驱动，融入知识工程和产品标准规范是 MBD 技术的核心思想。它用一个集成的三维实体模型来完整地表达产品定义信息，将制造信息和设计信息（三维尺寸标注及各种制造信息和产品结构信息）共同定义到产品的三维数字化模型中，从而取消了二维工程图纸，保证了设计和制造流程中数据的唯一性。MBD 技术不是简单地在三维模型上进行三维标注，它不仅描述设计几何信息，而且定义了三维产品制造信息和非几何的管理信息（产品结构、PMI、BOM 等），它通过一系列规范的方法能够更好地表达设计思想，具有更强的表现力，同时打破了设计制造的壁垒，设计、制造特征能够方便地被计算机和工程人员解读，有效地解决了设计制造一体化的问题。

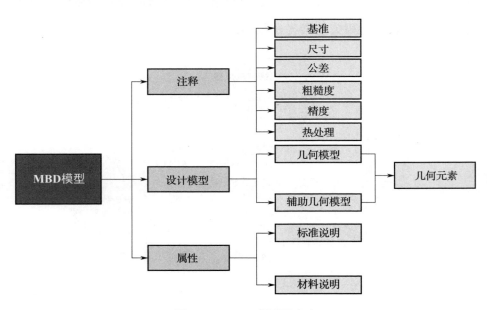

图 4-10 MBD 模型的内容
来源：e-works。

MBD 模型的建立，不仅仅是设计部门的任务，工艺、检验部门都要参与到设计的过程中,最后形成的 MBD 模型才能用于指导工艺制造与检验。MBD 技术融入知识工程、过程模拟和产品标准规范等,将抽象、分散的知识集中在易于管理的三维模型中,设计、制造过程能有效地进行知识积累和技术创新,将成为企业知识固化和优化的最佳载体。

MBD 模型的四个关键点:

1)MBD 模型数据的完整表现。MBD 模型数据包括设计模型、注释、属性,其中注释是不需要进行查询等操作即可见的各种尺寸、公差等;属性则是为了完整地定义产品模型,这些内容在图形上是不可见的,但可通过查询模型获取。为了在模型三维空间很好地表达 MBD 模型数据,需要有效的工具来进行描述,并按照一定的标准规范组织和管理这些数据,以便于 MBD 模型数据的应用。

2)面向制造的设计。由于 MBD 模型是设计制造过程中的唯一依据,需要确保 MBD 模型数据的正确性。MBD 模型数据的正确性反映在两个方面:一是 MBD 模型反映了产品的物理和功能需求,即客户需求的满足;二是可制造性,即创建的 MBD 模型能满足制造应用的需求,该 MBD 模型在后续的制造中可直接应用。

3)数字化协同设计与工艺制造的协同。MBD 的重要特点之一是设计信息和工艺信息的融合和一体化,这就需要在产品设计和工艺设计之间进行及时的交流和沟通,构建协同的环境及相应的机制。

4)MBD 模型的共享。通过 MBD 模型一次定义,多次多点应用,实现数据重用的最大化。

- **数据管理**

在二维图中大部分置于标题栏中的管理数据,在 MBD 中可置于模型上或者与模型分离的数据集中,包括应用数据、审签信息、数据集标识、设计传递记录、数据集修订的历史版本等内容。置于模型上的管理数据将被显示在管理数据标注平面上或用等效的方法表现。标准平面可与模型一起显示,但管理数据标注平面将不与模型一起旋转。置于模型上的管理数据将包括但不仅限于 ASME Y14.41M 注解、CAD 维护标记、设计活动标识、复制原件标记、分项标识、米制标记、导航数据等内容。

数据管理系统将提供控制和跟踪数据集信息的能力。这一系统可包含工作中状态(work in process)、数据评审状态、模型检查状态、发放状态、设计工具和版本以及各种数据库等。二维图上的第一和第三角标记在 MBD 模型中不要求标注。

数据集依据工程图标注(ASME Y14.100)来审批。数据集将在产品全寿命周期里被控制和利用。修订版历史信息将依据工程图样和相关文档的修订标准(ASME Y14.35)的规定保留在数据集中。

第六节 保运行:从 MBD 到 IETM 再到 MRO

产品的工程研制阶段和批产阶段,是保证最终能够为用户提供能用、好用、易用的合格产品的阶段,当进入产品的使用、维护、维修阶段,就意味着来到了产品全寿命周期的最后一个阶段。

以前,我们拿到一款新的产品,都需要根据附带的纸质说明书来了解其操作方法。在我看来,国内最差的一款产品就是我们全国各省市给传统电视机配备的电视机顶盒。电视机顶盒以及配套的遥控器上分布着诸多功能按键,在日常生活中,我们绝大部分人,即便是很有文化的人,在反复观看说明书后依旧不会用或者用不好。对老年人来讲,这个电视机顶盒就是一个废品。这是典型的反人性设计。

这样的产品设计是非常不成功的,它没有考虑到产品的好用性与易用性。因此,我们的产品设计、研发、生产要人性化。人性化应用最典型的产品,就是我们常用的智能手机。传统的商品,从我们日常使用的手机、洗衣机、空调、风扇到电视机、微波炉、电磁炉等,其说明书都是纸质的,甚至有些产品说明书内容只有寥寥数语,而且字特别小,非常不方便使用。那为什么配套的是纸质的说明书呢?这源于爱迪生的试错法。试错法的本质就是基于纸质说明的工程研制方法,它通过纸质的工艺表单和纸质的作业指导书来实施。

如今,产品在工程研制阶段伊始,三维数字模型便被建立起来。利用数字模型,我们可以完成基于三维的工艺设计,在批产的过程中也可以严格按照 MBD 的数据集对产品的零件、组件、部件乃至整机完成生产与装配,最后,根据工程研制阶段建立的完整的三维数字化模型,我们还可以将传统的纸质说明书、产品使用手册、培训手册(复杂产品要经过长期的培训才会使用)和维修手册等重新设计为交互式电子技术手册,即我们提到的 IETM。

我们设想一下:未来,通过智能手机,我们就可以查看产品的各类交互式电子技术手册,其中就包括了用户使用说明书、培训手册和维修手册。这些电子手册都存储在"云端"服务器上,而具体位置在哪里,我们不知道也不必知道。在我们购买了产品之后,使用智能手机扫描产品外观上的 RFID 标签或二维码后,手机上就会出现引导式的、三维立体的用户使用说明书,更为直观地指导用户使用或维护、维修产品。当然,未来类似相关的服务也是需要付费使用的。

实际上,在民航领域,波音公司、空中客车公司、庞巴迪公司、巴西航空工业公司等飞机制造公司都已经以交互式电子技术手册为基础,建立起了自己的服务网站。如波音公司以 www.myboeingfleet.com 为依托的世界民航业界最大、最有效的客服体系，以及空中客车公司的在线服务系统（AOLS）、庞巴迪公司的客户信息中心（CIC）、巴西航空工业公司的客户综合信息系统（CIS）和 Aerochain 网站等，都是以为各自生产交付的飞机产品提供全面的客户服务为目的的信息系统。这些信息系统向客户提供全方位、全天候服务，服务内容涵盖技术出版物、维修工程、工程技术支援、备件支援、飞机运营（产品运行）监控、培训等多个领域。

以空调为例的交互式电子技术手册

当我们面对一台全新的空调，使用智能手机打开交互式电子技术手册，点击屏幕上"如何开机"按钮，智能手机中就会出现当前空调的三维数字模型，并以动画形式全方位指导我们完成开机步骤。

空调如何接线？如何插电？如何完成部件组装？如何完成机体安装？需要用什么样的工具？需要用什么样的电源？又或者需要用什么样的接头？在交互式电子技术手册中，三维数字模型式会以动画形式一步一步指导你完成每一步操作，在我们完成不同操作后，交互式电子技术手册还会根据我们的操作告知我们空调当前应该出现的提示以及运行状态，以便我们进行下一步操作，最终实现实物产品与数字模型的完全一致，这也是我们所说的运行维护维修阶段的数字孪生。

数字孪生中的物理实体即用户所购买的实物空调；数字虚体即在空调研制过程中生成的数字化模型。这一模型可以一直延伸到产品运行阶段，经过简化生成 SBOM 表（用于服务和售后支持的产品结构表）。有了数字孪生这一技术，就可以为用户提供虚实对应的产品运行状态以及各种展示。

交互式电子技术手册同时还是一本产品使用说明书，通过智能手机它能够一步一步指导用户正确使用空调。在手机屏幕上,它可以清晰地显示空调当前运行模式:风速、风向、制冷/制热等,同时它能够进一步指导用户完成制冷/制热、节电/高功率等模式切换并详细告知用户当前模式是否拥有除湿/换气等功能。用户只需要按照提示在手机上点击相应的按键就可以对空调进行相应的设定。

交互式电子技术手册所提供的相关服务虽然收费,但我们所购买的商品中已包含了相关的服务,所以它是免费使用的。如今,几乎所有的智能手机都可以安装家电厂商配套的 App 软件,这就将交互式电子技术手册与遥控器功能合二为一,让用户可以通过手机随心所欲地操控空调。

空调在运行过程中,需要实时关注空调滤网以及制冷剂的状态,以指导用户进行及时保养。过去,用户不知道应该何时进行保养,无法得知应该使用何种工具对滤网进行拆卸更换或是进行有效清洗,也不清楚制冷剂如何加注或是否能够自行加注,通常就会出现对无需保养的空调进行过度保养造成浪费,或是急需保养的空调还在超负荷运行导致报废。但在交互式电子技术手册出现后,我们就能够通过加装在空调内部的传感器,结合空调运行时间与运行强度进行分析,对空调状态进行显示。比如说,我们能够以最简单的方式将空调状态划分为红、黄、绿三种状态。红色:空调滤网严重阻塞,须及时清洗或更换,制冷剂严重不足须补充,否则空调将会损坏;黄色:空调滤网部分受到污染,制冷剂有部分缺失,不会对空调安全运行造成威胁,用户可以视情况对空调进行保养;绿色:空调各项数据均处于良好状态,可以满负荷运行,无须保养。

用户通过手机查看交互式电子技术手册及时了解空调状态,并在三维数字动画的指导下完成空调保养操作,遇到需要更换的配件,用户可以通过产品配套 App 结合交互式电子技术手册直接购买相关配件。这样一来,空调的日常的运行、维护以及产品的售后服务保障通过一个手机 App 就实现了联通。

那么，交互式电子技术手册的后台是什么样的？就是我们在工程研制阶段所建立的产品数字化模型。产品的数字化模型包含了一个真实空调所包含的全部内容，包含着每个零件的所有细节特征，是真实模型在赛博空间中的完整复刻。我们日常维护时更换的零件，只是空调数字化模型中的一个子集，比如说空调的制冷剂和滤网，它们仅仅是整个空调众多零件中的一部分。因此，在空调的电子用户手册中，包含的模型数量很少，数据量也很小。可以通过速度合适的网络传递各类数据，同理，空调的维护手册也是这样，涉及的数据量并不多。

空调经过数年运行后极有可能出现故障，对故障进行维修需要专业的技术人员使用专业的工具才能完成。当然，在交互式电子技术手册出现之后这样的维修也变得简单起来。通过对技术人员进行简单培训，结合传感器对空调状态的感知与用户上传的空调现场状况图片，维修人员就能够迅速对空调故障做出诊断并对空调维修所需配件进行上报并及时调取。这样维修人员就能够以最快的速度携带恰当的工具与配件进行现场维修。

在维修现场，专业技术人员也可以使用交互式电子技术手册查看空调的维护维修方案，并在三维模型动画的指导下对空调故障部位进行维修。在交互式电子技术手册中详细地记录了空调各个零件的拆装方式以及拆装顺序，甚至详细地记录了上紧关键螺丝所需的力矩大小，按照交互式电子技术手册的提示就能够轻松完成空调的维修。换言之，交互式电子技术手册的出现简化了我们对设备维修的培训过程。

过去对于复杂产品，仅仅完成维修、拆卸、装配的学习，就要花费数月甚至数年时间。交互式电子技术手册出现后，相当于经验丰富的老师甚至产品研发工程师就在我们身边，而且这个老师或工程师绝对不会出错，它能够重复对每一个操作进行演示，甚至可以规范我们的操作。比如说有些螺钉，

第四章
打好基础，落地生根

会以一种十分刁钻的角度出现在十分狭小的空间内，用常规的方法根本无法用工具进行拆卸，这时交互式电子技术手册中就会明确指出，装卸这样的螺钉需要用到什么样的工具、以何种方式进行拆卸，并以动画形式对我们肢体的运动轨迹进行演示，在保证技术人员人身安全的情况下完成标准维修。

这样一来，就以空调为例对交互式电子技术手册进行了说明。当然，比空调复杂的产品非常多，比它简单的产品也非常多。

基于工业互联网的维护维修

众所周知，工业互联网这一概念最先是由美国 GE 公司推出的。最初，美国 GE 公司最重要的产品是航空发动机。航空发动机作为旋转设备，在正常运行时，通过特定设备对其噪声与振动进行检测收集并转换为噪声频谱和振动频谱后能够发现其噪声频谱与振动频谱都十分稳定且有规律可循。一旦旋转设备发生故障，比如轴承出现磨损导致旋转轴的旋转中心发生偏移，整个设备在旋转过程中所发出的噪声与振动就会出现特定的变化。在通过传感器将此时航空发动机的所发出的噪声和振动信号进行采集、转换为频谱，并由网络发送至运行维护中心之后，运行维护中心就会发现 A 类噪声频谱伴随着 B 类振动频谱这一特定频谱组合，对这类特定的频谱组合进行记录后，一旦此类频谱组合再次出现，专业技术人员就能够根据经验判断出是轴承发生了磨损。

同理，旋转设备上，如齿轮箱和风扇叶片等其他运行装置发生故障，不同位置、不同组件甚至不同的损坏程度，都会产生不同的振动频谱与噪声频谱组合。就比如，风扇叶片出现断裂与出现细小裂纹时的振动和噪声频谱组合就完全不同。这样一来，通过长期的大数据积累，根据不同的噪声和振动频谱组合，设备运行维护中心就能够在不拆解设备的情况下判断出旋转机械中哪一零件发生了何种故障，以及该零件所发生的故障影响到了其他哪些零件。

确定了故障出现的位置以及出现损坏的零件之后,结合在产品工程研制阶段建立的全三维数字模型,运行维护中心就能够对出现异常的航空发动机进行诊断分析:该发动机是在进行简单维修后就能够继续使用,还是可能会引发安全事故必须停机进行大修。在通过三维数字模型快速确定维修方案与维修实施方案后,专业技术人员就能够根据交互式电子技术手册所提供的维修相关说明进行相关零件与组件的更换。

全三维数字模型和交互式电子技术手册的出现为产品的运行维护与维修带来了极大的好处。过去,大型工程机械不会存储大量备件:一是会占用资金;二是在购买大量备件后,部分备件可能在产品报废之后都不会被使用,最终成为废品。

例如石化厂会使用大量鼓风机(旋转设备)。一旦出现问题,早期只能通过打电话、发传真的方式与设备厂商取得联系,逐渐地,用户与设备厂商的联系方法拓展到使用电子邮件发送设备现场照片或是使用微信进行实时视频沟通,但无论使用何种沟通方式,都只能对设备的状况进行大致描述,大多无法支持设备厂商对设备故障做出准确判断。

于是就出现了这样的情况:由于现场没有备件,设备维修中心基于远程沟通所了解到的情况有限,派出专业技术人员从很远的位置携带工具和配件来到现场后却发现所判断的故障与实际情况不符,无法进行维修,维修中心只好重新派遣技术人员携带正确的工具和零件前往现场。这个过程花费了大量的时间,会对工厂的生产造成极大的影响,尤其是流程行业,一台设备的停机会造成整条生产线的被迫停运,因而造成巨大损失,而且不仅仅是经济上的损失。

因此,在工程研制阶段实现数字化之后,完整的产品三维数字模型就建立起来了,其中就包括简化的外观模型和用于维护、维修、大修阶段的模型。根据 MBD 条件下的完整 MBOM，我们可以依照需求准确并迅速地生成 SBOM，"S"即 Support 或 Service，是用于服务或支持维修阶段的物料清单，产品进行维护、维修、大修时并不需要使用全部物料清单，因此 SBOM 只是 MBOM 的一个子集。

有了依据 BOM 形成的交互式电子技术手册，对技术人员的培训、产品的使用以及对产品进行的维护、维修过程就获得了极大的便捷。在提高专业技术人员工作效率的同时，也提高了设备长期稳定运行的能力。

假以时日，借助工业互联网平台，通过分析、比对由传感器采集到的大量远程设备上的多项数据（振动频谱、压力、温度、电压、电流等），就可以远程预判设备将会在什么时间发生何种问题，配合交互式电子技术手册，就能快速解决用户问题，甚至能够将故障扼杀在摇篮中。

因此，保运行是一套组合拳，既需要交互式电子技术手册的指导，也需要工业互联网平台和大量长期积累的工业大数据的支持。

远程维护维修案例，以轴承组件失效模式分析为例

轴承典型失效模式分为：表面损伤类缺陷、磨损类缺陷、保持架运转不稳定等（以下资料来源于洛阳轴承研究所有限公司）。

- **表面损伤类缺陷**

对于表面损伤类故障，当损伤点表面发生滚动接触时会产生突变的冲击脉冲力，该脉冲力为一宽带信号，引起的高频振动会覆盖轴承各个零件的固有频率进而引起谐振。造成轴承表面损伤类缺陷的原因是在轴承零件加工过程中发生磕碰或由于外部多余物造成的磨粒磨损。

B7005 TN3/HV P4 轴承在每分钟 6000 转、一次性稀油润滑状况下，典型的外圈、内圈、钢球表面缺陷造成的频谱异常如图 4-13、图 4-14 所示。

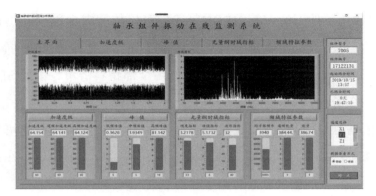

图 4-11　在线分析界面

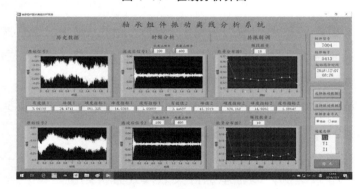

图 4-12　离线分析界面

外圈表面缺陷如图 4-13、图 4-14 所示：

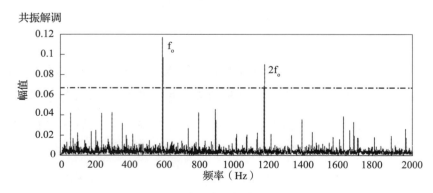

图 4-13　外圈表面损伤共振解调结果

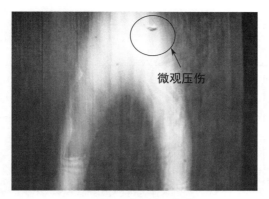

图 4-14 外圈表面损伤

内圈表面缺陷如图 4-15、图 4-16 所示。

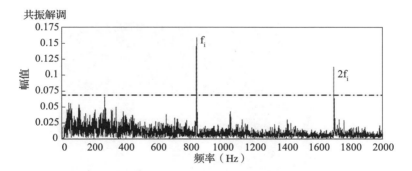

图 4-15 内圈表面损伤共振解调

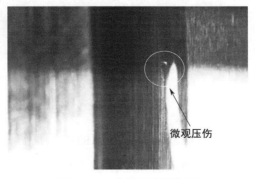

图 4-16 内圈表面损伤图

钢球损伤如图 4-17、图 4-18 所示。

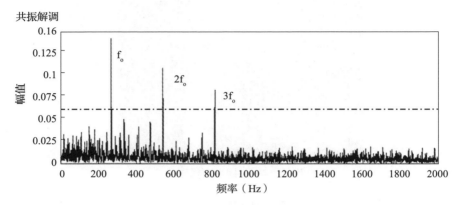

图 4-17　钢球表面损伤共振解调结果

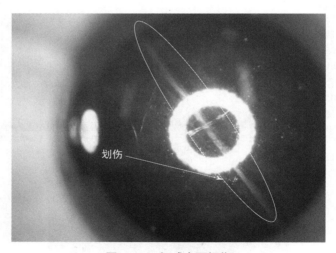

图 4-18　钢球表面损伤

- **磨损类缺陷**

轴承表面磨损后产生的振动同正常轴承的振动具有相同的性质,即两者都是无规则的随机振动,但轴承磨损后振动水平(幅值、能量)明显高于正常时的情况。

由于磨损故障引起的振动信号除了振动水平高于正常轴承外没有其他特征差别，只能通过监测振动信号的加速度级、峰值和能量指标诊断这类故障，如果明显高于正常轴承，即判定为磨损。

可能造成轴承磨损类缺陷的因素有轴承零件次表层材料缺陷或内部磨损产生多余物。磨损类缺陷如图4-19所示。

图 4-19　外径沟道磨损

图4-20和图4-21为6200轴承在水溶液中以每分钟11000至20000转，连续运转9500个小时的振动情况，图4-20为6200不锈钢轴承振动情况，图4-21为全陶瓷滚动轴承振动情况。从图4-20可以看出不锈钢轴承振动幅值增大明显，经分解后发现轴承出现了一定程度的磨损；从图4-21可看出全陶瓷轴承振动幅值一直比较平稳，经分解后能够看出轴承几乎未见磨损⊖。

⊖　注：轴承运转至5786个小时后，需重新组装轴承；全陶瓷轴承的材料制备成型、加工、装配、检测和试验均由洛阳轴承研究所有限公司完成，该试验结果不一定适用于其余厂家生产的轴承。

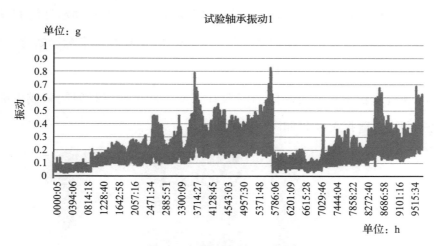

图 4-20　不锈钢轴承振动图

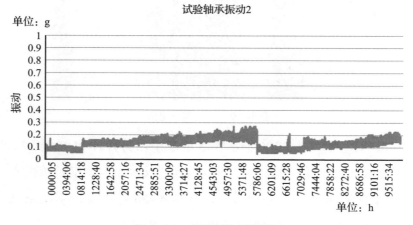

图 4-21　全陶瓷轴承振动图

- 保持架不稳定

保持架运转不稳定的主要表现形式为保持架外径与套圈挡边异常接触或保持架内径与套圈挡边异常接触造成磨损。保持架与套圈挡边异常接触为非周期性运动，无明显规律，通过时频分析可以直观反映出此现象。

第四章
打好基础，落地生根

采用短时傅里叶变换对振动信号进行时频分析，可以提供时间域与频率域的联合分布信息，清楚地描述了信号频率随时间变化的关系。保持架外径异常磨损时频分析结果如图4-22所示，从图中可以看出在1至1.2秒之间异常接触时频率特征随时间的变化关系，拆解检查留存的保持架外径异常磨损如图4-23所示。

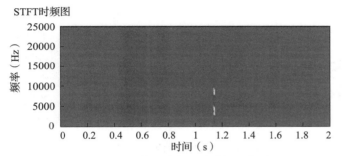

图4-22　保持架外径异常磨损时频分析　　图4-23　保持架外径异常磨损

绿色发展循环经济

任何产品都不可能无限制地长期使用，它们都是有寿命的。因此我们就需要考虑如何在产品寿命终结之前，对其进行合理的回收，再生产，从而形成新的产品。

回首过去十年，我国已悄然进入汽车社会。实际上早在六七十年前，汽车就已经在大多数欧美家庭中普及了。因此，在欧美国家大量的报废汽车、破旧轮胎、铅酸蓄电池造成了严重的环境污染。地球上的资源是有限的，这就需要我们思考如何将一个产品回收、再生产、再制造，进而形成一个循环经济，减少对自然资源的消耗和浪费。这就是绿色制造。

比如说汽车，我国还远远没有达到欧美国家几乎每家每户都拥有汽车的水平。我们使用的汽车一般都经历了从新车到二手车，甚至成为三手车、四手车……直至将汽车用到极致——走向报废，成为废铁。

我个人认为，这是一种巨大的浪费。如果汽车行业拥有了MBD这样的数字化手段，我们就能够在汽车全寿命周期进行到60%或70%的阶段时，将其合理地回收，进行再制造—再生产—再进入市场。经过这样的流程，在设计和工艺环节可以减少资源的大量浪费，这就是绿色制造。

如果把全世界人类使用的所有商品都按照"回收—再制造—再生产—再进入市场"的思路来设计、生产、运行维护的话，人类社会将进入一个集约化时代，大气污染指数会逐步降低，资源浪费现象也会大幅度减少。

今后人类要进入和谐社会，与自然和谐共存。我们要提前思考，如何实现绿色设计、绿色制造，资源利用率越高，浪费越少，造成的污染越少，对人类社会的长远发展以及维护社会长治久安的好处就越大。

因此，在产品的全寿命周期中，从方案阶段到工程研制阶段再到批产阶段和最终的运行维护维修阶段，每一个环节我们都要认真思考如何对产品进行回收、再制造，这是全人类都需要思考的问题，不仅仅是产品研发人员的问题。"绿色设计，绿色制造"是我们人类面临的一个重大发展瓶颈。

第五章

理清概念，轻装前行

Chapter Five

第一节　模型及其演变过程

MBSE，即基于模型的系统工程（Model Based Systems Engineering），通过以模型为中心进行系统分析和系统设计，使整个系统达到预定的工程目标。

什么是模型

我们首先看人类对事物描述方式的发展。子曰："书不尽言，言不尽意。"书是文字，言是语言，意是思想，孔子这句话就是在说：人的思想如果用语言来表达，经常会出现一定的缺漏；如果人的语言用文字来记录，又会产生一定的偏差。那么古代圣人的思想就不能完整地表达出来了吗？实际并不是这样。

"圣人立象以尽意。"孔子这样补充道。"象"是什么？就是模型。过去我们进入佛教圣地，在各个寺庙的大殿能够看到各路神佛以及五百罗汉。所有雕像与画像的面部表情都栩栩如生，这些就是用实物表达的像，或者说是用实物表达的模型。古代模型有泥塑、木雕、石刻、砖雕、铜铸、铁铸、银制、金制等，这就是我们所讲的实物模型。

实际上，模型有一套完整的定义。模型，是通过主观意识，借助实体或虚拟表现，构成客观阐述形态结构的一种表达目的的物件（物件并不等于物体，不限实体或虚拟、不限平面或立体）。模型并不等同于商品，任何物件在定义为商品之前的研发过程中均以模型状态存在，只有在定义型号、规格以及匹配相应价格之后，模型才会以商品形式呈现出来。

从广义上讲：如果一件事物能随着另一件事物的改变而改变，那么此事物就是另一件事物的模型。模型的作用是表达不同概念的性质，当模型与事物发生联系时会产生一个具有性质的框架，此性质决定了模型随事物变化的方式。

模型的演变过程

在过去，由于没有合适的方法与手段，整个工业的发展都是基于爱迪生的试错法，传统的设计、制造、试验与管理都是在实物的基础上进行的。研制一个新产品，需要先完成设计图的绘制，根据图纸将实物制作出来后，通过一系列功能与性能试验来测试产品是否满足设计指标，整个试验过程非常漫长且艰难，其中最典型的案例无外乎电灯的研制。

在电灯的研制过程中，为了找到最佳制作方案，爱迪生共收集了多达14000余种材料，其中就包括了试制灯丝的1600余种金属材料与6000余种非金属材料；在新型蓄电池的研制过程中，试制材料多达9000余种，并经历多达50000次试制……这就是传统的产品研发体系，假如以现在的观点来审视，我们试得起吗？无论从研发资金还是所造成的材料浪费与环境污染，以传统研发体系研制我们现在的产品，其成本是我们根本无法想象的！

早期，人类使用实物模型进行各类实物试验，这类试验也可以被称为实物仿真。进行实物仿真的成本是巨大的，即便是大型企业也难以在漫长的研

智能制造的本质

制周期中独立支撑数次实物仿真所带来的巨额经济负担。这就需要对实物仿真进行简化,最初的方案是将实物模型缩小,使用经过等比例缩小的模型进行半实物仿真。例如在飞机工程研制阶段使用缩比模型替代实机在风洞中进行空气动力学实验。当然,使用模型,无论是缩比模型还是等比模型,都只能得到与实际情况相近的试验结果。

技术发展到今天,我们已经可以通过计算机建立产品的三维数字模型来表达"象",即虚拟的模型。用虚拟模型来取代实物模型,是我们在技术上取得进步的一个重要标志。随着社会的发展与进步,数字模型的应用正逐渐普及,基于数字模型的各类虚拟试验和数字仿真也在广泛开展。

实际上,三维模型的演变,经历了漫长的探索和试错阶段,我们从二维的图纸到三维的模型,再到基于 MBD 的模型,基于模型的企业,基于模型的系统工程,还有基于模型的仿真(Model Based Simulation,MBS)等,均与工业和制造业紧密相关。包括高性能计算、数字仿真、数值分析、虚拟试验等一系列技术,实际上也都是基于虚拟的模型来进行的。

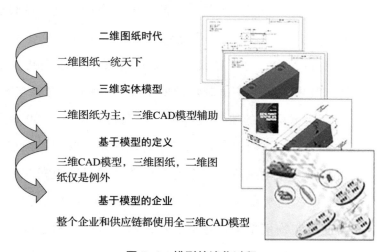

图 5-1 模型的演化过程

第五章
理清概念，轻装前行

在人类历史发展的过程中，制造业一直都起着推动作用。工程数据最早的表达方式是二维图纸。随着社会的发展，各种技术不断推陈出新。新产品的研发可以看作是从使用数学算法和数学模型求解各个零部件的尺寸开始，随后绘制蓝图、生产实物、进行试验。在整个研制过程中工程师使用的平面图纸，就可以视为二维模型，而我们在日常生活中所接触到的物体大多却是立体的、三维的，是三维实物模型。

过去在产品设计过程中，无论是平面设计还是立体设计（在平面图纸上绘制二维模型，或在现实中制作三维实体模型，抑或使用计算机软件构建数字三维虚拟模型），都只是对几何尺寸进行设计协调，所以仅仅是解决了产品在几何空间上的问题。但在制造过程中，除了几何空间尺寸，工人师傅往往还需要掌握材料数据和工艺数据，这就必须根据三维设计生成二维图纸，并在二维图纸上表达诸如材料、工艺、质量检测等数据。因此在生产制造过程这个阶段，大多以二维图纸为主要依据，三维 CAD 模型仅作为辅助。

以上所说的是传统的以物理实物模型为中心的物理主线。从另外一个角度来说，模型还包括数学模型，比如各种概念、各种公式和各种理论。

现代的设计方法是使用以数字虚拟模型为中心的数字主线，体现在飞机的全寿命周期中就是，先在计算机上构建飞机的数字模型，然后以数字模型为基础开展飞机各系统及整机的仿真试验工作，根据三维数字模型数据完成批产交付后，再基于数字化飞机的各项实时数据指标对日常运行的实体飞机进行维护维修，物理主线与数字主线一一对应就形成了数字孪生。

当复杂产品完成工程研制阶段，来到产品批产阶段后，就涉及生产该复杂产品的材料数据以及在生产过程中所需要的工艺数据了。这就催生了 MBD。MBD 即基于模型的定义，也就是说，模型不但表达了产品的三维几何数据，还表达了它的材料数据、工艺数据以及生产制造过程中需要的所有数据。这就需要在复杂产品模型的空间数据基础上，将产品的材料数据、工艺数据等在生产制造过程中所涉及的所有数据甚至包括在生产结束后的质量和检验数据等一同通过软件汇聚到数字模型当中。

在模型可以完整地将产品的几何尺寸和生产过程中需要的所有数据以及质量检测数据进行精准表达之后，企业在生产制造过程中就可以脱离传统的设计蓝图和工艺、工序卡片。这样，从最初的二维模型到三维的立体模型，再到基于模型的定义，是一个巨大的革命性的进步，对于制造业来说是一个巨大的跨越。相当于将整个产品研制过程和生产管理过程全部数字化，使其能够由计算机实现理解、分析、执行。实际上，没有实现MBD，就不可能实现智能制造。

试想，一个工业企业如果将主价值流都进行模型化，管理层就可以把这种包含了真实数据的模型应用到企业的管理流程当中，包括但不限于企业的财务管理、产品的质量检测、全年计划安排等各个方面，这也意味着企业所涉及的人、机、物、料、法、环都可以用这类数字三维模型来表达。企业如果将这些数字三维模型关联起来，解决在生产、管理过程中遇到的问题，就形成了基于模型的企业（Model Based Enterprise，MBE）。

基于模型的企业可以在MBD的基础上，对产品进行全寿命周期设计。从产品的需求分析、概念设计到方案设计等各个阶段，直至确定产品的最终方案。在MBD的辅助下就能够将整个过程所产生的数据记录下来。在拥有了完整的MBD数据后，企业就可以向前进行延伸，进入基于模型的系统工程，进而可以在产品研发的最开始阶段，用模型来预估和分析未来产品的发展和走向。这将是解决企业在产品创新能力方面的关键性一步。

基于模型的系统工程是模型驱动的系统工程方法论，通过标准系统建模语言构建需求模型、功能模型、架构模型，实现需求、功能到架构的分解和分配，通过模型执行实现系统需求和功能逻辑的"验证"和"确认"，并驱动联合仿真、产品设计、实现、测试、综合、验证和确认环节。

当然，模型还包括数学模型、数字模型。数字模型，就是我们讲到的三维数字模型，或者基于 MBD 的数字模型；模型也包括半实物模型、实物模型以及产品乃至商品。

过去，一个复杂的系统工程，是基于纸质文档进行的，它定义功能需求、非功能需求（性能需求）、接口需求和系统逻辑架构。通常完成这一系列定义后，会产生数以吨计的纸质材料。更糟糕的是，如此庞大的纸质材料，经常在后期会出现各种小问题，根本无法查询问题的源头。

在基于模型的系统工程这一方法论出现后，这一情况就发生了根本性的变化。基于模型的系统工程使用静态视图，通过参数、架构和接口等将系统的动态行为，比如用例、功能活动、时序和状态等全面关联起来。

MBSE

2017 年 4 月份，机械工业出版社出版了《系统工程手册》一书，这是国际系统工程协会（INCOSE）与中国航空工业集团合作的成果，在集团副总经理张新国的领导下，翻译出版了这本书。这对我国复杂产品制造企业来说，具有非常深远的指导意义。

2018 年 7 月 7 日到 22 日，由国际系统工程协会主办的国际系统工程大会在美国华盛顿召开。作为全球系统工程领域最有影响力的年度学术会议之一，国际系统工程大会涉及航空、航天、防务、汽车、交通、基础设施、能源、医疗、教育等不同领域，每年都吸引全球近百家政府部门、工业集团和学术机构的参与。2018 年度的会议主题是"全球化时代的交付系统"，参加本次大会的有美国航空航天局、波音公司、洛克希德·马丁公司、诺斯罗普·格鲁门公司、通用电气公司、霍尼韦尔公司、泰雷兹公司等众多国际著名航空航天企业与组织。

中国航空工业集团作为企业会员代表参会，中国航空工业集团副总经理张新国应邀参会，7月9日，张新国代表中国航空工业集团应邀在全体大会上做了题为《复杂航空系统和复杂系统工程协同演进》的演讲，并被授予国际系统工程协会"奠基人"奖，成为中国获得此奖项的第一人。

最早的飞机非常简单，只有简单的机械结构和简陋的仪器仪表，而且各不相干；现代飞机则非常复杂，结构件多达数百万个，拥有复杂的电子电气系统、航空电子系统，仅机载软件代码量有时就达上亿行，可称之为"系统之系统"。从机械、电子到软件，产品变得越来越智能，也因此，传统的基于纸质的研制方法已经没有办法继续解决这些极其复杂的系统问题，进而出现了新的解决方案——基于模型的系统工程。

基于模型的系统工程以综合视角审视产品的整个研发运行体系，包括产品设计、生产、交付、维护维修，以及产品运行过程中的方方面面，是一个

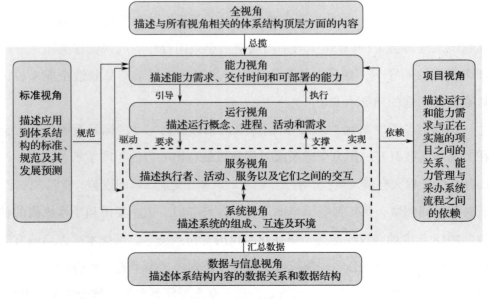

图5-2　DODAF 2.0

非常庞大的体系。这一体系化的审视方法就是美国国防部基于扎克曼的体系结构框架发展出来的 DODAF 2.0。

基于模型的系统工程是一种方法论。它通过标准系统建模语言构建需求模型、功能模型、架构模型，实现需求功能到架构的分解和分配。通过模型与执行实现系统需求和功能逻辑的验证和确认，用驱动联合仿真产品设计，实现产品测试、综合验证和确认。

过去，建一个复杂的系统，要用到的纸质材料数以吨计，定义的功能需求、非功能需求、接口需求和系统逻辑结构非常复杂，经常搞不清楚哪里会出现问题。当我们将其变成计算机模型后，就可以用静态视图、参数架构和接口等把其中的关联关系、功能活动、用例、持续演进和状态等全面联系起来，这就是系统工程。

国际系统工程协会成立于 1990 年。系统工程是开发系统的跨学科的方法和工具，其特点是：系统工程面向复杂系统研发，通过使用跨学科方法来控制复杂系统的开发过程，其始于利益相关者的需求、系统功能定义和设计综合，并聚焦于在产品全寿命周期的早期阶段实现对系统功能的逻辑验证。

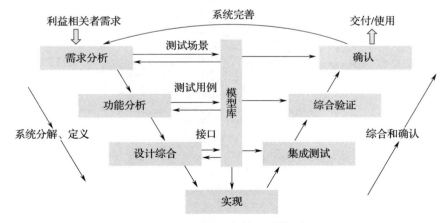

图 5-3 系统工程的 V 字模型

智能制造的本质

系统工程的 V 字模型从需求分析开始。一个复杂产品涉及多个利益相关者，这就需要利益相关者对庞大且复杂的系统进行逐层分解，通过系统分解与定义一级一级将庞大的系统分解到最底层，最终实现利益相关者的所有需求。需求实现后，不断对其进行集成测试、综合验证直至最终的确认。这就是整个 V 字模型。

系统工程实际上更多反映的是科学管理的概念，当然它也包含很多技术。综合的项目管理以及项目组织是非常复杂的体系，同时，项目组织牵涉很多人，牵涉很多过程，当然也牵涉很多技术、项目流程、技术流程以及协议流程。因此，如何形成一个综合的体系是非常复杂的问题。

其中，最复杂的环节无外乎系统分析。系统分析分别对"需求权衡分析和评定""功能权衡分析和评定"以及"架构权衡分析和评定"进行定义，这是一个漫长的过程。

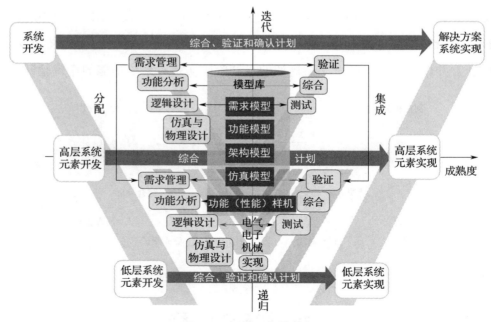

图 5-4　系统工程模型库

根据 V 字模型，我们可以完善系统工程模型库：从系统开发，高层系统元素开发，到低层系统元素开发和实现过程综合平衡，不断进行验证。这是非常复杂的多维模型。同时，这个模型库需要大量虚拟模型的支撑。

实际上，实现基于模型的系统工程，我们首先要做的事情是构建基于模型的产品研制环境。第一步是基于模型的定义，第二步是基于模型的工艺，第三步是基于模型的作业指导书，最后是基于模型的制造（包括检测、组装、制造、部装、总装等）。我们可以将前三步概括为基于模型的工程，这是 MBSE 的核心，基于模型的工程做不好，MBSE 就不可能做好。

在做好基于模型的工程的基础上，向前可以延伸到基于模型的系统工程。这就进入了产品的创新能力阶段，也就是需求分析、概念设计和方案设计阶段。在这个阶段，第一步就是需求定义和需求管理，包括定义飞机航空系统的运行场景和运行概念。当然在 MBSE 阶段，要有 SysML 语言基础，要有系统建模规范，要有系统建模的过程。当然系统工程的能力框架应用也是非常繁杂的，要一步一步加以完善解决。

第二节　从 CPS（赛博物理系统）到 HCPS

赛博物理系统是一套智能制造的使能技术体系，是一个包含计算、网络和物理实体的复杂系统，通过 3C（Computing、Communication、Control）技术的有机融合与深度协作，通过人机交互接口实现和物理进程的交互，使赛博空间以远程、可靠、实时、安全、协作和智能化的方式操控一个物理实体。

CPS 的由来

在全球范围内，无论是德国的工业 4.0、美国的工业互联网还是我国的

"中国制造2025"，尽管提法各不相同，但CPS是一个始终无法回避的概念。现在国内多把CPS译成"信息物理系统"，这种译法虽简单明了，但就内涵角度而言，译为"赛博物理系统"或许更能表达其精髓。

1926年，尼古拉·特斯拉讲道："当无线技术被完美应用时，我们的地球将会变成一个大脑，通过仪器，我们能实现一些惊人的事情，就如同像现在我们使用电话一样。"1948年，"控制论"的开创者诺伯特·维纳援引了希腊语单词Kubernetes（其原意是万能的神，因为希腊是航海大国，也被引申为舵手），如神来之笔般创造了Cybernetics词，意为"控制"。随后这个词真的"控制"了许多领域，一直到现在。1961年，美国人查尔斯·德雷珀研制的"阿波罗制导计算机"是世界上第一个嵌入式系统。1967年，美国国防部高级研究计划局（DARPA）为连接几台不同的大型计算机，在开发通信协议时提出了赛博空间（Cyperspace）的概念，这就是国际互联网的前身。1988年美国人马克·威瑟提出"无处不在的计算"。20世纪90年代后的很长一段时间，Cyber又分别被称为控制、通信、计算，现在Cyber常作为前缀，代表与因特网或计算机相关的事物，即采用电子或计算进行的控制。

由于太空探索经常需要派无人飞行器执行各种危险的太空任务，因此美国国家航空航天局（NASA）早在1992年率先提出并定义了CPS（Cyber-Physical System）这个概念。这个概念因为一次危机事件而被美国政府高度重视——1993年，数百名美国特种部队在索马里首都摩加迪沙的军事行动中被数千名索马里民兵围攻，结果造成19名美军死亡，73人受伤，事后索马里民兵将美军士兵尸体吊在桥上向全世界展示。

从Cyber的本意来看，它实际上是一种实现控制的机制（或机构），"信息"是被控制的载体，并不是控制结构和控制机制。因此，把Cyber译成"信息"，偏离了它真正的含义。就像我们提起足球运动，不能把它简单地理解为那个黑白相间的球体一样,而必须把它理解为基于一种特定规则基础上的球类运动。从"编程"的角度来看,Cyber 是"控制机构"类。

在这个语境下,Cyber 应该有五个含义:控制、通信、协同、虚拟和创新,而这些含义中都包含了计算。要全面而准确地理解这些含义,才可以对 CPS 形成全面而深刻的认识,并在理解它的基上实施智能制造。

CPS 源自军方推动

由于太空探索经常需要派无人飞行器执行各种危险的任务,因此美国 NASA 在 1992 年率先提出并定义了 CPS 的概念。另外,上述索马里民兵将美军士兵尸体吊在桥上向全世界展示,也极大地刺激了美国民众和美国政府。

由于 CPS 技术可以让士兵在安全的军事基地中远程控制各种武器装备执行危险的作战任务,大大降低部队的伤亡率,因此很快引起了美国国防部的重视。2006 年美国国家科学基金会(National Science Foundation,NSF)的海伦·吉尔对 CPS 下了定义:"赛博物理系统是指在物理、生物和工程系统中,各种操作相互协调、互相监控,并由计算核心控制着每一个联网的组件。泛在的计算被嵌入每一个物理实体,包括材料。这个计算核心是一个嵌入式系统,通常能够实时响应,并且一般是分布式的。"

在美国国防部的推动下,CPS 技术从太空探索被引入军事领域。美国无人作战系统能够在军事基地控制数千公里外的无人机,对目标进行侦察、打击,很大程度上得益于美国无人机系统利用 CPS 技术随时获取了所需要的地空信息。在军事基地的控制端就可以对无人机侦察、打击所需要的各种要素进行评估,进行数字化展示,这就是 CPS 在军事领域的具体应用成果。

2005 年 5 月,美国国会要求美国科学院评估美国的技术竞争力,并提出

智能制造的本质

维持和提高这种竞争力的建议。5个月后,基于此项研究的报告《站在风暴之上》问世。在此基础上于2006年2月发布的《美国竞争力计划》则将赛博物理系统列为重要的研究项目。2006年美国国家科学基金会将CPS技术列为其重要研究项目开展研究。到了2007年7月,美国总统科学技术顾问委员会(PCAST)在题为《挑战下的领先:竞争世界中的信息技术研发》的报告中列出了八大关键的信息技术,其中CPS位列首位,其余分别是软件、数据、数据存储与数据流、网络、高端计算、网络与信息安全、人机界面、NIT与社会科学。欧盟从2007年到2013年在嵌入智能与系统的先进研究与技术(ARTMEIS)上投入54亿欧元,以期在2016年成为智能电子系统的世界领袖。

为了全面加强对CPS的理解,我们还需要提到意识人体。人类是由大脑意识和身体构成的,人类是由意识控制身体来产生各种行为的。高中毕业时,每个人的知识结构高度相近。但是当我们大学毕业工作几年后,就会发现每个人的知识结构、思想意识渐行渐远。差异在哪里?通过分析发现人体物理结构变化引起的差异极小,而人脑意识的变化造成了巨大的差异。人类后天的自我学习、自我提升,以及人所接受的有关训练和职业培训,使得每个人在面临不同情况时,形成了不同的解决问题的方法和对策,形成了每个人特有的知识结构。如果一个人工作变动,通过再培训就可以适应另外一种工作。人换的是什么?换的是思想意识而不是身体。

如果把CPS与一个意识人体模型做比较就会发现,Cyber是什么?就是人的思想意识。Physical是什么?就是人体及其行为。人是意识控制身体行为,CPS就是Cyber控制Physical。那么,Cyber从哪里来?实际上,早在很多年前,绝大多数IT人员的共识是:软件定义世界,软件定义产品。那么,又由谁来定义软件呢?这就不得不提到知识管理和知识工程了,经过多年的积累,人类的经验和知识可以写成算法,形成软件,嵌入硬件,帮助人们控制物理设备;

因此人类定义软件，软件集人类知识之大成，而且软件要能用、好用、耐用。

这样构建一个赛博物理系统，既需要Cyber，又需要Physical，而且两者要结合形成一个系统；在这个系统中，Cyber控制Physical，虚（Cyber）实（Physical）精确映射。目前大规模应用的智能手机就是一种典型的智能产品：我们都知道，智能手机在具备基本软硬件的条件下，换一个不同App（应用软件），手机功能马上就会发生改变。

美国国防部2013年推出的AVM（自适应运载器制造），就是把智能手机的设计思想，放大应用到工业体系的产品生产线上。简单来说就是在一条生产线上，仅仅靠更换软件或者更换少量设备和工装工具，就可以制造出完全不同的产品，这就大大满足了人类对产品不断提升的个性化需求。

回顾CPS的发展历史我们可以看出，CPS是因为控制而兴起，由于计算而发展壮大，借助互联网而普及应用。飞机，特别是无人机，就是CPS应用的重点领域之一。

2013年德国工业4.0开始大热，作为其基础支撑理念的CPS也受到广泛关注，这个词现在已经彻底成为"制造业明星词汇"了。

从CPS到三体智能革命理论

按照中国人的传统文化，我们在研究CPS时，不得不思考：Cyber是怎么来的？从CPS的发展历程可见，Cyber和CPS是由拥有智能和智慧的人创造出来的，因此，当我们解读智能的时候，不能忘了人类的核心作用。为此，我们引用了中国的古代文明和道家文化。

笔者在《三体智能革命》第一章开篇明义，中国古代的道家创始人老子讲到："道生一，一生二，二生三，三生万物。"我们理解的是"自然物理实体，孕育意识人体，打造数字虚体。三体交汇，认知互动，共轭进化，协同发展"。

人工智能的快速发展已经引起一大批知识分子和名人的隐忧。2015 年 7 月，包括著名天体物理学家霍金、苹果联合创始人史蒂夫·沃兹尼亚克以及特斯拉 CEO 埃隆·马斯克在内的全球上千名科学界知名人士联合签署公开信，要求禁止研发人工智能武器。他们担心人工智能武器将会流入黑市并被恐怖分子及独裁者所利用。

如果有一天，当机器人变得智能，当生活变得智能，当工厂变得智能时，我们人类怎么办？这就是我们面临的巨大挑战。怎样理解和定义智能？智能本质上是一切生命系统对自然规律的感应、认知与运用。有感知，自决策，善动作，是智能的基本特征。人工智能专家把人工智能分解为两类：感知智能和认知智能；感知是一切智能的基础，而认知则是更高一级的智能。基于计算机而建立的智能系统也将逐渐具备强大的认知能力，计算机以及其中的软件/固件也将可以感知系统外部状态，实时分析计算，自主做出决策，精确控制其他物理设备来执行动作。具备认知能力的人造系统一定是智能系统。这就是我们在《三体智能革命》一书中描述的 20 字箴言：状态感知、实时分析、自主决策、精准执行、学习提升。

按照出现的时间顺序，作者把世界分为三类"体"：

第一体：物理实体，由自然界物质以及人类所创造的各种实体设备（哑设备）、人造材料所构成的物质与材料世界。第二体：意识人体，人是地球上所有生物体的杰出代表，构成了社会的基本要素。人体具有自身

图 5-5　三体化——智能模型

的智能反应与智慧的意识活动。第三体：数字虚体，存在于计算机和网络设

第五章
理清概念，轻装前行

备之中的一个数理逻辑空间，基于计算机系统实现，由于网络通信而增强，也称赛博虚体。

从图5-5可见，物理实体演变出了意识人体，意识人体创造出数字虚体，数字虚体作用于物理实体，形成了多个小循环和大循环，详述可见《三体智能革命》一书的第一章。

宇宙由物理实体构成。按照达尔文的进化论，物理实体进化出了植物和动物，动物的最高形态就是有智能的人，这就是意识人体。有意识、有思想的人创造了计算机，开发了软件，用计算机和软件建立了数字虚体，也就是我们所说的网络数字虚拟空间。数字虚体可以向两个作用方向演变。

第一个方向是作为一种嵌入式系统把产品变得智能。以我们常用的手机为例，智能手机是软件定义的，有了基础的硬件如摄像头、麦克风等之后，我们就可以用App软件来定义手机的功能和性能：把手机定义为录音机，用的就是麦克风和相关软硬件；把手机定义为一个照相机，用的则是摄像头和相关的软硬件。因此软件定义产品，就可以完成产品智能化，把常规的产品变成智能化的产品。当然软件仍然是人来定义的。

第二个方向，有了计算机和相关的工业软件，我们就可以将产品研制过程数字化。有了CAD、CAE、CAPP、CAM、ERP、PLM等工业软件，我们的产品研制过程就可以数字化、网络化，进而实现智能化；既加快研制进度，也降低成本，同时提高质量。当然工业软件仍然是人开发的，产品的研制过程也是由有智能的人用聪明的软件工具来完成的。无论现在还是未来，人类仍然是智能系统的主导者。

新一代智能制造——从"三体智能革命"到HCPS

智能制造是一个不断演进发展的大概念，按照中国工程院的分类可归纳

智能制造的本质

为三个基本范式：数字化制造、数字化网络化制造、数字化网络化智能化制造（新一代智能制造）。智能制造涉及智能产品、智能制造过程以及智能服务等多个方面。

在从传统制造向智能制造的发展过程中，制造系统经历了从原来的"人－物理"二元系统（Human-Physics System，HPS）进入"人－信息－物理"三元系统（Human-Cyber-Physics System，HCPS），进而进入新一代"人－信息－物理"三元系统（HCPS2.0）的过程（见图5-6）。

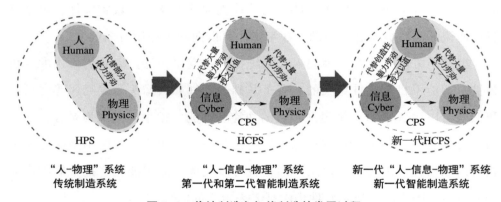

图5-6　传统制造向智能制造的发展过程

早期制造系统（传统制造系统）只包含人和物理系统两大部分，完全通过人对机器的操作控制去完成各种工作任务。尽管物理系统（机器）代替了人类大量体力劳动，使人类的体力劳动得以极大减轻，但传统制造系统仍然要求人完成感知、分析决策、操作控制以及学习等多种任务，因此，传统制造系统实质上是"人－物理"系统。

数字化制造系统与传统制造系统相比，主要有两方面变化。最本质的变化是，在人和物理系统之间增加了一个信息系统（Cyber System），该信息系统可替代人去自动完成部分感知、分析决策和控制等任务。

第五章

理清概念，轻装前行

制造系统从传统的"人－物理"系统向上述"人－信息－物理"系统演变的进程中，信息系统的引入使得制造系统同时增加了"人－信息"系统（Human-Cyber System, HCS）和"信息－物理"系统（Cyber-Physical System, CPS）。HCS使人的部分感知、分析决策与控制功能向信息系统复制迁移；同时，CPS系统逐渐实现物理系统和信息系统在感知、分析、决策、控制及管理等方面的深度融合；信息系统、物理系统共同代替人类完成更多的体力和脑力劳动，进而形成基于HCPS的新型制造系统的基础。

智能制造的根本目标是要实现产品及其生产和服务过程的最佳资源配置，为此，智能制造需要解决各种各样的问题（产品设计、工艺设计、过程控制、生产管理、运行维护维修等），但由于制造系统和制造过程的复杂性，建立有效的决策模型和准则往往极为困难，它不仅可能要用到方方面面的人类已经掌握的知识规律，而且还可能涉及众多目前尚未掌握或难以描述的知识规律。传统的数字化制造系统中，模型和准则是在系统研发过程中由研发人员通过综合利用相关理论知识、专家经验、实验数据等建立并通过编程等方式固化到信息系统中的，由此建立的模型和准则一方面受限于研发人员的知识、能力和研发条件，另一方面在系统使用过程中也往往是固定不变的，难以适应系统内部和外部状态的动态变化。因此，数字化制造仍不能有效地实现产品、生产和服务过程最优化这一根本目标，需要发展新一代智能制造系统。

与数字化制造相比，新一代智能制造系统最本质的特征是其信息系统扩充了学习认知功能，使系统不仅具有强大的感知、计算分析与控制能力，更具有学习、产生知识的能力。新一代智能制造系统的"知识库"是由系统研发人员和智能学习认知系统共同建立的，它不仅包含系统研发人员所能获取的各种知识，同时还包含研发人员难以掌握或难以描述的知识规律，而且在

智能制造的本质

系统使用过程中还可通过自学习而不断成长和完善。

新一代智能制造系统的核心关键技术是使系统具有学习发现有关知识规律并有效实现人机协同的能力。这种新一代智能制造系统可有效建立与实际产品和生产过程高度一致的模型，不仅可对产品及其生产过程进行优化，还可对产品的服务和维护进行优化。

从数字化制造向新一代智能制造系统的演变实质上是HCPS的持续升级，本质的变化是新的信息系统被赋予了认知和学习能力，可极大提高制造系统处理复杂性、不确定性问题的能力，有效实现产品及其生产和服务过程的最优化。

新一代智能制造进一步突出了人的中心地位，在新的系统中，人类智慧的潜能将得以极大释放。一方面，新一代人工智能通过将人的作用或认知模型引入到系统中，人和机器之间能够相互理解，形成"人在回路"的混合增强智能，人机深度融合将使人的智慧与机器的智能相互启发地增长；另一方面，知识型工作自动化会将人类从大量体力劳动和脑力劳动中解放出来，人类可以从事更有价值的创造性工作。

新一代智能制造是一个基于HCPS的大系统，主要由智能产品、智能生产、智能服务、工业互联网和智能制造云平台集合而成。其中，智能产品是主体，智能生产是主线，以智能服务为中心的产业模式变革是主题，并构成三大功能系统；智能制造云平台、工业互联网是支撑智能制造的重要基石，并构成两大支撑系统。

未来产品高度智能化、宜人化。产品创新是根本，新一代智能制造将给制造业产品创新带来无限空间和可能，高度智能化与宜人化将成为未来产品的最重要特征。例如，产品可以充分理解人的意图，以至于达到"所思即所得"的境界；如果需要，产品也可对自身状态和外部环境进行监测，在整个寿命周期内随时确认自身的损耗程度，并动态响应环境变化；还可不断学习提升，确保在使用过程中发挥最佳功效。

在产品设计方面，未来的新一代智能化设计系统将拥有强大且可不断自主学习完善的知识库支持，可对产品性能、可靠性、寿命、成本等进行准确建模与仿真分析，这不仅可极大提高产品设计的效率与质量以快速响应市场需求，同时将有效减轻产品设计人员的负担，而且也可使用户方便参与设计过程甚至自主设计所偏好的产品，大大提高产品创新的效率。

在产品生产方面，一方面，信息互联互通将从企业内部延伸至全供应链和全产业链；另一方面，新一代人工智能技术将攻克复杂系统（制造装备、车间、企业、全供应链）的精确建模、实时优化决策等关键技术，解决制造系统全寿命周期的高可靠性、高精确性、高适应性等难题，形成知识驱动并能自我学习完善的智能工厂与智慧企业，实现产品制造的高质、柔性、高效与绿色。

制造业从传统制造向智能制造发展的过程是从原来的"人－物理"二元系统发展为新的"人－信息－物理"三元系统的过程。HCPS揭示了智能制造发展的基本原理，是支撑新一代智能制造发展的理论基础，指明了智能制造的发展趋势。

第三节　数字孪生的过去与未来

数字孪生是近年来的热门词汇。经过十年时间的发展，数字孪生技术和应用正在引发国内外学术界与工业界的极大关注。数字孪生技术作为跨领域、跨层级、跨尺度的物理世界和数字空间相互沟通的桥梁，以更少的能量，以信息换能量的方式来消除不确定性，成为数字化转型的关键核心技术，是发展数字经济的新型基础技术。数字孪生是什么？它是物理实体和数字虚体的相互映射，通过算法实现所关注实体的一个或多个视角的数字模型的表征和执行，分析处理来自所关注实体的测量数据，感知、诊断或预测所关注实体的状态，实现与所关注实体的状态同步，并优化所关注实体的行为。通俗一点就是通过将人/机器/物体/系统/流程等信息利用数字技术映射在数字系统中，对产品、制造过程乃至整个企业进行虚拟仿真，从而让企业实时了解产品状态、设备运行情况、耗能情况、应急响应，改善管理、运营、研发、生产、运行维护等情况。如今，数字孪生的应用正不断普及。根据Gartner预测，"到2021年年底，半数大型工业企业将使用数字孪生，从而使这些企业的效率提高10%。"而且"到2024年，超过25%的全新数字孪生将作为新物联网原生业务应用的绑定功能被采用。"

数字孪生的起源

数字孪生的概念可以追溯到2002年密歇根大学产品寿命周期管理中心（Product Lifecycle Management Center）的成立。当时该中心向工业界人士做了题为《PLM的概念性设想》（Conceptual Ideal for PLM）的演示。它拥有数字孪生的部分特征：现实空间、虚拟空间，从现实空间到虚拟空间的数据流连接，以及从虚拟空间到现实空间和虚拟子空间的信息流连接。驱动该模型的前提是，每个系统都由两个系统组成：一个是一直存在的物理系统，另一个是包含了物理系统所有信息的虚拟系统。这意味着在现实空间中存在的系统和虚拟空间中的系统之间存在镜像关系，反之亦然。这一概念模型在密歇根大学第一期PLM课程中使用，当时被称为镜像空间模型。

而数字孪生这一概念的明确提出，则是在2011年3月美国空军研究实验室（Air Force Research Laboratory，AFRL）结构力学部门做的一次演讲，题目为《基于状态的维护＋结构完整性＆战斗机机体数字孪生》，首次明确提出了数字孪生这一概念。当时，AFRL 希望实现战斗机维护工作的数字化，而数字孪生则是其提出的创新方法。

数字孪生的发展史

今天的数字孪生是多种类型的技术在过去 20 年甚至 30 年间，经过不断的开发、聚集、迭代，不断演进的结果。

工业的发展史，也就是一个实物的制造历史。先绘制蓝图，依据图纸确定生产工艺，工人依据图纸和工艺造出实物产品，对产品进行试验，检测产品是否满足设计指标（功能和性能），一旦发现产品缺陷，就需要修改设计、修改工艺、再制造、再试验，这就是典型的爱迪生基于实物的试错法。

计算机和软件的出现改变了这一切。1980 年，达索系统 CATIA 之父弗朗西斯·伯纳德开创了曲面设计、简单的实体设计。三维的曲面和简单的实体的表现形式远远超过过去基于蓝图的表达形式，由此奠定了世界工业从二维向三维的过渡。之后，达索飞机公司开始使用简单的三维建模技术，生产飞机的零件、部件、组件。

波音公司于 1986 年开始在已交付的多型号飞机上进行部件级的三维设计、制造，以及装配验证，经过 5 年时间积累了大量的经验，形成了初步的规范。在这一基础上，波音公司开始了波音 777 飞机的全三维研制工作。波音 777 飞机是世界上第一型三维数字化设计的飞机，使用了 3200 台三维设计工作站，其中 3000 台用于零件设计，200 台用于装配设计。波音 777 飞机包含结构件 300 多万个，标准件 1500 多万个，均采用三维数字化设计技术和三维数字化的预装配技术。运用三维设计技术后，第一个标志性进步就是研制周期大幅缩短，波音777飞机研制周期四年半，相较于传统方法，研制周期缩短了三分之二；第二个标志性进步是质量，由于采用三维数字化设计技术，第一架生产出来的波音777飞机就比造了24年的第400架波音747飞机质量还要好。波音777飞机凭借其数字化设计核心以及质量好、研发周期短的特点，成为世界历史上最赚钱的机型。

波音777飞机的300多万个结构件和1500多万个标准件全部建立数字化模型后再结合实物模型，就形成了成千上万个数字孪生体。

采用数字孪生技术后，零件在计算机中所呈现出的外观样式与其最终制造出来后的外观布局完全一致。最初，人们只关注计算机中机械结构的几何外观；后来人们发现，在计算机中将完成建模的所有零件装配起来，就能够形成整架飞机的数字样机；在随后的20多年时间里，人们试图使用数字孪生技术提升飞机的综合性能，即使用数字孪生研究飞机包括空气动力学、电气系统、电子系统、电磁流体等各方面的性质，并逐步将多物理场的概念及多学科的概念都引入数字孪生技术。在多学科、多专业的应用引入后，数字孪生类别变得愈加复杂。从产品的层级来说，设计一架飞机就是从最底层的材料开始，逐步进化到零件、元器件、部件、系统直至整机的过程，数字孪生的层次也随之越来越高。

飞机的数字孪生最初只考虑到整机的最终状态即飞机生产下线时的状态，最多涵盖了飞机在航行过程中的一系列实时状态。随着时间的推移，在飞机设计过程中需要满足不同市场、不同地区、不同环境、不同国家、不同航线等各类条件，这些仅是早期需求。后期工程师又重新开始思考数字孪生技术对于飞机完整的全寿命周期的应用，从飞机本身的定义、设计、制造到使用（服役）、维护和报废。现在，我们考虑的因素就更多了，除去飞机本身的产品寿命周期外，还要考虑到飞机的周边设施：如机场应该如何选址建

第五章
理清概念，轻装前行

造，才能满足民众日常出行的需要，于是机场被数字化了；当飞机在天上航行时，所经过的地面景象是什么样的，于是地球上的景物乃至整个地球也被数字化了。将飞机的整个航行过程以及航路数字化，就是为了让乘客得到更好的飞机乘坐体验。所以数字孪生技术是一个伴随着时代的进步逐步发展的过程。

SpaceX作为一家民营火箭公司，在短时间内快速崛起，与其背后新技术的应用密不可分。SpaceX的快速崛起必须从数字样机说起，最早的三维模型只是解决了产品的几何空间问题，但机械产品最重要的还是其机械结构，产品的静力、动力、强度、疲劳等多项内容都需要进行考核。随着软件技术的不断发展，将材料参数导入三维模型之后，就可以通过软件计算出产品的静力、动力、强度、疲劳等性能。过去想要得到产品具体的性能参数只能依靠试验来检测，在有了三维数字化模型之后，导入材料参数，就可以将具有材料参数的三维模型用于计算、仿真、分析即进行虚拟试验，大量的仿真分析软件将用于指导、简化、减少物理实验，未来甚至会取消物理试验。

SpaceX在火箭的研发过程中采用了大量的数字化设计技术、仿真技术。过去火箭是不可回收的，这几乎是一种常识。运载火箭发射之后，捆绑式火箭助推器就被"扔掉"了。那么，捆绑式火箭助推器是如何与主火箭连接的呢？靠爆炸螺栓。火箭助推器完成预定任务（将主火箭送至一定高度）后，爆炸螺栓爆炸，让助推器与主火箭分离。在主火箭飞行过程中，伴随各级火箭完成各自预定任务，一级火箭爆炸分离，二级火箭爆炸分离，航天器进入预定轨道后释放卫星或飞船，各级火箭在爆炸分离过程中金属结构必定受到损坏。由于航天器结构件十分昂贵，马斯克大胆设想：能不能不用爆炸螺栓，而用机械结构中的强力弹簧进行弹射分离？历史上，相关实验都失败了，由于长期无法成功，这一设想随后便被各国放弃了。

而SpaceX在设计弹射分离装置的过程中，参考了美国NASA的大量实验数据，使用计算机进行建模、仿真、分析。强力弹簧的弹射螺栓从未进行过一次地面物理实验。尽管一级火箭的回收失败了几次，但均与弹射分离技术无关。一级火箭完成分离之后，因为落点不易确定，于是采用了地面雷达监测，海上移动平台接收的方式。一级助推火箭回收的成功，大幅降低了火箭发射的价格，达成了人们所追求的核心目标。

SpaceX实现对一级助推火箭回收的设计过程，就是上文中所讲到的用三维数字建模的方法，用大量的计算、仿真、分析即虚拟实验的方法来指导、简化、减少甚至取消物理试验，而SpaceX在这次设计过程中直接取消了物理实验。

SpaceX实现火箭弹射分离有几个关键的技术细节。火箭使用爆炸螺栓实现分离是一种常见的分离方式，但如果要实现助推火箭的回收，就必须采取不同的技术路线。第一个关键技术细节是应用SpaceX所采取的强力弹射方式，这样不会破坏火箭主体结构；第二个关键技术细节是SpaceX弹射的技术是在过去各国所做过的一系列探索的基础上完成的，当时的试验积累了大量的宝贵数据，为SpaceX的成功奠定了基础，没有之前的试验数据，SpaceX就不可能在纯粹的虚拟环境中完成试验，而不辅以实物试验。

笔者曾看到一段关于美国探测器登陆火星的视频，在穿越火星大气层的过程中，火星探测器须克服"黑色七分钟"，在这七分钟内火星探测器需要从时速2万千米每小时减速到零并最终完成降落，在过去的60多年中共有40多个火星发射器被发射到火星，但是其中只有15个成功进入火星大气层，着陆火星并开展工作的更是只有8个。众所周知，在开发地球环境中运行的设备时，能够在地球环境中进行各类物理试验，但是火星探测器无法在火星对其进行试验，所以它的研制过程主要依赖仿真模拟的方式对火星大气环境、设备可靠性、降落方式等进行模拟试验，如果没有行之有效的模拟仿真工具，火星探测器登陆火星的成功率几乎为零。在登陆火星之前，美国人发射了大量的火星卫星，它们围绕火星轨道运行，测量了火星的大气数据、重力数据、磁场数据等多组数据，并在计算机上建立了大量的仿真模型，进行大量的计算和仿真，反复验证探测器的登陆过程。最终，火星探测器在登陆火星的过程中的表现与计算机的仿真结果几乎一致。

要通过计算得出准确的结果，有两个必要条件：第一，输入的数据必须真实且准确；第二，要有可靠的仿真软件。基于真实且正确的试验数据，软件才能够得出准确的结果。计算机的仿真过程，需要经过多年的积累，无法一蹴而就。比如进行流体试验，如果仅靠几个伯努利方程，以及一系列数据，完全不可能得到可靠的仿真结果。仿真还涉及数学、物理学等各类基础学科原理，并需要经过大量的实践去调整各类参数。不仅需要火星环境的真实数据，经验积累对于仿真软件也是十分重要的。在对火星探测器进行火星登陆模拟之前，人们就已经对其进行过多次地球环境下的大气试验与仿真计算以确保仿真模拟的可靠性。又如在设计波音飞机的过程中，空气动力学、流体力学、结构、材料等会对仿真结果造成影响的因素都会被考虑在内，才能保证最终计算结果的可靠性。所以说，仿真模拟是在过去多年大量的数据积累的基础上实现的。

数字孪生的推广应用

几年前，笔者曾去高铁列车的生产企业参观。高铁列车在运行过程中，车厢里的乘客几乎感觉不到车身发出的噪声与震动；将硬币竖直摆放在车厢中的桌子上，即便列车以300公里每小时的时速前进，硬币都不会倒……这些结果的背后都离不开仿真模拟。过去需要将列车生产出来，在铁路上实际运行，采集运行数据，然后进行优化。如今不再需要这样的方式，在虚拟的仿真世界中建造虚拟的高铁列车，虚拟的列车在虚拟的高铁线路上运行起来，100公里每小时、200公里每小时、300公里每小时，测试列车在不同时速下的稳定性、安全性，以及电流、电压的可靠性。之前我们讲到各种飞机、火箭、卫星的仿真，这些产品离大众的生活较远，大部分老百姓在工作与生活中除乘坐飞机出行外几乎很难接触到这类复杂产品。但是，仿真、数字孪生不仅仅是这些复杂产品需要，很多日常生活相关的领域也会涉及。就拿我们最常见的各类材料来举例。

说到材料，大家通常认为材料是最底层、最简单的产品。我依据产品复杂程度将产品分为7个等级：材料、零件和元器件、组件、部件、子系统、系统、整机。虽然材料属于第一级，但实际上，材料并不简单。我曾专门请教过相关专家，宝钢生产的钢材最早只有2000多种，如今已经发展到4万多种，由此我们可以看出，材料并不简单。

简单产品，例如木质桌子、金属椅子，过去大家通常都不会对其做设计仿真，因为仿真的成本很高，同时设计这类产品大多不会考虑其使用年限，出现损坏进行修理就可以，直至产品报废无法再次使用。而现在提倡建设资源节约型社会，要求我们少浪费材料、少浪费资源、进行绿色制造。这时设计一个桌子，如果设定其使用寿命为三年或者五年，不管其材质是金属、木头还是塑料，用满使用年限后就需要对其回收置换，被回收的材料可以用于再制造、再生产，从而形成循环经济，不会造成资源浪费，以达到绿色环保的目的。于是针对这类简单产品也开始使用仿真，比如使用软件对桌子完成建模之后，可以计算得出桌腿最优横截面积大小，以及能够承受最大撞击力，通过仿真同样能够得出桌腿使用何种金属材料能够满足设计的使用年限要求。简单产品采用了三维模型以及设计仿真后，为绿色制造、资源节约、循

第五章
理清概念，轻装前行

环经济带来了巨大的好处，因此对简单产品使用仿真技术，可以提升人们的生活质量。

过去，因为软件价格昂贵、人才极度稀缺，所以只有在飞机等复杂产品的设计过程中才使用仿真设计。今后随着大软件公司开发能力的提高，软件愈加友好、界面（功能）越来越多，大量搞简单产品设计的工程师都可以使用这些软件，产品也会越造越好、越造越精，节约资源、保护环境、循环经济是人类追求的方向。这就是数字模型会给人类生活带来的好处，同样数字孪生也一定会给制造业带来无穷机遇，农业等各个行业也都可以采用数字孪生技术提高效率。

数字化在各个行业的发展是从航空到汽车工业，然后再到普通的制造业，后来又到建筑行业，这个迁移过程或者说扩展过程影响了我们人类衣食住行的方方面面。数字孪生承载了人类各种产品的知识，是各行各业在未来发展过程中不可或缺的一项技术，哪怕小到一个零件、一只轮胎、一件衣服、一个箱包、一双鞋。达索系统公司认为：体验是一切的开始。人一辈子图的是什么？人生就是一场完整的体验，体验好不好？怎么去提升？每一个产品其实都是一个体验，都需要利用数字孪生提升体验感，让我们的生活变得更美好。

发现一个产品体验不好，实际上是发现了一个非常好的商机。只要把这个体验给改造好了，通过数字孪生的手段提升了体验，竞争力就会提高。

同时，我们还需要考虑另外一个问题：今天的数字技术与制造之间是一个什么样的关系？刚才我们讲到飞机、汽车、火箭、登陆器等设备，在数字世界、赛博空间、数字孪生世界中可以重建产品，甚至生产线都可以在虚拟世界中重建。对于另外的一些产品，尤其是与我们日常生活相关的产品，如何提升人们在日常使用过程中的体验？又如何能够精准地去锁定和表达客户的需求？

智能制造的本质

这里有一组数据，在淘宝、天猫等平台上新产品所占比重越来越高，从2018到2019年，新品销量的增速相当于整个产品销量增速的两倍到三倍，现在已经占了整个平台销量的31%至36%。另一组数据是新产品更替的周期也在不断压缩。当厂商要开发一型新产品时，首先需要知道消费者的需求，过去需要把衣服、食品等生产出来，然后投放市场、收集意见再改进。现在不需要了，可以用大数据统计用户搜索词条中对什么样的产品比较感兴趣，然后去创造一型新的产品。把过去需要两年、三年的新品研发周期压缩到了一年甚至半年的时间，而且它可以精准测算与用户日常生活相关的产品的销量。

这其实是把我们在物理世界中对企业的观察、企业的商业模式、企业的生产流程"放置"在虚拟的平台上进行模拟、优化，是一种新的商业模式。因此，数字孪生影响了方方面面，我们所构建的数字世界从复杂产品开始，然后不断在简单产品领域拓展。在设计、制造、仿真、生产全流程；在产品、生产线、企业、商业模式等领域都可以使用这种方式，大幅度提升制造的效率，降低制造成本。

如今，数字孪生技术正在快速普及，但总体上来看还处于起步阶段。因为这个技术真正要做到与物理世界产品一一对应、实时映射、快速优化、迭代，可能还需要经过很漫长的时间。但是经过过去二三十年的发展，通过对不同技术的不断集成，包括软件技术、计算机技术、大量的实验数据本身的积累，使得我们的仿真技术愈加成熟，构建数字孪生的成本不断降低，效率不断提高，运用也更加广泛。

实际上，数字孪生是一个比较超前的概念，很多专家、学者，包括企业界的一些专家对这个概念都有不同的认识，其发展是一个认知不断深化的过程。回溯历史，是为了预见未来。未来数字孪生一定会扩展到生命科学、生物医学领域，为我们人类带来福音。人类对科学的追求是无止境的，对数字孪生和真正逼近物理世界的仿真的追求也是没有极限的。未来的数字孪生和现实世界会越来越接近。比如未来我们发射飞行器到月球上的时候，就不用像现在这么提心吊胆了，因为我们知道它基本上一定会成功，这就是未来——一个高保真的数字孪生的世界。在我看来，信息技术在不断地发展，它带来的是三场革命，第一场为工具革命，第二场为决策革命，第三场为组织革命。工具革命包含两个方面，一方面是各种各样的复杂的有形的硬装备：机器人、数控机床、AGV 小车、切片机，智能化水平越来越高，帮助我们每一个人、每一个组织、每一个企业不断提高产品的精度、降低成本、提高效率，这是硬工具带来的看得见的效益。另一方面是各种 CAD、CAE 等软件，它们是看不见的工具，我们称之为软装备。软装备与硬装备相结合为人类社会改造自然创造了一种新的方法论，这仅仅是一个开始，未来 5 到 10 年的时间里，数字孪生技术的运用会更加广泛和普及。

第四节　数字化主线串起制造产品的整个流程

在中国工程院院刊发表的一篇最新的观点性文章《走向新一代智能制造》中，作者周济、李培根、周艳红、王柏村、臧冀原、孟柳提出了智能制造的三个基本范式：数字化制造、数字化网络化制造、数字化网络化智能化制造——新一代智能制造。指出智能制造是一个从传统的"人–物理"系统向"人–赛博–物理"系统不断演进发展的大概念，其核心就在传统的人和物理系统之间增加了赛博系统，并不断提升赛博系统的感知、计算分析与控制能力，最终使其具有学习提升、产生知识的能力。

软件作为赛博系统物化的表现，是强化信息技术与工业技术融合发展的基础支撑。《深化制造业与互联网融合发展的指导意见》中也强调加快计算机辅助设计仿真、制造执行系统、产品全寿命周期管理等工业软件产业化，强化软件支撑和定义制造业的基础性作用。新一代智能制造作为一个由智能产品、智能生产和智能服务三大信息系统以及工业智联网和智能制造云两大支撑信息系统组成的，并与工业技术集成的巨系统，在方法层面，推进研发虚拟化，产生了基于物理技术的各类专业工具；在过程层面，推进管理信息化，产生了以流程管理为核心的各类业务系统；在装置层面，推进生产装备的自动化和产品智能化，产生了各类嵌入式软件。因此，在智能制造发展的过程中，能否推动软件定义来创新工业范式（包括定义产品、定义企业流程、定义生产方式、定义企业新型能力、定义产业生态等），实现以软件定义为核心的生产方式变革，是新一轮工业革命的核心所在。

基于纸张的符号定义

我们把传统制造业的定义看作是基于纸张的符号定义。所谓传统当然是与现代相区分的，具体区分标准主要以技术为参照。现代制造业的特点是高、精、尖，比如新型飞机、纳米技术、激光、半导体、数控车床等一系列现代高端技术及以其为支撑的行业，与此相反，依然使用旧有的制造技术的就属于传统制造了。传统制造系统包含人和物理系统两大部分，完全通过人对机器的操作控制去完成各种工作任务。从工业革命发展过程来说，传统制造跨越了第一次工业革命和第二次工业革命。无论是蒸汽机、内燃机还是电机（包含发电机和电动机），都是人－物理系统。按照《三体智能革命》一书中的论述，一个完善的智能系统一定具备"状态感知、实时分析、自主决策、精准执行、学习提升"并循环往复。在人－物理系统中，由人完成状态感知、实时分析、自主决策以及学习提升，机器仅在人的操作下完成精准执行。

基于纸张的符号定义决定了传统制造业的工业范式就是"设计－制造－试验"的串行模式，即过去爱迪生的"试错法"。首先纸张指的是人工设计的蓝图（零件图和装配图）、工艺卡片、各类表单、生产计划、纸质文档等，完成基于人工定义的各类设计图文档，才能开展工艺设计等后续工作；然后在机器上试制各种零件，装配形成试验品，用试验来检验产品的设计功能和性能，达到设计指标就可以批量生产，达不到设计指标就需要修改设计和工艺再试，直到产品达到设计指标为止。在这个工业范式下，两百年来的手工制图以及早期的 CAD 软件，应用范围和深度都具有局限性，主要关注工程意图表达的一致性、标准性。工业效率的提升主要还是依靠物理系统，蒸汽机、内燃机和电动机的出现极大提高了物理系统（机器）的生产效率和质量，物理系统（机器）代替人类完成了大量体力劳动。传统制造系统要求人完成状态感知、实时分析、自主决策、操作执行、学习提升等多重任务，不仅对人的要求高，劳动强度也很大，而且工作效率、质量和完成复杂工作任务的能力也有限。

基于模型的数字定义

与传统制造系统相比，第一代和第二代智能制造的工业范式发生了本质变化，通过在人和物理系统之间增加赛博系统，将人的相当部分的感知、分析、决策功能向赛博系统复制迁移，局部赛博系统可以代替人类完成部分脑力劳动，进而通过赛博系统来控制物理系统，以代替人类完成更多的体力劳动。

下面以波音飞机 777 和波音飞机 787 为例，波音 777 飞机是世界上第一种完全采用软件定义研制生产过程的飞机。采用了三项技术：100% 的数字化产品定义（DPD）、100% 的数字化预装配（DPA）、238 个并行集成产品团队（IPT）。研制过程采用的计算机软硬件为 8 台 IBM 大型计算机、用于三维设计的 3200 台均连接了网络的 UNIX 工作站、约 20000 台 PC 机、800 种互不相关的软件。由于以上数字化技术的进步和并行工程的管理变革，一方面使波音 777 飞机和与其相当的以传统设计方式设计的波音 767 飞机相比研制周期由 12 年缩短为 4.5 年。同时生产出来的第一架波音 777 飞机的质量就比已经造了 24 年的第 400 架波音 747 还好。更为重要的是基于模型的数字定义颠覆了传统设计 – 制造 – 试验的工业范式，实现了工业范式向设计 – 虚拟综合 – 数字制造 – 物理制造的转变。而在波音 787 飞机的设计中全面推广的基于模型的定义技术改变了由二维图文档来描述几何形状信息的传统，用一个集成化的三维数字化实体模型表达了完整的产品定义信息，成为制造过程的唯一依据。

为便于理解，我们把飞机研制分为四个阶段（图 5-7），分阶段加以描述。

第一个阶段就是方案设计阶段（包含需求工程，概念设计以及方案设计），核心是飞机的气动布局和总体布置。以前的试错法就是根据战术技术指标，算出飞行剖面，依据剖面画出外形草图，加工出缩比模型，然后在风洞中吹风，以确定气动外形。这个过程反复迭代，直到缩比模型达到战术技术指标为止。因为加工一个飞机缩比模型要耗时几个月，风洞进行一次吹风要耗费数百万元，因此，要得到一个满意的方案需要多年多个方案的反复对比。而现在的方法是首先根据气动力数学方法计算结果，用软件在计算机上构建一个虚拟的飞机气动外形，然后做 CFD 计算，反复优选拿出最好的几种方案，加工成缩比模型再吹风。这些技术已经在航空航天领域得到了大规模应用。波音 787 项目高级副总裁迈克·拜尔指出："在波音 767 项目中，我们曾对 50 多种不同的机翼配置进行过风洞测试。而在波音 787 项目中，我们只测试了十多种。"风洞试验次数少了，但飞机质量提高了，这就是在方案阶段用软件定义飞机的气动布局的优势。

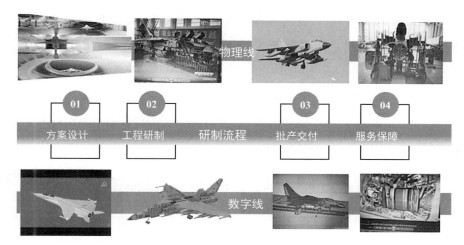

图 5-7　产品研制流程、传统物理生产线和数字化主线

第二个阶段就是工程研制阶段。飞机气动布局和总体布置确定后，就可以开始结构设计了。现在几乎所有的 CAD 软件都可以完成结构设计，在 1991 年波音 777 项目中，当时的三维 CAD 软件只能定义几何外形，到了 2004 年波音 787 研制时，CAD 软件不仅可以定义几何外形，与机械结构相关的材料数据、工艺数据、标准数据、生产定义数据、检测数据等所有数据都可以在三维模型上表达出来，这就实现了软件定义零件，进而定义产品，也就是 MBD。换句话说，在三维模型上可以表达所有的数据，也意味着传统的蓝图、工艺卡片等基于纸质的符号定义可以抛弃了，这就是数字化革命。有了完整的数字样机，虚拟现实就可以逼真地展示各类应用，制造过程就是和设计的符合性问题了，也就是数字样机的物理实现。需要强调的是，基于模型的数字定义的主线仍然是基于几何模型的多学科仿真分析和优化。

第三个阶段是批产交付阶段。制造依据仍然是飞机的全机数字样机。在数字样机指导下的生产，关键是要满足生产能力的提升和客户需求。当然，现在生产线的建设一定要切合实际，与数字相关的环节归数字，与物理相关的环节归物理，两者该混合的要混合。一切以提高质量、增加效益为宗旨。

第四个阶段是服务保障阶段。有了全数字样机，数字化就可以一直延续到这个阶段。以前的飞机培训手册、空勤手册、地勤手册、维护维修手册都是纸质的，数量巨大，现在则可以全部电子化了，依据全机数字样机可以生成 IETM（交互式电子技术手册），加上 MR 技术（混合现实技术），服务保障人员对飞机进行养护就可以说是如虎添翼了。

基于赛博物理系统的数字定义

猎鹰-9 重型火箭的发射成功，宣告了世界航天历史进入了一个全新的时代。猎鹰-9 及其背后的 SpaceX 公司的成功，证明了很多技术路线、研发思路、流程管理体系的可行性。它通过需求/功能架构、逻辑架构到物理架构的关联与转换，完整地回答了从抽象的问题域（需求/功能）开始，对功能分解的行为（做什么）描述，并将行为（运行）分配到具体解决域的产品（结构）的过程。从而避免直接从功能映射到结构，导致在需求中提出要解决的问题后，就跨越逻辑设计和功能/行为分析而直奔物理实现的"飞跃式开发怪圈"。

在虚拟环境下，实现自顶向下和自底向上的综合设计，分阶段、分层次实现设计—虚拟综合（基于功能、性能和几何模型的系统仿真），再到数字制造-物理制造验证，最后到产品的转变。这就是新一代智能制造创新的工业范式，也是基于虚拟综合的（基于功能、性能和几何模型的系统仿真）最终追求。

猎鹰-9重型火箭采用机械分离方式的助推器,没有做实物验证试验,其合理和可靠性完全依靠仿真计算保证,避免了使用火工品。大量工业软件的应用就是把人的知识和智能赋予软件,这是新一代人-赛博-物理系统的基础。我们再来从理论上分析一下,第一代和第二代智能制造系统通过集成人、赛博系统和物理系统各自的优势,系统的能力尤其是计算分析、精确控制以及感知能力都得到了很大提高。一方面,系统的工作效率、质量与稳定性均得以显著提升;另一方面,人的制造经验和知识转移到赛博系统,能够有效提高知识传承和利用的效率。制造系统从传统的"人-物理"系统向"人-赛博-物理"系统的演变可进一步进行抽象描述:赛博系统的引入使得制造系统同时增加了"人-赛博"系统和"赛博-物理"系统。其中,"赛博-物理"系统是非常重要的组成部分。美国在2006年提出了CPS的完整理论,德国将其作为工业4.0的核心技术。"赛博-物理"系统在工程上的应用是实现赛博系统和物理系统的完美映射和深度融合,在人的全程参与下,新一代"人-赛博-物理"系统中,三者的表现都将实现质的飞跃。

新一代智能制造——创新的工业范式

2002年,国防科学技术工业委员会启动了《飞机制造业数字化工程》项目的论证工作,参与的国内飞机研制单位多达18家,形成了明确的目标:打通飞机制造业数字化生产线,形成飞机数字化研发体系,实现管理方式、生产模式、组织流程、技术标准等方面的变革。换句话说,就是在飞机制造业的全部流程中,从方案设计阶段开始引入数字化模型,不断完善演进,一直沿用到工程研制、批生产、维护维修、报废回收的全寿命周期环节(一张蓝图干到底,或者说一个模型用到底)。今天我们回头来看,这是什么?不就是数字主线吗？到了今天，我国已经发展并形成了世界最完整的工业体系，我们必须建立自己的理论自信。

飞机制造业数字化工程的目标已经包含了数字主线的概念，而且一脉相承。让我们再看图 5-7，最上面的一条线是物理线，就是传统制造业的定义：基于纸张的符号定义。中间的一条线就是飞机研制流程，下面的一条线就是基于软件定义的数字化主线。整张图就构成了 CPS 的"系统之系统"，而图中的每个研制阶段所垂直对应的物理系统和数字化系统，构成了多对数字孪生；当然，这个数字孪生不仅垂直相关，前后也是关联的。

智能制造的前身是数字化制造，数字化制造的成功离不开几百年来传统制造业打下的物理制造的基础。工业范式的创新是应用软件定义的数字化模型来实现的，因此软件定义数字模型，乃至定义一切，都必须具备强大的物理实体的基础。古话说：皮之不存，毛将焉附？物理实体是皮，数字模型就是毛，两者的相互融合，构成了智能制造的基础。在智能制造体系中，工业软件不仅是核心，更是人类的新思维方式，因此，我国工业软件的发展，急需提升到国家战略层面，并借鉴国外发达国家的经验。软件人才培养要从娃娃抓起，认识工业、认识软件、重视人才、保护产权，都必须成为全民共识。

随着以大数据、云计算、物联网为代表的数字技术的崛起，我们已身处数字经济时代。发展软件定义技术和 CPS 技术，并在新一代信息技术（云、物、移、大、智）的支持下，实现与人、设备和物料相融合的未来新一代智能制造范式，其典型特点就是数字化主线使能下的数字孪生技术的广泛应用。

我国是世界第一制造大国，在工业化尚未全面完成的情况下，迎来了数字化浪潮，面临着追赶工业化进程、同步数字化机遇的双重历史任务和严峻挑战。党的十九大报告提出："推动互联网、大数据、人工智能和实体经济深度融合""培育新增长点、形成新动能"。新一代智能制造为助推我国传统产业数字转型，催生新业态、重塑创新链、重构产业链、拓展经济发展新空间提供了重要的方针和路径。我们必须充分发挥人工智能技术的创新引领作用，加快建设制造强国，加快发展先进制造业，推动互联网、大数据、人工智能和实体经济的深度融合，促进我国产业向全球价值链中高端迈进。

第五节 "两化融合""工业互联网"和"智能制造"

我国在没有彻底完成工业化的情况下进入了信息化社会，21 世纪，我国面临的难题是：如果我国按照西方国家的行进路线，先行完成工业化进程，这个过程会非常漫长；当我们完成了工业化进程，西方国家就会在信息化领域持续领先，我们仍然会落在后面。有没有一种方法能够缩短我国和西方工业化国家的差距呢？2007 年，党的十七大提出了我国独有的两化融合思路，也就是中国要走工业化和信息化融合发展道路。为此，2008 年，成立了工业和信息化部，统筹工业和信息化发展工作。

两化深度融合是中国特色，但却是一条异常艰难的道路，要真正实现非常困难。从第一台蒸汽机出现算起，工业技术发展了两百多年，以第一台电子计算机为代表的信息技术发展了七十多年。两个领域各有自己深厚的技术积累，各有自己的业务方向，各有自己所建立的"圈子"。这就可能导致在"两化深度融合"中，从事工业的技术人员和从事信息技术的人员各说各话、互不理解。前者关心的是产品、工艺、生产、设备、管理、物料、协作等，后者关心的是计算机、控制、软件、通信、数据库、电子、网络等，经常不在一个频道上对话。

两化深度融合要做的首先是解决人员和组织的问题，把工业需要解决的问题摆出来，组织从事工业的技术人员和从事信息技术的人员的联合团队，以解决工业问题为导向。首先应该有清醒的认识，然后在产品数字模型、产品过程仿真、工业互联网平台、业务流程管理、业务智能、电子商务、虚拟现实、直接制造、流程电子化、面向服务架构、企业架构、社会协同这12个方面顺序推进，这12个方面就构成了一个现代工业体系，CPS贯穿其中。没有CPS，这12个方面都做不好。因此中国的两化融合和CPS异曲同工，CPS是支撑两化深度融合的综合技术体系。

两化深度融合（工业化与信息化深度融合）

两化深度融合是一个由国家提出的长期发展战略。从提出两化融合到现在已经有十多年了，但"两化"还没有真正融合到一起，很多地方甚至还没有做好开始融合的准备。其背后的原因错综复杂。

两化融合不是今天才出现的，两化融合的历史进程可以回溯到改革开放早期。大约在20世纪80年代初，伴随着IBM大型机等多种计算机进入中国，带来了一些运行在这些计算机上的机械设计、仿真软件、绘图软件、计算机软件语言，以及可以用软件语言调用的函数子程序接口和画线与渲染子程序接口，从此我国有了"制造业信息化"。在20世纪80年代中期还推广过机电一体化技术，提倡用微电子技术改造机械设备。CAD软件和微电子技术属于信息技术范畴，被设计和改造的机械属于工业化的范畴，这就构成了"两化"最早的一种"融合"形式。

当时，一些制造业出身的技术人员和教师，费力地啃起了软件工程、计算机曲线曲面、各种编程语言等专业课程，当然，也有一些学IT的人学习了

第五章
理清概念，轻装前行

机械设计——但这一类学成者是极少数。道理很简单，机械制造出身的人学习软件编程技术相对容易上手，只是多学几门计算机类的工具知识课而已；而 IT 出身的人想学习机械课程的难度和跨度就太大了。

制造业是整合资源要素做出各种产品的行业，包括离散制造业和流程制造业，是工业化的主要目标对象。信息技术主要是应用计算机科学和通信技术来设计、开发、安装和实施信息系统及应用软件，是信息化的主体构成。因此，我们可以这样来理解和定义：只要将信息技术与制造业的有关技术（以及现代管理技术等）结合起来产生应用成果，就都属于制造业信息化。开发工业软件是制造业信息化的重中之重。

制造业信息化首先从小范围融合开始，涉及信息技术在企业的产品研发、生产、管理等不同环节的应用，大致有五条平行发展的技术路线：

产品研发：让工业产品的研发有了数字化手段；

产品本身：让产品本身实现智能化；

自动产线：让生产制造过程有了信息化手段；

企业管理：让企业在人、财、物以及销售和服务的管理上有了信息化手段；

管理思想：让企业可以把现代管理思想纳入信息化系统之中。

当这五条线上的小范围融合发展到一定阶段，就会逐渐彼此交汇、融合创新，形成比较全面的解决方案，当然也形成更大范围的两化融合。

工信部2014年发布的《工业企业信息化和工业化融合评估规范》（GB/T 23020—2013）中，将企业两化融合发展分为四个阶段：起步建设、单项覆盖、集成提升和创新突破。

德国人在2013年4月发布了《保障德国制造业的未来：关于实施工业4.0战略的建议》的报告。"工业4.0"石破天惊，相当于发射了一颗超级信号弹；

239

智能制造的本质

而美国人在 2012 年发布了首份 AMP 报告《获取先进制造业国内竞争优势》，在 2014 年 10 月又发布了《加速美国先进制造业》，即 AMP2.0。其他西方国家也纷纷跟进。

很多人开始认真思考这一轮以智能化为标志的新科技革命（或新工业革命）与两化融合的关系，并且快速跟进。一时间，甚至有人认为两化融合走偏了，已经过时了，不及现在的工业 4.0 或智能制造"时髦"了。然而依笔者之见，中国的两化融合，不是方向不对，而是做得不够深入、不够广泛、不够彻底。即使在工业 4.0 的浪潮中，信息化也占据重要位置，只是这里的信息化，重点是以数字化技术为核心的信息化。仔细听听倡导工业 4.0 的德国人在说什么："数字化一切可以数字化的事物"，其实这就是对两化融合的最好注解。如果映射到中国的两化融合进程中，大致是这样三个阶段：首先是工业与信息化的融合，其次是各个产业与信息化的融合，最后是全社会与信息化的融合。

事实上，在新老工业体系的交替中，单纯的工业技术、单纯的 IT 技术都已经难以自行其是、单打独斗了。两个领域的融合发展是必由之路。其实，现在经常谈到的一种智能制造的关键使能技术——CPS，就包含了两种技术体系融合的一种具体落地形式：实体数字化，数字实体化。如果工业人和 IT 人不坐到一起来研究与探讨，是无法深入理解其中的技术内涵和研发思路的。因为在 CPS 的语境中，作为数字虚体的 Cyber，与作为物理实体的 Physical，已经开始"你中有我，我中有你"，形成了"系统的系统"，由软件定义机器功能。因此，单纯的工业技术和单纯的 IT 技术都已经无法独挑大梁了。

两化融合，是一个长期的、战略性的同时又是艰苦的发展目标。工业化与信息化绝不会自动融合，亦不会自行终止，更不会一蹴而就。即使今天冒

第五章
理清概念，轻装前行

出来很多新术语，诸如工业4.0、智能制造、大数据、数字孪生、CPS、工业互联网等，也不过是两化融合的深入与发展，是两化融合的具体的落地形式。这些"新生代"术语的指向，实质上都是两化融合——因为两化融合是新工业体系总体发展的大路径，智能化是发展方向，数字孪生是形态，CPS是使能技术，工业互联网是赋能工具，大数据是赋能的原料。相对于传统的制造模式，未来的制造模式将转型升级为智能制造。

两化融合可率先从两个领域的两种主流智能的融合开始，即源于工业领域长期积累的工业智能，与源于信息领域的人工智能，二者相互借鉴和融合。人工智能已经讨论得太多了，而关于工业智能，则可以参考工信部原副部长杨学山的说法："其实任何自动化系统，不管它是生产的还是管理的，只要是自动化系统，它就是智能系统。"因此，工业领域中大量使用的自动化系统，无论是用机械、自控、电子、软件等哪种技术实现的，其实都是工业智能系统。以工业智能和人工智能这两种智能技术为主体，兼顾其他智能技术（如跨界的CPS智能技术、生物智能技术等），是今后智能制造技术的主流发展方向。这两种智能的融合具有引领作用。

两化融合的目标远景早已确立，两化融合的奋斗路径还很漫长。两化融合的目标远景不应该也不能够被抛弃，其具体的技术内涵和相应的概念体系可做适当的重新梳理。在工业4.0智能化的大视野里，在互联网无处不在的大环境中，新的工业理论将推动我国各界人士重新重视制造业，重建我国自己的工业发展理论，也必将加速两化融合的理论发展与现实实践。

可以说，两化融合举起了新工业哲学的大旗，是具有前瞻性的、独具中国特色的新型工业化理论。两化融合在工业发展的大思路上兼容新的工业发展理论（如工业4.0等），但是其理论本身并不完备，其落地技术并不具体，很多相关问题有待深入研究与补充。例如两化融合与工业革命的关系问题、与实践环节的匹配问题、与技术系统的演进周期的符合性问题、与第三产业（如制造服务化等）的集成问题，这些问题都需要官方与民间智库相结合的综合研究。

两化融合，更难的融合在工业技术之外，牵涉两种思维、两种管理、两个学术领域的融合。两化融合，亟需新的工业发展理论来指导。现在所有的新工业体系术语，其实质都是在为两化融合铺路架桥。对新工业发展理论的研究是我们要补的重要一课。德国、美国新工业化进程中的经验可为借鉴，而我国两化融合三十年的实践，更是此时定神深思继而大步前行的明镜。两化融合，始于改革开放，兴于世纪更替，盛于体系转型，必将辉煌于智能时代。

工业互联网

工业互联网作为新一代信息技术与制造业深度融合的产物，通过连接设备、物料、人、信息系统等资源，实现工业数据的感知、传输、分析与科学决策，以提升生产效率与设备运行质量，形成新兴业态和应用模式，是推动我国工业转型升级的重要基础设施。

很多人认为工业互联网的概念是由 GE 公司在 2012 年提出的，其实如果将工业物联网（IIoT）认为是工业互联网的主体部分的话，由于工业物联网是物联网（IoT）在工业领域的应用，所以从技术角度上讲，工业互联网的诞生应该追溯到物联网。

1999 年，凯文·阿什顿教授在麻省理工学院刚成立的自动识别中心将 RFID 芯片加在工件上，然后接入互联网，并在宝洁（P&G）公司对高层管理人员做演讲时把通过 RFID 标签连接到互联网的技术称为"物联网"。物联网的定义有很多，但最基本的定义都围绕着物理实体的连接。如 Gartner 的定义：物联网是物理实体的网络，这些物理实体含有嵌入式技术，能就内部

第五章
理清概念，轻装前行

状态或外部环境进行通信、感知或互动。再如麦肯锡的定义：物联网是嵌入物理实体的传感器和执行器，通过有线和无线网络进行链接，通常使用互联网协议（IP）。

从广义上来看，物联网作为互联网发展的一波浪潮，将让成千上万的实物器件连上网络，与现有的信息网络和社交网络交接互动，建成一个无所不包的万物互联网。2002年，业界又将物联网与云计算技术进行结合，催生了工业物联网技术。因此工业互联网的发端以物联网作为源头更合理一些。

同时，世界经济论坛（WEF）与埃森哲公司在2014年研究指出：工业互联网通常被认为是物联网工业应用的简称，也称为工业物联网。这是一个强调所有的工业资产/物件的定义，也说明了工业物联网就是工业互联网。

而GE公司在2012年提出的"工业互联网"实则是"工业物联网"，只不过被国内译作"工业互联网"之后，这个术语在特定背景环境下得到了较为广泛的认同。GE对工业互联网的定义是：通过传感器、大数据和云平台，把机器、人、业务活动和数据连接起来，通过实时数据分析使得企业可以更好地利用机器的性能，实现资产优化、运营优化的目的，并最终提高生产率。

GE公司指出工业互联网可以通过提高效率和绩效，降低耗能和成本的方式将生产率提高1%~1.5%。为了说明工业互联网优化工业系统的潜力，2012年GE在《工业互联网：推动思维和机器的边界》中引用了一些数据，展示了在一些工业领域如果通过优化实现了1%的节约，将带来巨大的收益（见图5-8）：

- 航空工业1%的燃料节约，将最终节约300亿美元
- 电力行业节约1%的燃料就意味着节约660亿美元
- 医疗系统的效率提高1%，意味着节约高达630亿美元

智能制造的本质

- 铁路系统的效率提高哪怕只有1%,将带来270亿美元的节约
- 而在石油天然气领域,资本支出降低哪怕1%,也会带来高达900亿美元的节约

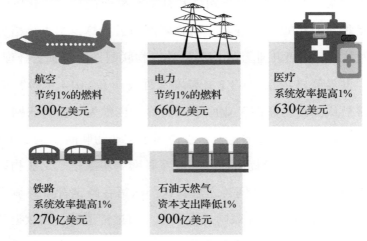

图 5-8　1%的节省所带来的巨大收益

同时 GE 公司也给出了对中国市场效率提升的预计,在2012年后的15年内:

- 燃气发电机组能耗降低1%,将节约高达80亿美元的燃料
- 勘探开发领域,资本利用率如果提高1%,将节约70亿美元
- 而铁路运输行业,运输效率提高1%,将节约20亿美元的燃料成本

在2015年年初,世界经济论坛发布了题为《工业互联网:释放连接产品和服务的潜力》的调研报告,得出的结论是,工业互联网确实是变革性的——它将改变竞争的基础,重新划定行业界限并造就一波具有颠覆性的新企业,就像当前的互联网造就了 Amazon、Google 和 Netflix 一样。

第五章
理清概念，轻装前行

这则调研报告表明，工业互联网的颠覆性来自从所连接的产品处收集到的海量数据及其创造的新价值，从而可以实现自动化决策，并实施优化运营。工业互联网将在四个方面提供关键业务机会：

1）通过预测性维护和远程管理大幅提高运营效率，例如，提高正常运行时间，资产利用率。

2）由软件驱动的服务、在硬件方面的创新及对产品、流程、客户和合作伙伴可见度的提升等因素将引入成果型经济模式。在这种模式下，企业的竞争力在于它们为客户交付可衡量的结果的能力。

3）成果型经济模式将促使生态系统中的商业伙伴密切合作，将其产品和合作整合在一起，以共同满足客户的需求。如果一些软件平台能更好地在生态系统中收集、整合和交换数据，将以前所未有的速度和规模生产、分销新产品和服务并获得利益。这将导致新型连通生态系统的呈现，模糊了传统行业的界限。

4）人与机器之间的深入合作将把生产力提高到前所未有的水平，创造更有吸引力的工作体验。与此同时，不管是体力性还是智力性的低技能工作，都会越来越多地被基于智能传感器、智能助手和机器人的"数字化劳动力"所取代，而未来对工作技能的要求也会越来越高。工业互联网将利用技术辅助和提高工人的能力，使他们的工作更安全、更高效、更灵活和更投入。

为了推广工业互联网，GE 牵头与英特尔、IBM、思科及 AT&T 一起于 2014 年 3 月在美国创立了工业互联网联盟（Industrial Internet Consortium, IIC）并把它定位为一个非营利的开放性的组织。IIC 将相关的企业和机构聚在一起，探索、交流和推广有关工业互联网的理念、技术和最佳实践，其宗旨在于加快工业互联网的发展及其价值的实现。在技术方面，IIC 着重推动通用架构、互操作性和开放标准的广泛采用，以期超越技术和产业孤岛所带来的障碍。在业务方面，IIC 则注重协调生态系统，推动工业互联网被各行业采纳。IIC 具体的工作聚焦在以下一些方面：

1）建立公开论坛探索、交流和推广有关工业互联网的理念、技术和最佳实践。

2）制定参考架构和技术框架，发布最佳实践及案例研究。

目前，工业互联网的理念已在全球得到了广泛的认同和接受，IIC 也已发展成为一个推动工业互联网发展的领先的国际化机构。

中国工业互联网产业联盟也于 2016 年 2 月在北京成立，作为一个多功能开放平台，支撑政府和产业界双向沟通、制造业和信息通信业跨界融合／协同创新、国内发展和国际合作，以期切实推动工业互联网的创新发展。

工业互联网的应用广泛地涵盖了所有能受益于信息和智能化所带来的优化成果的领域，包括智能城市、智能建筑、医疗保健、交通运输、石油与天然气、电力、矿产、农林，当然也包括智能制造。

自工业互联网的概念出现以来，拿工业互联网类比消费互联网，或希望借鉴消费互联网的成功经验，用于发展工业互联网的声音此起彼伏。但工业互联网并不是消费互联网，工业互联网有着自己明显且强烈的工业特征。无论是在网络端的量级、实时响应的速度、使用条件、应用场景、用户心态等方面，都有很多不同：

基础不同。消费互联网连接的是计算机、手机、服务器等"数字化原住民"，这些数字设备天生就具备联网的能力；工业互联网连接的是"数字化移民"，即可以迁移到工业互联网而成为网络终端的人、机、物、活动等各种工业要素，这就需要对大量的工业设备与物料等进行"治聋治哑"的改造。

所有权不同。绝大多数计算机、手机等具备个人属性，归个人使用和保管，而绝大多数工业设备具备企业的共有属性，是国有、共有、集体所有的。

由于安全、保密、高价值等方面的考虑，工业设备上网时企业家的顾虑较多。

连接量级不同。消费互联网连接几十亿消费人群和计算机设备，工业互联网要连接的是几百亿台设备。

响应不同。消费互联网无须工业级的实时响应，例如在微信对话或提交购物申请时，有1秒左右的延迟并不影响使用结果；工业互联网往往需要毫秒、微秒甚至百纳秒级的实时响应，也需要与此相应适应的时间敏感网络（TSN），甚至需要更精准的时间明晰网络（TAN）。有些看似只有半毫秒的延迟，在车间里可能就会酿成重大工业事故。在国家电网的管理中，精准对时的要求已经小于1微秒。

值得一提的是，虽然5G是最新一代蜂窝移动通信技术，具有高速率、大容量、低时延、高可靠等特点。但是5G的低时延性只是毫秒级的，从通信角度来看，时延已经很低了，但从工业控制角度来看，距离工业现场中自动化设备的百纳秒级实时控制要求还差两个数量级。当然这并不妨碍5G在自动控制设备以外的工业场景中找到大量使用机会。

对象/场景不同。消费互联网的典型场景是以人为主体的消费活动，在终端之间传输数据，实现人与人之间的沟通，对可靠性、稳定性的要求一般。但工业互联网的典型场景是车间或设备工作现场等以机器为主题的业务活动，为生产目的在设备之间传输数据，对可靠性、稳定性的要求更高，在车间使用的网线要求防潮、防尘、抗振动、抗拉和抗电磁串扰，因此通常要使用五类网线、超五类网线甚至六类屏蔽网线。

用户心态不同。消费互联网的用户群体愿意尝试新事物，拥抱变化，特别是消费群体中的年轻人，是拥抱和尝试新生事物的主力军。工业互联网的用户却趋于保守，喜欢驻足观望，想变又担心变化。很多企业的决策者并不愿意把自己的设计、生产与服务数据以及相关经验以工业App的方式分享出来。对工业互联网真正有积极性的，应该是某些工业设备的生产厂商。

两个领域两回事，认识上不可混同，试图将一种领域场景直接套用到另一种领域，是难以奏效的。但是二者可以相互跨界，相互借鉴。

在工业互联网发展的道路上，还有很多问题需要考虑，如网络协议、知识壁垒、企业禁忌、保密条例、平台互联等。

工业互联网的安全案例：

2015年12月23日下午3:30，在乌克兰西部伊万诺-弗兰科夫斯克电力控制中心，运维人员突然发现自己的计算机屏幕上的光标被一只看不见的"幽灵之手"给控制了，光标指向屏幕上当地变电站断路器的按钮，它断开了一个断路器，于是，城外某区域内数以千计的居民立即陷入了寒冷中。一个又一个断路器被"幽灵之手"操控的光标断开，最终导致约30座变电站下线，两座配电中心停摆，23万当地居民无电可用。虽然在数小时后以手动方式恢复了电力供应，但黑客对16座变电站的断路器设备固件（嵌入式软件）进行了改写，用恶意固件替代了合法固件，这些断路器全部失灵，任凭黑客摆布。"高大上"的供电设备似乎被武术高手点了穴，瘫倒在地。

令人意外的是，乌克兰电站的控制系统拥有着不低于美国境内部分设施的安全水平，由此可见，即使拥有强悍的防御措施，在黑客的"完美预谋和精心组织"下，系统依旧会被攻克，造成物理设备失控。

一切皆源于软件缺陷，皆源于赛博通道，皆源于意想不到的疏漏。设备太多，防护太少，而且防不胜防。

木马病毒植入最成功的案例，当属大规模破坏了伊朗铀浓缩工厂离心机的"震网病毒"。伊朗铀浓缩工厂的离心机是当年仿制法国的老产品，加工精度差，承压性差，转速有所限制，全网物理隔离。但"震网"病毒通过感染所有潜在工作的 U 盘实现了无形植入，通过加速离心机的转速摧毁了大批离心机。

近年来，除了黑客攻击和木马病毒植入，国外软件数据"走后门"的现象十分普遍。这种现象大致源于两种情况：一是软件原厂商为了改进产品质量，对用户使用软件产品的情况进行跟踪，希望通过收集使用大数据，找出用户的使用习惯和操作不便之处，以便在后期版本中改进软件功能；二是出于某种不可告人的目的特定设计了软件"后门"，如果使用软件的机器是联网的，那么某些"厂商所需数据"就在以某种触发机制（如按照累计量）随机或定时发送给国外软件商；如果计算机不是联网（如物理隔绝）的，那么就伺机寻找网络发送数据，甚至会在某种特定场合下将数据转发出去。其实这种发送机制已经是"明偷暗抢"了。因为软件代码都是不可见的二进制执行代码，常人根本无法查出这种"后门"发送数据的代码处于软件中的什么位置，更何况绝大多数外国软件开发商并不对我国客户开放源代码。

2016 年 3 月，某工程机械企业远程监控系统（ECC）在职操作人员伙同该公司离职人员，利用本公司 ECC 软件漏洞解锁工程机械设备 GPS。通过解锁，每台设备可非法获利 1 万到 2 万元。据统计，近千台设备被该员工解锁，给公司造成了近十亿元的巨额损失。最可靠的加密钥匙，是道德、伦理、人心、制度和法律。

附录

飞机设计技术的发展和展望

Appendix

飞机研发全寿命周期简述

复杂产品制造行业的典型代表是飞机制造，其产品全寿命周期有四个关键的阶段：方案论证、工程研制、批产交付和服务保障。方案论证包含两个阶段：一是需求分析、概念设计，二是总体方案设计。工程研制是指产品总体方案冻结后的产品研发阶段，之后便可进入到批产交付和服务保障阶段。这四个阶段关注的内容不同，因此指导方法和管理手段完全不同，但是在系统工程思想的指导下，可以对这四个阶段统筹考虑。

飞机设计的发展历程

飞机设计经历了从使用二维图板绘制图纸，到在计算机上绘制二维图纸，到三维数字样机设计，再到全三维样机设计的逐渐演变发展过程。

手工制图设计

在图板上手工进行图纸绘制，跑签底图。图纸跑签通过后，描图员将图纸描绘在硫酸纸上，用硫酸纸晒蓝图纸，再进行图纸归档和分发，图纸归资料室统一管理。出现设计更改时，通过刮改硫酸纸和附更改单的方法落实更改。

特点：人工设计、人工管理的工作量很大，设计借用困难，人为因素对产品研发质量影响很大，产品研制是一个串行的研制过程。

计算机二维图设计

在计算机上进行图纸绘制，主要还是靠人工跑签图纸，跑签通过后将图纸打印在硫酸纸上，用硫酸纸晒蓝打印图纸，再进行图纸的分发。最终图纸归资料室统一管理，出现设计更改时，依旧只能通过刮改硫酸纸和附更改单的方法落实更改。

特点：特点基本同上，最大的进步是上次设计的图纸可以存在硬盘上，随时调用，可以减少大量的重复设计绘图劳动。实现了部分知识共享。

三维设计、二维发图的设计

基于三维 CAD 软件进行数字样机（Digital Mock-Up，DMU）的协同设计，解决了大量分析、仿真、计算、工艺、装配问题，并能基于 DMU 生成二维工程图。基于产品结构实现产品数据的关联管理，可以实现数字化审签和变更管理。但是由于在三维模型上表达不了用于工艺、制造和检测的全部信息，只能生成二维图纸作为制造依据。设计数据实现了集中统一管理，可以有效完成数据共享和再利用，有了 DMU，可以基于 IPT 开展协同产品研发。这是一个飞跃。

特点：以三维数字样机为核心的产品研发模式，二维图是在协同分析计算后生成的。已经解决了大量力学和几何问题，实现了并行协同产品研发。

美国波音公司的波音 777 飞机作为世界上第一个采用全数字化定义技术的大型工程项目，成为 20 世纪 90 年代制造业应用信息技术的标志性进展。波音公司 1990 年在设计波音 777 时，公司内依据飞机部件功能划分成立了 238 个 IPT 综合设计制造小组并行工作，共有成员 8000 余人，配置了 3200

台运行 CATIA 软件的 IBM RISC6000 工作站和 2 万余台个人计算机，并与 8 台主机联网，分别进行设计和信息交换工作，使 238 个 IPT 能在并行工程环境中安全地协同工作；在协同工作的环境与系统中消除了 12000 处干涉问题，设计更改和返工率降低了 50% 以上，费用下降了 30%~60%，并使分布在 60 多个国家的飞机零件供应商能方便地通过网络数据库实时存取零件信息。

全三维样机设计

在数字化协同产品的研发平台上，实现全三维样机的协同设计和管理，实现基于三维模型的工艺设计和管理，实现基于产品结构的数据关联管理，实现基于三维模型的电子化审签和变更管理，实现技术状态的统一管理和控制。这就是 MBD。

特点：实现了基于三维模型的一体化产品研制，取消了图纸，实现了技术状态的精细化管理和控制，实现了数据的共享和再利用，实现了并行协同产品研发。

波音公司在以波音 787 为代表的新型客机的研制过程中，全面采用了 MBD 技术，将三维产品制造信息与三维设计信息共同定义到产品的三维模型中，摒弃了二维工程图样，将 MBD 模型作为制造的唯一依据。伴随着国外飞机在国内转包生产，MBD 技术逐渐进入国内航空企业，各主机厂所也开始了 MBD 技术体系的不断探索，并致力于将 MBD 三维模型作为制造的唯一依据。C919 大型客机将 MBD 技术应用于产品研制的整个过程中，实现了全数字样机，生产制造部门已经开始基于 MBD 模型进行后续的生产制造和装配试验，实现了无图化产品研发。

附录
飞机设计技术的发展和展望

先进飞机设计技术的发展

图 0-1 飞机设计技术的发展与展望

基于全局构型管理的 DMU 设计

完整 DMU 设计和管理

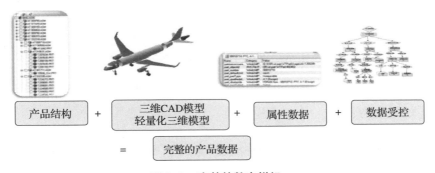

图 0-2 完整的数字样机

255

图 0-2 是完整 DMU 包含的内容：产品结构 + 三维 CAD 模型 + 轻量化三维模型 + 模型属性数据 + 数据受控。为了实现全研制周期的无图化产品研发，需要定义完整的 DMU，并将数字样机应用于产品研制的各个环节，实现基于三维模型的一体化产品研发。

MBD 模型是 DMU 的数据源头，在 PDM 系统实施中，将对 MBD 模型进行有效管理。在 MBD 设计方式下（例如飞机机体、工装等的设计），大量的参数信息，例如材料、毛料尺寸等将在三维 MBD 模型中直接定义，这些数据需要提取至 PDM 系统中作为零组件的属性进行管理。此外，还需要将MBD 中定义的标准件等信息提取到 PDM 系统中，构建出完整的产品结构。在需要的时候能够从 PDM 系统获取这些信息，在后台自动生成零件细目表等文件，满足数据发放、存档等的需要。

可配置的 DMU

为了确保工艺、工装、检验等部门能够有效利用到设计环节发放的三维 MBD 模型，重要的一点是需要在 PDM 实现基于配置的 DMU（Configured DMU，简称"cDMU"）管理，在给定一定的配置条件时，能够过滤出不同几何位置、不同架次等形式的 DMU，展开多种方式的协调工作，例如设计与制造之间的接口协调，制造与制造之间的交付状态协调。确定型号的工艺分离面，定义装配工位、段位等划分，接收到设计数据以后还需要进行厂际交付状态确定等工艺规划工作。在 PDM 系统实施过程中，将利用 PDM 系统强大的基于可配置的数字样机的管理能力，提供三维可视化、可交互的环境下的工艺规划能力：

- 工艺人员可基于飞机研制阶段、架次、专业、区分等信息过滤出相应的三维数字样机，直接查看过滤出的飞机部位结构组成、尺寸、公差等信息，有助于工艺人员在直观可交互的三维虚拟环境下进行工艺分离面的划分和厂际交付的分工等工作。
- 确定的工艺分离面划分和工艺分工等信息可直接在三维虚拟环境下进行记录，并存储到 PDM 系统中。例如给某一个机体供应商的厂际交付分工可直接基于三维环境确定并记录。

基于模型的产品配置设计和管理

为实现对历史数据的重用，需要对历史模型和设计规则、逻辑规则进行重复使用，最终实现可配置的产品。基于模型的产品配置是对具有模块化体系结构的产品和基于设计平台定义可创建、可配置、可验证的产品，通过创建可重复使用的产品模块，以及定义它们如何接合和装配，设计师可以快速创建和验证任何特定于客户的产品。

从产品研制模式的演变过程来看，基于模型的产品配置是满足个性化需求和快速配置的最佳方案，可实现以业务为驱动力的结构化产品选配，最终实现基于管理平台的企业级的自顶向下的研制过程。

基于模型的产品配置的关键能力有：定义可配置的 CAD 模型，定义互换模块；对大规模复杂产品验证，用多种方法对模块化的 CAD 模型进行逻辑验证；引入轻量化和可视化方式，对 CAD 模型和产品结构进行验证；采用轻量化的方式对大规模复杂产品进行合装验证；与 PDM 共同支持 CAD 模型的选项类型和规则，例如包含／排除等规则；通过对可变选项的支持实现产品配置和变型，例如用参数驱动几何模型的变化。

基于五级成熟度的并行协同设计

产品成熟度的定义

根据飞机研发过程中产品数据的完善程度，我们定义了飞机研发的五级成熟度，以便制造部门尽早参与到产品研发过程中，实现并行协同产品研发。

智能制造的本质

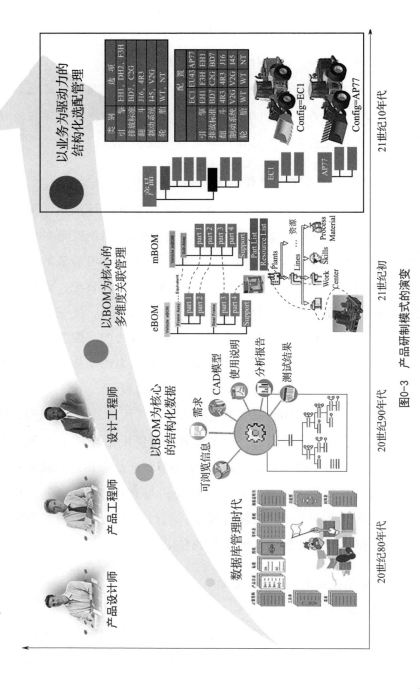

图0-3 产品研制模式的演变

附录
飞机设计技术的发展和展望

表 0-1 产品研发的五级成熟度

成熟度等级	工程设计内容描述	主要指标	制造工程内容描述
一级	1. 定义各部件 IPT 技术要求、制造要求、质量要求、交付清单 2. 各部件 WBS、SOW、IWS	建立零部件，零部件编号、名称和功能已经确定	完成工艺总方案，编制工艺总流水
二级	1. 开始设计、定义零件特性、种类、材料、结构形式、主要尺寸、重要公差 2. 对主要通路进行协调	完成了零件材料和外廓尺寸定义；确定部组件空间占位和基本外廓尺寸	制定材料和物资产品的采购计划
三级	1. 零部件接口尺寸协调 2. 编制长周期零件制造清单、锻铸件清单 3. 编制初始 BOM 4. 编制新材料使用清单	完成零件接口尺寸协调；完成系统管路和线束敷设	完成工艺总布局设计，进行关键工艺技术攻关
四级	1. 完成产品结构（标准件、成品） 2. 全机装配和检查，定义装配属性、要求、间隙、公差和技术要求 3. 新研标准件规格、数量清单	完成零件详细设计、完成三维建模；长周期零件预发放	完成工艺工装详细设计
五级	1. 补充二维图样定义 2. 产品定义数据审签	完成零部件分析、装配检查和工艺审查	完成工艺工装最终设计

基于产品预发放的并行产品研发

设计制造并行工程的开展很大程度上要借助成熟度数据预发放管理来实现，成熟度数据预发放管理的主要目的是在设计数据正式发放之前，将达到一定成熟度的设计数据发布给相关业务部门，让工艺部门、工装部门、采购和制造等部门能够并行地开展相关工作，同时对设计开展相应的审查工作而及早发现存在的问题，从而实现设计制造的并行工程，以加快飞机研制的进度。基于 PDM 的设计制造并行工程管理主要包括如下内容：

- 通过成熟度数据预发放方式实现设计制造并行工程，成熟度数据预发放管理的主要目的是将达到一定成熟度的设计数据发布给制造部门，制造部门可提早进行相应的审查工作和生产准备工作，实现设计制造的并行工程，以加快型号研制的进度。

- 基于 PDM 系统开辟并行工程工作区，对成熟度数据预发放进行统一管理。
- 定义不同的成熟度状态，达到成熟度状态的设计数据共享到并行工程工作区中，制造部门的人员可下载、浏览设计成熟度数据。例如零件三维模型的主要实体和片体，在分解面、主要特征、主要位置等确定以后（不包括具体的工艺特征及相关结构），便可预发放给制造部门，制造部门可根据这些数据开始工艺总方案的设计工作。
- 各个制造部门在并行工程工作区内对成熟度数据提出技术问题，设计单位安排专人进行答复，相关人员可以参与进行讨论。
- 各个制造部门可采用 PDM 系统提供的可视化等协同使能工具在并行工程工作区内对 CAD 模型等进行浏览，根据制造意见进行圈阅、批注，圈阅和批注的意见与 CAD 模型等数据对象存放在一起，形成制造的反馈记录。

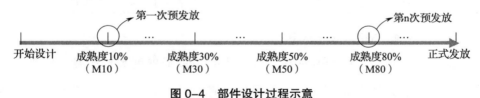

图 0-4　部件设计过程示意

基于骨架模型定义的在线设计

基于骨架模型的并行协同设计

基于骨架模型的自顶向下的设计是保证产品质量、加快产品开发速度、实现数字化协同设计的有效手段。自顶向下的设计采用先确定整体基本参数，然后用三维骨架进行整体总布置、部件总布置，最后基于骨架模型进行零部件设计和绘图的过程。通过基于骨架模型的自顶向下的设计方法，设计意图的变更可以自顶向下地传递，直到传递到最底层的零件和图纸。从而使产品的可修改性大大提高,修改的工作量也大大降低,同时还能保证各部件设计的一致性。

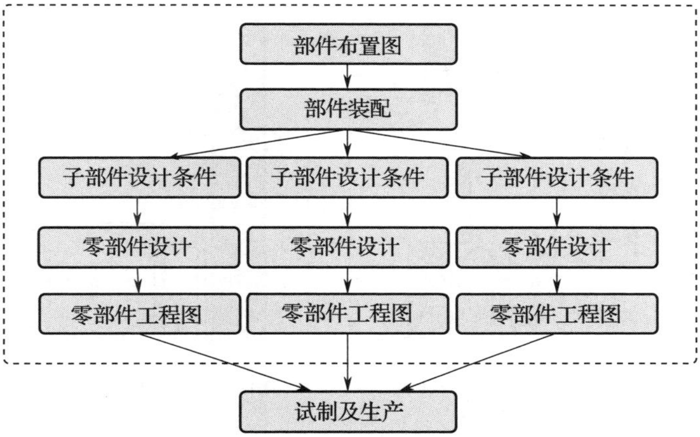

```
部件布置图
    ↓
部件装配
    ↓
┌─────────┬─────────┬─────────┐
子部件设计条件  子部件设计条件  子部件设计条件
    ↓         ↓         ↓
零部件设计    零部件设计    零部件设计
    ↓         ↓         ↓
零部件工程图  零部件工程图  零部件工程图
    └─────────┼─────────┘
              ↓
           试制及生产
```

图 0-5　基于骨架模型的自顶向下产品设计

提供基于骨架模型的自顶向下的设计,建立一整套适合于三维产品设计的自顶向下设计的方法;采用三维骨架模型控制和协调产品设计,实现设计信息的正确传递,加快协调速度和准确度;自顶向下地传递设计参数和约束,加速产品修改,实现快速设计迭代。

基于骨架模型的三维任务书研发模式建立

自顶向下的设计指导规范需要在实际型号设计中得到应用,并加以掌握,同时总结出具有可操作性的三维协同设计规范,建立单位内标准,进而推广应用。

骨架模型作为三维协同设计的核心纽带,将作为信息交换及传递的载体,同时将原有文本任务书的作用融入进来,如此将真正实现任务书的三维化,并实施流程控制,保持与设计数据的关联一致、变更一致、协调一致等。

基于骨架的三维协同设计需要严谨完善的数据流向及规则保证,如图 0-6 所示(参考案例,仅作示意):

同时重点解决以下问题:骨架模型应该包含哪些内容,如何与原先任务

智能制造的本质

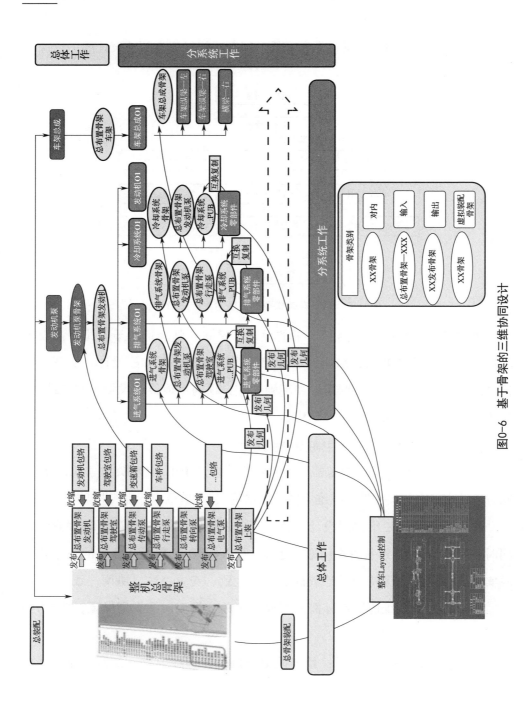

图0-6 基于骨架的三维协同设计

书的内容结合；总体及其下属的组合、零件等的输入输出接口定义；厂所内骨架模型及信息传递的规则；骨架模型的三维几何建立及与三维标注的结合，充分表达信息及完成任务传递；基于骨架模型快速实现三维模型设计和二维图转换并打印，保证目前部分环节如档案等仍然符合二维图的需要；厂所与协作单位间的数据传递规则及要求；外协三维数据的要求，其应该携带的关键信息；单位内规范及标准体系的建立。

基于骨架模型的三维任务书的流程受控

三维任务书应包含总体骨架模型、分系统骨架模型、总体设计要求、总体布局等内容，下发该三维任务书，可以充分体现总体对分系统的设计控制与责任。三维任务书的管理与控制过程如图0-7所示：

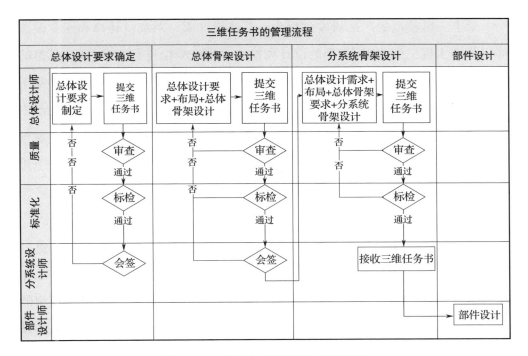

图 0-7　三维任务书的管理与控制过程

三维任务书在最终下发作为部件设计指导之前，是逐渐形成的，涉及的流程大致如下：三维任务书中总体设计要求的编制与审查；三维任务书中总体骨架和布局的设计与审查；三维任务书中分系统骨架的设计、审查与下发。

面向制造检验过程的 MBD 设计

基于模型的定义（MBD）技术是随着数字化设计与制造技术的广泛应用，特别是三维 CAD 技术的日益普及以及设计制造一体化技术的日趋成熟而发展起来的。在许多情况下，三维 MBD 模型都是技术交流和信息传递的主要方式，有助于开展各种设计和验证活动。因此，基于三维模型的 MBD 产品研发技术将逐渐成为未来产品研发的主流模式。

基于三维模型的产品研发过程为：总体设计部、系统设计部和配套设计部门分别实现三维 MBD 模型的设计和检查，生产单位进行三维 MBD 模型的工艺检查，总装单位根据 MBD 模型进行装配工艺验证，维护部门完成基于 MBD 模型的产品维护定义。因此，基于模型的设计过程涵盖型号研制周期中的设计、工艺、制造和维护过程。通过将产品设计信息和生产信息完整地包括在三维模型中，充分利用三维 MBD 模型所具备的表现力，可探索便于用户理解且更具效率的设计信息表达方式。

基于模型定义的规范

建立规范的三维模型定义过程，以及规范的使用流程。包括设计信息的传递、产品设计的流程、CAD 工具使用的标准化。产品设计不仅仅是产品知识的体现，在 CAD 工具使用上也应该有标准的流程与方法。参考基于模型的设计的应用，也应制定相应的规范，包括基础标准规范、业务操作规范和设计与工艺流程规范。

- **基础标准规范：**
  - 数字化模型定义标准；
  - 数字化模型简化和轻量化数据定义规范；
  - 工艺模型定义规范；
  - 型号研制各研制阶段的数字化模型定义要求。

- **业务操作规范：**
  - 自顶向下设计方法及规范；
  - 设计与工艺协同规范；
  - 数据质量控制和评审规范；
  - 协同设计方法及规范；
  - 维修性分析方法及规范；
  - 仿真分析方法及规范。

- **设计与工艺流程规范：**
  - 产品开发程序／支撑环境；
  - 技术状态管理流程；
  - 结构设计与工艺流程；
  - 系统及设备安装流程；
  - 验证与仿真流程；
  - 数字样机流程。

基于模型的三维标注

基于模型的三维标注是实现数字化制造的基础，它以数字化方式对产品进行准确描述。对三维模型的标注和分类组织管理，可完整准确地表达产品零部件本身的几何属性、工艺属性、制造信息、质量检测属性以及管理属性等信息，满足制造过程各阶段对数据的需求，保证产品设计制造过程的协调性。

智能制造的本质

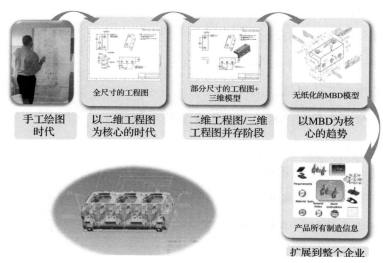

图 0-8　基于模型定义的演变

在三维模型上进行三维工程图设计,实现以下信息描述:注释、符号、曲面精加工、几何公差、设置基准标签、纵坐标基线、从动尺寸、纵坐标从动尺寸、参考尺寸、纵坐标参考尺寸、制造模板等。

需要解决的关键问题有:

- 直接查阅 MBD 模型,更准确理解产品;
- 三维与二维同步的问题;
- 避免工艺二次录入,制造工艺可提前介入;
- 设计、工艺变更一致性的问题;
- 研发模式的全新定义。

基于模型的设计和检查

在基于模型的三维产品设计过程中,需要考虑产品的工艺性、制造性和维护性,实现面向工艺、制造和维护的三维模型设计。针对已经完成的三维模型进行三维模型检查。三维模型的检查内容有：设计审查、工艺审查、标准化审查等，确保三维模型满足设计要求、工艺要求、标准化要求和维护要求等。

实现基于模型的全三维设计包括：

- 三维总体方案能力；
- 三维空间布局、接口描述方法；
- 完善的自顶向下设计；
- 完整准确的结构设计；
- 电缆、管道空间布局设计；
- 三维评审机制建立；
- 数字化模装、功能检查和验证能力。

面向装配的设计

产品设计阶段执行功能检查并考虑装配工艺，工艺部门可尽早参与到设计过程中，提出工艺意见。设计工程师在设计阶段收集工艺意见，通过装配仿真和验证工具和专业的公差分析工具，优化产品的装配设计。

- 装配设计检查能力。面向装配工艺的设计有利于在开发过程的早期发现、了解和查看干涉问题，能够在异构的 MCAD 模型上执行快速干涉检查分析、接触+干涉分析、间隙+接触+干涉分析等形式，并实现对查询过程的管理；
- 装配环境下产品功能检查能力。在装配环境下执行数字化模型的运动分析，研究产品形状、配合和功能。创建和部署交互式动画、创建运动学机构、计算运动包络。

面向制造的设计

在产品设计阶段，设计人员要考虑到制造阶段的诸多因素，就可将制造工艺集成到设计模型中，以实现面向制造的设计，并确保制造部门应用设计定义的制造信息自动展开后续工作。

这就要将典型的工艺信息和制造信息定义到设计特征和设计模板中，比如：定义带有典型加工工艺和数控编程的设计特征或设计模型，形成面向制造的设计模型库。在设计过程中设计人员调用含有成熟的制造信息的设计特征或设计模板，利用软件提供的自适应能力自动将典型工艺过程提取并与当前零件形状和加工要求进行匹配，从而完成了工艺的自动设计和NC编码的自动生成。

面向制造的设计能够在产品设计时对该产品的制造性能进行先期的考虑和定义，能够方便地、经济地实现制造，提高制造效率，减少加工时间，降低生产成本，提高产品质量。

基于模型的检验

在三维工程图模型上标注有检验信息，在工艺设计过程中，为具体工艺指派设计模型后，可以将三维工程图上标注的检验信息导入到具体工序，在输出工艺卡时也可输出这些信息。这样，检验人员就可以在浏览三维工程图时，通过浏览、剖切、测量获得模型的具体形状和大小，快速理解设计模型。检验人员通过浏览工艺卡，可获得需要检验的尺寸，并参照工艺卡进行检验。

基于关联技术的数字样机更新设计

关联设计技术是飞机先进设计技术之一，在新型飞机设计过程中发挥着重要作用。关联设计技术是通过定义飞机设计总体参数及传递上下游和各专业间接口关系的骨架模型，可实现设计信息的有效传递、制约和控制，从而实现上下游和各专业之间的关联。

定义关联设计的设计规范
- 参照飞机总体设计要求和任务书，规范化定义飞机总体设计参数；
- 规范化骨架模型设计方法和其中的特征命名，如：点、线、面、基准、轴、坐标系等命名方法；
- 规范骨架模型发布内容的定义方法和命名规则；
- 规范零部件对发放数据包的接收和引用方法；
- 规范自顶向下更改信息传递的途径和方法；
- 规范设计参数和骨架模型的管理模式。

建议关联设计的设计环境

通过 PDM 系统实现关联信息的管理，包括：存放位置的管理、审签流程的管理、关联信息的版本管理、访问权限的控制管理、关联关系的管理、变更控制和传递的管理、技术状态的管理等。

关联设计信息的定义

在三维设计过程中，通过参数化设计技术建立模型之间的相互依赖关系，以上游设计的几何特征（如点、线、面、基准、轴、坐标系等）作为驱动参数，建立模型与模型间的驱动关系，从而实现上下游设计间的关联。关联设计的核心是基于模型划分的理论模型（也称骨架模型）和接口体系定义，接口就是下游设计参考上游设计的几何元素，把决定设计对象的具有联系的接口的集合称为设计对象的骨架，对应的数模称为骨架模型。

骨架模型的特点和优势包括：是沟通的中央通道，分发和 / 或保留设计标准和意图；易于分析、判断并防止问题的出现；可方便任务的分发，让设计更加紧凑，更加"自信"；可提升井然有序的设计环境，实现对装配变型的真正控制；支持更快、更高效的更改传递，在适当的时间提供适当的信息；独家支持"范围控制设定"，允许把"骨架"作为唯一参考，进行关联设计。

关联设计以骨架模型和接口描述飞机全机数字样机的各级设计输入,并对设计结构进行合理的划分,形成产品结构的合理层次关系;采用在线设计技术,在管理系统控制之下建立总体、结构、系统等专业设计的 MBD 模型之间的关联关系,形成完整的关联设计体系。关联设计通过多专业模型之间几何元素的发布和引用关系,实现飞机研制中上下游专业设计输入与设计输出之间的影响、控制和约束关系。如此,在上游设计发生变化时,下游的设计可以自动更新。

关联设计信息的传递

在飞机设计中,借助数字化技术,通过骨架模型建立、控制和传递这种影响关系,实现上下游设计信息的快速传递与更改驱动,实现了各个专业的自动化关联设计,保证了结构、系统布置设计数据的唯一性和一致性。骨架模型的几何元素与共享机制为数据共享和自顶向下的设计模式提供了强有力的技术支撑,也有效支持了飞机结构和系统从总体布置到零件设计、装配设计采用自顶向下的设计方式,大大提高了协同设计的效率和质量。

该技术使上下游专业设计数据的协调性、一致性得到了保证,关联模型的更改信息得到了自动传递,并在拓扑关系不改变的情况下实现了零部件模型的自动更改,成为驱动多专业并行设计、实现快速设计迭代和工程更改的重要技术手段。它的采用使工程师设计过程中的协调与迭代时间大大减少,提高了协调效率,缩短了设计周期。

基于虚拟现实的多专业仿真设计

基于模型的多专业虚拟仿真和验证

以全三维模型为核心实现全型号的数字化设计、数字化计算、数字化分析、数字化仿真以及产品的优化设计。构建面向设计工程师的敏捷分析模式,应用 MCAD 和 CAE 的集成应用能力，一边设计、一边计算、一边分析、一边优化，实现设计、计算、分析、优化一体化。

在型号研制过程中，基于模型的三维数字样机不断完善，仿真验证和评审就应该同步展开，而不是等到设计完全结束后再去检查和验证。因此虚拟样机的验证和分析应该用在从方案论证到生产及装配、维修培训，以及商务活动的整个过程中。当用虚拟模型来代替实际模型验证设计时，通过可配置的数字样机能力，在数字化环境下实现飞机总体、机电、航电、液压、飞控等多专业的设计协调及模拟装配，可提前进行质量验证。

总的来说，基于模型的虚拟样机仿真验证系统将帮助我们完成以下功能：

- 对整个产品设计可进行实时、交互式、多地点和协同的评审；
- 降低了设计成本和对实物样机的依赖；
- 通过及早看到交互式数字样机，改进了沟通和协同；
- 通过快速展示产品设计的备选方案，加快了决策过程；
- 实时交互式装配，动态干涉分析；
- 对外产品设计展示的数字化窗口；
- 充当产品功能检查和人员使用培训的平台。

基于虚拟样机的设计评审和产品展示

结合最佳性能的平台、图形集群多通道设备、投影系统、虚拟外设、全人体追踪设备等的联合使用，构建虚拟产品会议中心，建立能让小组聚集在一起来进行大规模设计检查的理想方法，从而能让多个用户同时完全投入相同的虚拟环境中；营造一个可以为内部管理、合作伙伴和客户提供多功能描述的合作环境；提高发现和解决产品问题的能力，工程师可以从用户的角度而不必使用任何原型法来设计虚拟产品；缩短制造过程，提高利润率，并最终提高整体竞争力。

图 0-9 基于虚拟样机的设计评审和产品展示

基于模型的系统工程设计

飞机研发经历多个阶段，涉及总体、结构、气动、强度、机械、电子、电气、软件等诸多学科技术运用和集成优化，融合了可靠性、维护性、保障性等多类工程专业的切入和开展，在系统内部体系结构及与外部背景环境的相互交联中充分体现了"系统之系统"的本质属性。在未来联合作战以及商用航空通勤的运行概念中，飞机的利益相关者的要求和需求不断增加，系统内部及其与背景环境的交联关系的复杂度不断提高，系统和子系统设计与综合的复杂度和风险不断增大，并且随着系统智能化要求越来越高，传统的基于文件的系统工程已经难以驾驭需求定义、运行方案设计、功能设计、架构设计、方案权衡等过程，必须引入和开发支撑飞机创新的开发方法论、流程集和工具软件，基于模型的系统工程就是其中一种先进方法和实现模式。

基于模型的系统工程（Model Based Systems Engineering，MBSE）实施

的目标是建立健全要素完整的、面向发展的基于模型的系统工程框架，通过该框架支撑业务全面、协调、可持续发展。通过导入基于模型的系统工程方法论与最佳实践，在飞机开发方案阶段实现翔实的需求定义与系统功能设计，并进行架构设计与综合，生成系统需求、功能与架构基线，产生需求规格、产品规范、接口控制文档等。MBSE 强调场景驱动的需求捕捉和分析，通过建立需求、功能与架构模型，实现从需求到功能、架构的分解与分配，通过模型执行实现系统需求和功能逻辑的验证与确认。在产品生命周期中 MBSE 向后衔接系统仿真和产品详细设计，指导和控制各工程技术、专业工程领域的设计、综合与验证，将构成系统的元素加以合理地定义和配置，实现系统整体功能和性能指标的优化。

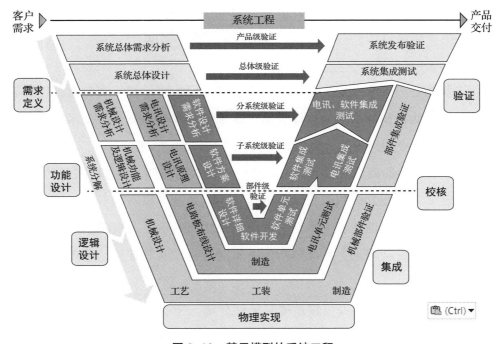

图 0-10 基于模型的系统工程

完善需求驱动的系统研发

在完善系统研制、引领航空电子新发展的转型中，研制模式将从原来的满足需求过渡到创造需求和引领需求，这一转变需要有相应流程进行规范和指导。经过几十年的沉淀，航空产品在研发流程方面已经建立了一整套成熟的制度、标准，接下来，为了适应需求创新的研制模式，应进一步完善研发流程，将用户需求作为研发的源头，通过规范需求捕获、需求分析、需求开发和需求分解等过程，形成需求驱动的业务流程，提升系统创新研发能力。

为了有效支撑需求驱动的研发，应进一步完善需求管理机制，提升需求管理手段，包括建立自顶向下（从系统到部件再到软硬件）、完整清晰的结构化需求文档体系，完善需求技术状态管理和变更管理流程与方法，构建需求关联和追踪机制，统一需求分解和撰写规范，完善需求评审机制，建设统一的需求管理信息化平台等，从而确保需求清晰、规范、可控。

推进基于模型的系统工程

随着航空产品本身越来越复杂，其已经发展为多学科、多专业高度综合的系统，这使得如何系统地、综合地考虑系统各组成部分，以及系统本身在更大的系统中要如何正确地发挥其能力成为了研制的关键。

从产品研制的概念阶段，就引入基于SysML的模型，通过模型化的方式，对需求定义、功能分析和架构设计进行建模，并通过模型执行的方式事先验证需求和功能的正确性和完整性，确保系统之间的协作，以及系统内部各组成部分的协作符合需求，系统的功能逻辑经过建模及验证后，实现功能分析闭环。

软件工程领域，可以根据系统对软件分解下来的基于SysML的模型，开展软件模型设计，基于模型自动生成代码，实现自动化的软件开发和测试，提高软件研发效率。

模型化研制带来的最大价值是减少或避免了传统的"制造—试验—再制造－再试验"模式，从而在制造之前就实现了对需求、功能、架构和性能的精确表达，并实现了制造前验证，能够减少成本并缩短周期。同时，这些模型可以发展为制造模型，为数字化的生产制造提供便利，从而实现设计制造一体化，形成完整的、基于模型的研制体系。

MBSE 应用是一个较为长期的过程，为了实现最终目标，有必要采取渐进式、分阶段建设，每阶段解决一部分问题，见到一定的效果，实现特定的目标。分阶段建设可以降低实施风险，避免突然大范围调整广大设计人员工作流程的情况，有利于系统工程的稳步推进。

面向脑机互联的智能设计

2013 年德国"工业 4.0"战略问世以后，在网络化、数字化基础上的智能制造已经成为工业热点，而智能制造是以智能设计为基础的。如果说现在我们的设计还是基于鼠标、屏幕、各类大型 CAD 软件的手工设计，叫作"所见即所得"的话，下一步为简化设计、工艺、制造工程师的工作，可以用"所言即所得"的方法，最终可以发展到"所想即所得"。这些并非梦想，人工智能的最新进展表明，用脑电波控制设计已经不再是一个梦想。但这一切的基础是知识管理，比如说我们设计一个杯子，有杯体、杯把和杯盖，如果我们在过去的工作中，建立了 100 个杯子各自不同的三维模型，存在数据库中，它只是数据，如果我们接到一个新的任务，设计一个新的杯子，我们就会在数据库中反复查找对比，看看哪个杯子类似，稍加修改就可以用了。如果换个思路，我们把已经建立的 100 个杯子各自的杯体、杯把和杯盖模型提取特征并加以参数化，最后可能数据库中每类特征仅有 10 个模型左右。这时，我只要告诉计算机特征和参数，杯体、杯把和杯盖都会自动生成。无论是用键盘敲进去,用语音输入,还是让计算机检测我的脑电波,只是输入的方法不同,后台处理都是一样的。因此智能设计的基础是知识管理和知识工程。

结束语

航空工业被称为工业之花,许多技术都是在航空领域首先得到发展和应用,特别是计算机技术的发展近年来对航空技术的发展起到了很大的促进作用。本书阐述当今最先进的飞机设计技术,并展望了未来飞机设计的先进技术。通过这些描述,希望能对未来飞机的研发起到引导和帮助作用,同时也希望能启迪其他行业的先进产品研发,推进制造业的整体进步。

专业术语表

缩略语	英文全称	中文翻译及释义
AO	Assembly Order	装配指令
ATO	Assemble-to-Order	按订单装配
AGV	Automated Guided Vehicle	自动导引运输车，作业现场常用的物流运输工具
AIMS	Airplane Information Management System	飞机信息管理系统，在同一个计算机平台上进行数据的采集、传输、处理、计算、存储、输入和输出，并进行数据分析、综合利用的系统
ALM	Application Lifecycle Management	应用寿命周期管理，指软件开发从需求分析开始，历经项目规划、项目实施、配置管理、测试管理等阶段，直至最终被交付或发布的全过程管理
APS	Advanced Planning and Scheduling	高级计划与排程，解决生产排程和生产调度问题，常被称为排序问题或资源分配问题
BOM	Bill of Material	物料清单，用计算机辅助管理，首先要使系统能够识别企业制造的产品结构所有涉及的物料
BOP	Bill of Process	工艺流程清单，若干工步构成一个工序，若干工序构成一个工艺，由此构成结构化的工艺流程清单
BPM	Business Process Management	业务流程管理，是一种以规范化地构造端到端的卓越业务流程为中心，以持续提高组织业务绩效为目的的系统化方法
CAD	Computer Aided Design	计算机辅助设计，用计算机辅助软件辅助设计人员进行交互设计，主要用于机械、电子、航空、纺织等行业的产品总体设计
CAE	Computer Aided Engineering	计算机辅助工程，广泛使用有限元法、粒子法等分析模型，将复杂问题分解为较简单的问题后再求解的软件系统，结果是近似解
CAM	Computer Aided Manufacturing	计算机辅助制造，用计算机软件来实现生产设备管理控制和操作的过程。针对某种数控设备，给出刀具加工时的运动轨迹和数控程序
CAPP	Computer Aided Process Planning	计算机辅助工艺规划，是针对多种数控设备，用计算机来制定零件的一系列加工工艺过程的软件系统

（续）

缩略语	英文全称	中文翻译及释义
CCS	Coordination Control System	协调控制系统，根据单元机组的负荷控制特点，为解决负荷控制中的内外两个能量供求平衡关系而提出的一种控制系统
CFD	Computational Fluid Dynamics	计算流体动力学，是流体力学和计算机科学相互融合的一门新兴交叉学科
COPS	Complex Product Systems	复杂产品系统，指研发成本高、规模大、技术含量高、单件或小批量定制化、集成度高的大型产品、系统或基础设施
CPS	Cyber—Physical System	赛博物理系统，IT 与 OT 融合的系统，新工业革命的使能技术。也常被称作信息物理系统
CRM	Customer Relationship Management	客户关系管理，用于销售、营销、客户服务和支持等方面的业务系统
DAS	Digital Assembly Sequence	数字化装配顺序
DBMS	Data Base Management System	数据库管理系统，一种操纵和管理数据库的大型软件，用于建立、使用和维护数据库
DBT	Design Build Team	设计建造团队
DCAC	Define and Control Airplane Configuration	飞机构型定义和控制
DCS	Distributed Control System	分布式控制系统，分布式控制系统是以微处理器为基础，采用控制功能分散、显示操作集中、兼顾分而自治和综合协调的设计原则的新一代仪表控制系统
DIKW	Data、Information、Knowledge、Wisdom	关于数据信息知识及智慧的体系
DMU	Digital Mock-Up	数字样机，是对产品的真实化计算机模拟
DNC	Distributed Numerical Control	分布式数控，是实现 CAD/CAM 和计算机辅助生产管理系统集成的纽带，是机械加工自动化的又一种形式
DPA	Digital Per-Assembly	数字化预装配
DPD	Digital Product Definition	数字化产品定义
DTD	Digital Tool Definition	数字化工装定义
EGPWS	Enhanced Ground Proximity Warning System	增强型地面碰撞（临近）警告系统

（续）

缩略语	英文全称	中文翻译及释义
ERP	Enterprise Resource Planning	企业资源计划，是指建立在信息技术基础上，集信息技术与先进管理思想于一身，以系统化的管理思想，为企业员工及决策层提供决策手段的管理平台
ETM	Effectively/Tabulation Management	有效性结构表管理
FMECA	Failure Mode, Effects and Criticality Analysis	故障模式及影响分析和危害性分析，是针对产品所有可能的故障，并根据对故障模式的分析，确定每种故障模式对产品工作的影响，找出单点故障，并按故障模式的严重程度及其发生概率确定其危害性
FO	Fabrication Order	制造指令
GMCS	Ground Maneuver Camera System	地面机动照相系统
HCPS	Human–Cyber–Physical System	人–信息–物理系统
HCS	Human–Cyber System	人–信息系统
HPS	Human–Physical System	人–物理系统
HVC	Hardware Variability Control	硬件可变性控制
IETM	Interactive Electronic Technical Manual	交互式电子技术手册，将技术手册的内容转换为数字化，进行重新编制，并以交互方式进行查阅，通过计算机等设备把所查阅内容展现给维修技术人员或系统操作人员
IIC	Industrial Internet Consortium	工业互联网联盟
IIoT	Industrial Internet of Things	工业物联网，物联网在工业中的应用，将与有感知、监控能力的各类采集或控制传感器以及移动通信、智能分析等技术不断融入工业生产过程各个环节，形成连接各种工业要素的网络
IoT	Internet of Things	物联网，是计算设备、机械和数字机器、物体、动物或人相互关联的系统
IPT	Integrated Product Team	集成产品团队
IS	Integrated Scheduling	集成进度计划

（续）

缩略语	英文全称	中文翻译及释义
IWS	Integrated Work Statement	综合工作说明
MBD	Model Based Definition	基于模型的定义
MBE	Model Based Enterprise	基于模型的企业
MBS	Model Based Simulation	基于模型的仿真
MBSE	Model Based Systems Engineering	基于模型的系统工程
MDC	Manufacturing Data Collection & Status Management	制造数据采集管理，车间的详细制造数据和过程系统，一套用来实时采集、报表化和图表化车间的详细制造数据和过程的软硬件解决方案
MES	Manufacturing Execution System	制造执行系统，制造企业生产过程执行管理系统，一套面向制造企业车间执行层的生产信息化管理系统
MIS	Management Information System	管理信息系统，进行日常事务操作的系统
MOM	Manufacturing Operation Management	制造运营管理，通过协调管理企业的人员、设备、物料和能源等资源，把原材料或零件转化为产品的活动
MPS	Master Production Schedule	主生产计划
MRM	Manufacturing Resource Management	制造资源管理
MRO	Maintenance, Repair & Operations	维护、维修、运行，通常指在实际的生产过程不直接构成产品，只用于维护、维修、运行设备的物料和服务
MRP	Material Requirement Planning	物资需求计划，根据产品结构各层次物品的从属和数量关系，以每个物品为计划对象，以完工时期为时间基准倒排计划，按提前期长短区别各个物品下达计划时间的先后顺序，是一种工业制造企业内物资计划管理模式
OS	Operating System	操作系统
PTO	Pick-to-Order	按订单挑选
PCS	Process Control System	过程控制系统
PPC	Production Planning Control	生产计划控制

（续）

缩略语	英文全称	中文翻译及释义
TMM	Tailored Materials Management	改进物料管理
TSN	Time Sensitive Network	时间敏感网络
VV&A	Verification、Validation & Accreditation	校核、验证与验收
PHM	Prognostics Health Management	故障健康管理，利用现代信息技术、人工智能技术的最新研究成果提出的一种全新的管理健康状态的解决方案。是从工程领域提炼，并且不断系统化、体系化的一门系统工程学科，聚焦于复杂工程健康状态的监测、预测和管理
PLC	Programmable Logic Controller	可编程逻辑控制器，一种具有微处理器的用于自动化控制的数字运算控制器，可以将控制指令随时载入内存进行储存与执行
PLM	Product Life-Cycle Management	产品全寿命周期管理
PMI	Product Manufacturing Information	产品制造信息
RDD	Reduced Dimension Drawing	减少尺寸工程图样
RFID	Radio Frequency Identification	射频识别技术，自动识别技术的一种，通过无线射频方式进行非接触双向数据通信，利用无线射频方式对记录媒体（电子标签或射频卡）进行读写，从而达到识别目标和数据交换的目的
RTU	Remote Terminal Unit	远程终端单元
RTOS	Real Time Operating System	实时操作系统
SCADA	Supervisory Control And Data Acquisition	监控和数据采集系统
TBS	Tailored Business Streams	精简作业流
SCM	Simplified Configuration Management	简化构型管理
SD	Simplified Drawing	简化图样

（续）

缩略语	英文全称	中文翻译及释义
SOS	System of Systems	系统之系统（分散复杂系统），是面向任务（或以任务为导向）的多个系统的集合，这些系统通过共享资源与能力，构成一个新的更复杂的系统，与多个系统的简单加和相比，具有更强大的功能和性能
SRM	Supplier Relationship Management	供应商关系管理
SCM	Supplier Chain Management	供应链管理
SSPD	Single Source of Product Data	单一产品数据源
TAN	Time Sensitive Networking	时间敏感网络，指 IEEE802.1 工作组中的 TSN 任务组正在开发的一套协议标准

后　记

本书从酝酿到封笔，用了近两年的时间，如果用最简单的词汇来表达此时的心情，就是"感谢"。感谢 2019 年 9 月 30 日导演和摄制组为我录制的 27 分钟华为 DIGIXTALK 栏目《航空工业的数字化翅膀》，全国有 330 万观看量，感谢你们的接纳，每次复看这段视频，都会让我在第一时间感觉回到了 20 年前的数字化设计制造的工作现场；感谢去年腾讯给我录制的《转型：智能制造的新基建时代》，有 170 多万名朋友们关心；感谢机械工业出版社和"九州云播"平台，既给我们老师提供了公益讲座的平台，又为需要及时获取数字化转型、智能制造和工业互联网知识的朋友们提供了学习机会。

感谢培养了我的母校——西北工业大学，感谢中国航空工业集团第一飞机设计研究院和中国航空工业集团信息技术中心（金航数码公司），在我四十四年的职业生涯中，有近四十年和航空相关，感谢那些和我前后一起工作过的超过 5000 名的同事们，没有在飞机设计、制造一线的摸爬滚打，没有在成百上千家单位的学习、培训和服务经验，就不可能积累这些知识，没有我的这些知识，也就没有这本书，感谢你们的支持；多年来，确定要干的几件大事都得到了大家的帮助和支持。希望你们将来念起我时，能体谅、忘记我的严厉和苛刻，尤其是我多次发过的脾气，向大家说一声抱歉。尽管我已经退休了，但我仍然还是你们的朋友，你们的战友，你们的"微"友，你们的笔友，你们的旅友；在数字化转型、智能制造、工业互联网的路上，我永远和大家站在一起。

感谢我亲爱的老妈妈，还有我的爱人、儿子、儿媳妇，以及三个弟弟妹妹以及他们的家人，你们在全国各地默默地劳作生活，从来尽可能不给我添一点麻烦，以节约我的每一分钟时间。去年疫情期间，我在陕西铜川整整闭关了100天，也给本书的写作创造了环境，写作本书的过程非常辛苦，我在写作本书时偶尔犯懒，每每看到我八十多岁的老母亲从早到晚地辛勤劳作，又倍感惭愧，促使我克服懒惰，最终完成本书。

感谢众多的微信网友，感谢你们满怀热情的鼓励、监督和批评，其实这几年我一直和你们在一起。我的微信好友2013年就达到了峰值5000人，因此很多朋友要加我的微信，加不进来，只好说抱歉；另外还有成百个微信群，其中几十个微信群，都达到了500人的峰值，偶尔也发表一些意见，参加过讨论……也要特别感谢全国各地甚至海外的朋友们，你们爱之深，责之切，一直坚持从专业技术角度发声，经常促使我反思，对我的工作是很好的促进和帮助。

我在智能制造和工业互联网方面所做的工作，自己最满意的是和大家一起凝练了"干净、自强"的精神，并和大家一起身体力行。我不敢说我自己不负众生，但我敢说我自己不负本心，我敢说我自己是一个公正的数字化转型、智能制造和工业互联网专家，我敢说自己为中国工业和制造业的数字化转型和发展，已经拼尽全力。

最后感谢默默奉献、支持和服务国家数字化转型战略、智能制造发展战略、工业互联网发展的工业和信息化部、中国工程院、中国科学院、清华大学、国务院发展研究中心等单位给我提供大量帮助的朋友们，尤其是杨学山副部长、周济院士、李培根院士、梅宏院士、刘永才院士、李伯虎院士、屈贤明、董景辰、朱森第、丁一凡、赵敏、闫丽娟、朱铎先、郭朝晖、安筱鹏、林雪萍、胡虎、陈明、唐湘民……以及所有长期或短期，有名和无名的支持者。你们

后 记

不图名不图利,对新的工业技术和真理充满热忱,并付出实际行动,你们的精神和情怀温暖着中国工业和制造业这块土地。北京十二年的工作和生活,与你们为伍,也让我时时直面真正的自己,深深感受到服务于工业和制造业才是我一直追寻的幸福。

五年多与翔正国际的合作,让我觉得创始人王翔飞非常有思想,既有情怀又有担当,项颢既勤奋又正直。他们充满热情地鼓励我,参与了本书的文字校对、细节处理,没有他们的帮助,本书还要再拖几个月才能出版。相信他们以后会比我干得好。相信未来的中国一定能够成为一个制造强国,相信翔正国际一定会在这个发展过程中,为中国制造业培养人才、解决问题、添砖加瓦。这是一家谁来了都不想离开的公司,是一个生活在这里的职工都感到幸福的地方!

最后,尊重知识产权、尊重著作权是中国走向强国之路的必由之路,因为本书参考的文献、著作众多,若在书中借鉴了哪位专家老师的资料,而没有写到本书的参考、文献列表中,首先表示抱歉,请随时指正,并敬请告知,以便更改。

宁振波
2021 年 7 月 1 日

参考文献

[1] 赫尔曼. 拼实业：美国是怎样赢得二战的 [M]. 李永学，译. 上海：上海社会科学院出版社，2017.

[2] 范玉青. 现代飞机制造技术 [M]. 北京：北京航空航天大学出版社，2001.

[3] 顾诵芬. 飞机总体设计 [M]. 北京：北京航空航天大学出版社，2001.

[4] 任晓华. JSF 制造技术综述 [J]. 航空制造技术，2002（02）：38-43.

[5] 宁振波. 基于航空专网和 PLM 技术的飞机产品数字化工程 [R]. 2002-8-2.

[6] 宁振波. "样机" 一词刍议 [R]. 2002-11-7.

[7] 宁振波. 飞机数字化设计制造管理研究报告 [R]. 2002-11-7.

[8] 宁振波. 飞机全 DMU 设计并行工作平台的建设与应用 [J]. 航空制造技术，2003.

[9] 邓家褆. 智能产品联邦环境 SPFE[R]. 2003.

[10] 比利时 LMS 公司. VirtualLab 技术白皮书 [R]. 2005.

[11] 宁振波. 飞豹的数字化设计与制造 [R]. 2007.

[12] 范玉青，梅中义，陶剑. 大型飞机数字化制造工程 [M]. 北京：航空工业出版社，2011.

[13] 工业 4.0 工作组，德国联邦教育研究部. 德国工业 4.0 战略计划实施建议 [J]. 机械工程导报，2013.

[14] 国家制造强国建设战略咨询委员会，中国工程院战略咨询中心. 智能制造 [M]. 北京：电子工业出版社，2014.

[15] 李杰. 工业大数据 [M]. 邱伯华，等译. 北京：机械工业出版社，2015.

[16] 中国航空工业集团. 中国航空工业集团智能制造体系架构 [R]. 2015.

[17] 通用电气公司. 工业互联网：打破智慧与机器的边界 [M]. 北京：机械工业出版社，2015.

[18] 宁振波. 解析两化深度融合与"中国制造2025"[R]. 2015.

[19] 胡虎，赵敏，宁振波，等. 三体智能革命[M]. 北京：机械工业出版社，2016.

[20] 宁振波. 三体智能模型铸造敦煌奇迹[R]. 2016-8-23.

[21] 安筱鹏. 软件视角的未来工业[J]. 化工管理，2017（4）：28-30.

[22] 国际系统工程协会（INCOSE）. 系统工程手册[M]. 张新国，译. 北京：机械工业出版社，2014.

[23] 李杰，邱伯华，刘宗长，等. CPS：新一代工业智能[M]. 上海：上海交通大学出版社，2017.

[24] 工业互联网产业联盟. 工业互联网平台白皮书[R]. 2017-11.

[25] 宁振波. 航空智能制造基础：软件定义创新工业范式[J]. Engineering，2018（4）.

[26] 宁振波. 飞机设计技术的发展和展望[R]. 2018-7-28.

[27] 中国工业技术软件化产业联盟. 工业互联网App发展白皮书[R]. 2018-10-31.

[28] 德勤咨询公司. 工业4.0与数字孪生制造业如虎添翼[R]. 2018.

[29] 朱铎先，赵敏. 机·智：从数字化车间走向智能制造[M]. 北京：机械工业出版社，2018.

[30] 林雪萍，赵敏，宁振波，等. 智能制造术语解读[M]. 北京：电子工业出版社，2018.

[31] 安筱鹏. 重构：数字化转型的逻辑[M]. 北京：电子工业出版社，2018.

[32] 周济，李培根，董景辰，等. 中国智能制造发展战略研究报告(征求意见稿)[J]. Engineering，2018.

[33] 何强，李义章. 工业App：开启数字工业时代[M]. 北京：机械工业出版社，2019.

[34] 陶飞. 五维数字孪生模型及十个领域应用探索[R]. 2019-03-21.

[35] 达索公司. 达索系统产品线与3D EXPERIENCE（3D数字体验平台）[R]. 2019-6-1.

[36] 林诗万. 优也工业互联网平台+数字孪生体技术：工业智能应用的新架构[R]. 2019-8-2.

[37] 王柏村，周艳红，屈贤明，等. 基于人－信息－物理系统（HCPS）的新一代智能制造研究[J]. 中国工程院院刊，2019.10.

[38] 龙小昂. 华龙迅达数字孪生应用案例[R]. 2019-11-3.

[39] 冯升华. 达索3D EXPERIENCE 孪生[R]. 2019-9-17.

[40] 赵敏，宁振波. 铸魂：软件定义制造[M]. 北京：机械工业出版社，2020.

[41] 中共中央国务院. 关于构建更加完善的要素市场化配置体制机制的意见[R]. 2020-4-9.

[42] 陈春花. 数字化改变生产力与生产关系的五个方面[J]. 企业管理，2021-2-18.